A JORNADA DO DESIGN THINKING

A Jornada do Design Thinking

Copyright © 2019 da Starlin Alta Editora e Consultoria Eireli. ISBN: 978-85-508-0443-9

Translated from original The Design Thinking Playbook. Copyright © 2018 by Verlag Vahlen GmbH, München. ISBN 978-1-119-46747-2. This translation is published and sold by permission of John Wiley & Sons, Inc the owner of all rights to publish and sell the same. PORTUGUESE language edition published by Starlin Alta Editora e Consultoria Eireli, Copyright © 2019 by Starlin Alta Editora e Consultoria Eireli.

Todos os direitos estão reservados e protegidos por Lei. Nenhuma parte deste livro, sem autorização prévia por escrito da editora, poderá ser reproduzida ou transmitida. A violação dos Direitos Autorais é crime estabelecido na Lei nº 9.610/98 e com punição de acordo com o artigo 184 do Código Penal.

A editora não se responsabiliza pelo conteúdo da obra, formulada exclusivamente pelo(s) autor(es).

Marcas Registradas: Todos os termos mencionados e reconhecidos como Marca Registrada e/ou Comercial são de responsabilidade de seus proprietários. A editora informa não estar associada a nenhum produto e/ou fornecedor apresentado no livro.

Impresso no Brasil — 2019 — Edição revisada conforme o Acordo Ortográfico da Língua Portuguesa de 2009.

Publique seu livro com a Alta Books. Para mais informações envie um e-mail para autoria@altabooks.com.br

Obra disponível para venda corporativa e/ou personalizada. Para mais informações, fale com projetos@altabooks.com.br

Produção Editorial Editora Alta Books **Gerência Editorial** Anderson Vieira	**Produtor Editorial** Juliana de Oliveira Thiê Alves **Assistente Editorial** Adriano Barros	**Marketing Editorial** marketing@altabooks.com.br **Editor de Aquisição** José Rugeri j.rugeri@altabooks.com.br	**Vendas Atacado e Varejo** Daniele Fonseca Viviane Paiva comercial@altabooks.com.br	**Ouvidoria** ouvidoria@altabooks.com.br
Equipe Editorial	Bianca Teodoro Ian Verçosa Illysabelle Trajano	Kelry Oliveira Keyciane Botelho Larissa Lima	Leandro Lacerda Maria de Lourdes Borges Paulo Gomes	Thales Silva Thauan Gomes
Tradução Carolina Gaio **Copidesque** Roberto Resende	**Revisão Gramatical** Hellen Suzuki Fernanda Lutfi	**Diagramação** Joyce Matos	**Revisão Técnica** Carlos Bacci Economista e empresário do setor de serviços	

Dados Internacionais de Catalogação na Publicação (CIP) de acordo com ISBD

L768j   Lewrick, Michael
       A Jornada do Design Thinking : transformação digital prática de equipes, produtos, serviços, negócios e ecossistemas / Michael Lewrick, Patrick Link, Larry Leifer ; traduzido por Carolina Gaio. - Rio de Janeiro : Alta Books, 2019.
       352 p. : il. ; 24cm x 17cm.

       Tradução de: Design Thinking Playbook
       Inclui bibliografia e índice.
       ISBN: 978-85-508-0443-9

       1. Design Thinking. I. Link, Patrick. II. Larry Leifer. III. Gaio, Carolina. IV. Título.

2019-1068   CDD 658.4063
                                                    CDU 658.512.2

Elaborado por Vagner Rodolfo da Silva - CRB-8/9410

Erratas e arquivos de apoio: No site da editora relatamos, com a devida correção, qualquer erro encontrado em nossos livros, bem como disponibilizamos arquivos de apoio se aplicáveis à obra em questão.

Acesse o site www.altabooks.com.br e procure pelo título do livro desejado para ter acesso às erratas, aos arquivos de apoio e/ou a outros conteúdos aplicáveis à obra.

Suporte Técnico: A obra é comercializada na forma em que está, sem direito a suporte técnico ou orientação pessoal/exclusiva ao leitor.

A editora não se responsabiliza pela manutenção, atualização e idioma dos sites referidos pelos autores nesta obra.

Rua Viúva Cláudio, 291 — Bairro Industrial do Jacaré
CEP: 20970-031 — Rio de Janeiro - RJ
Tels.: (21) 3278-8069 / 3278-8419
www.altabooks.com.br — altabooks@altabooks.com.br
www.facebook.com/altabooks

ASSOCIADO

A JORNADA DO DESIGN THINKING

TRANSFORMAÇÃO DIGITAL PRÁTICA DE EQUIPES, PRODUTOS, SERVIÇOS, NEGÓCIOS E ECOSSISTEMAS

POR:

MICHAEL LEWRICK   PATRICK LINK   LARRY LEIFER

DESIGN: NADIA LANGENSAND

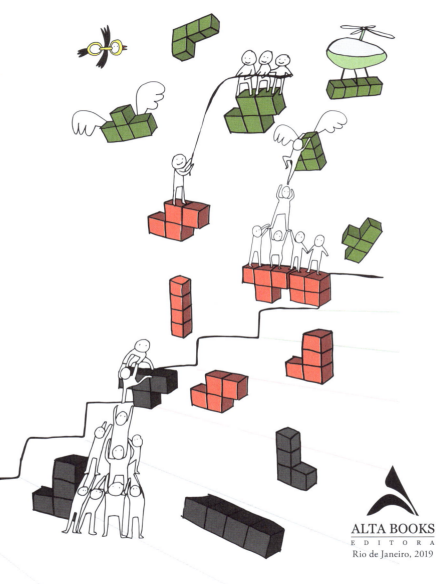

ALTA BOOKS EDITORA
Rio de Janeiro, 2019

Sumário

Os blocos de Tetris o guiarão em *A Jornada do Design Thinking*. Começamos com uma maior compreensão das fases individuais dos ciclos do design thinking. No bloco temático "Transforme", discutimos as melhores maneiras de criar as condições gerais e como a projeção estratégica nos ajuda a criar visões mais amplas. A última parte, "Projete o Futuro", enfoca os critérios do design na era digital, o design dos ecossistemas, a convergência do pensamento sistêmico e do design thinking, e as opções para combiná-lo com a análise de dados.

Prefácio 7
Introdução 10

1. CONHEÇA O DESIGN THINKING 13

1.1	Quais necessidades são abordadas *aqui*?	14
1.2	Por que o processo é o segredo?	36
1.3	Como formular uma boa declaração de problema	50
1.4	Descubra as necessidades do usuário	58
1.5	Como criar empatia com o usuário	72
1.6	Como encontrar o foco certo	80
1.7	Como gerar ideias	90
1.8	Como selecionar e estruturar ideias	98
1.9	Como criar um bom protótipo	108
1.10	Como testar com eficácia	118

3. PROJETE O FUTURO 211

3.1	Por que o pensamento sistêmico ajuda a entender a complexidade	212
3.2	Como aplicar a filosofia lean de modelo de negócio	224
3.3	Por que o design do ecossistema corporativo é a alavanca definitiva	240
3.4	Como ir até o fim	254
3.5	Por que alguns critérios de design mudam no paradigma digital	266
3.6	Como iniciar a transformação digital	278
3.7	Como a inteligência artificial personaliza a experiência do cliente	292
3.8	Como design thinking e análise de dados estimulam a agilidade	302

2. TRANSFORME ORGANIZAÇÕES 131

2.1	Como projetar um espaço e ambiente criativos	132
2.2	Quais são os benefícios das equipes interdisciplinares?	144
2.3	Como visualizar ideias e histórias	158
2.4	Como projetar uma boa história	168
2.5	Como desencadear mudanças como facilitador	180
2.6	Como preparar a organização para uma nova filosofia	190
2.7	Por que a projeção estratégica é uma habilidade-chave	198

Consideração finais	314
Autores	323
Fontes	336
Índice	339

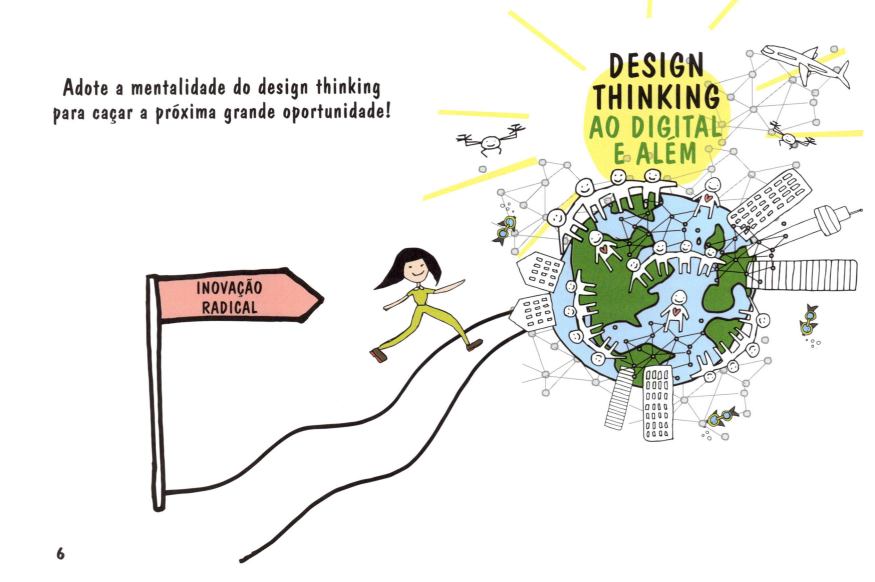

Prefácio
Prof. Larry Leifer

- Professor de engenharia mecânica da Universidade de Stanford
- Diretor fundador do Center for Design Research, de Stanford
- Diretor fundador do Hasso Plattner Design Thinking Research Program, de Stanford

Estou muito satisfeito com esta coletânea de fatores de sucesso do design thinking. Meus agradecimentos especiais a Michael Lewrick e Patrick Link. Também quero agradecer a Nadia Langensand, responsável pelo projeto artístico. Como equipe interdisciplinar, conseguimos criar juntos um livro fantástico.

Quero expressar minha gratidão também a todos os especialistas que compartilharam seus conhecimentos conosco e contribuíram com reflexões acerca do tema. O livro resultante não é apenas um guia sobre o design thinking, mas também um interessante ensaio com profundos insights sobre sua aplicação além do contexto digital. Esta *Jornada* é divertida e motiva os leitores a agir, não apenas teorizar.

Este livro estimula e ajuda os leitores a:

- utilizar ferramentas novas e já conhecidas no contexto adequado de aplicação;
- refletir sobre todo o escopo do design thinking;
- dar atenção plena às personas Peter, Lilly e Marc;
- aceitar os desafios da era digital, para os quais novos critérios de design na relação homem-máquina, por exemplo, ganham cada vez mais importância; e
- definir um quadro inspirador, a fim de consolidar ainda mais fortemente o design thinking em nossas empresas e gerar inovações radicais.

Estou particularmente feliz por este livro conter contribuições tanto de acadêmicos quanto daqueles cuja vivência prática os fez tornarem-se especialistas nesta área. Há alguns anos, começamos a pensar que uma rede mais sólida de usuários do design thinking deveria ser constituída. Hoje, esta *Jornada* e a comunicação na comunidade Design Thinking P aybook (DTP) atuam como estímulo para uma troca receptiva de ideias e contribuem de forma mais prática para consolidar o design thinking e novas filosofias nas empresas.

Há, atualmente, um surto de interesse no design thinking por se tratar de uma ferramenta essencial para iniciar a transformação digital. Vimos como os bancos o utilizaram para moldar a "era dos bancos digitais" e como as startups criaram novos mercados com o design no ecossistema corporativo.

No programa de pós-graduação ME310 de Stanford, que já se tornou uma espécie de lenda, frequentemente tenho a honra de receber parceiros corporativos de diferentes setores de todo o mundo, que trabalham com desafios empolgantes de design com nossas equipes de estudantes locais e estrangeiros. Divirta-se durante a leitura!

Larry Leifer

COMUNIDADE DTP
WWW.DT-PLAYBOOK.COM

A JORNADA DO DESIGN THINKING

FILOSOFIA

Guiar-se pela curiosidade
Somos curiosos, receptivos, fazemos "as 6 perguntas" continuamente e mudamos perspectivas para enxergar sob diversos pontos de vista.

Concentrar-se em pessoas
Nos voltamos para o ser humano, fomentamos empatia e somos cuidadosos ao explorar suas necessidades.

Aceitar a complexidade
Exploramos segredos de sistemas intricados e aceitamos a insegurança e o fato de problemas complexos no sistema exigirem soluções complexas.
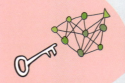

Visualizar e mostrar
Usamos histórias, demonstrações e uma linguagem simples para compartilhar nossas descobertas com a equipe ou criar uma proposta de valor clara para nossos usuários.

Experimentar e iterar
Produzimos e testamos protótipos iterativamente para entender, aprender e resolver problemas no contexto do usuário.

Cocriar, crescer e escalar

Expandimos continuamente nossas capacidades para criar escalabilidade em ecossistemas e universos digitais.

Diversificar estados mentais

Conforme a situação demandar, combinamos diferentes abordagens com o design thinking, análise de dados, pensamento sistêmico e lean startup.

Conscientizar-se do processo

Sabemos onde estamos no processo do design thinking e percebemos a "zona de ruído" para mudar filosofias por meio da facilitação direcionada.

NOVA FILOSOFIA.
NOVO PARADIGMA.
SOLUÇÕES IMPLACÁVEIS.

WWW.DESIGN-THINKING-PLAYBOOK.COM
[conteúdo em inglês]

Colaborar em rede

Colaboramos em uma base focada, ágil e em rede, com especialistas que também têm bom conhecimento geral e equipes inclusivas e equilibradas, em departamentos e empresas.

Refletir sobre ações

Refletimos sobre nosso modo de pensar, ações e atitudes, porque impactam o que fazemos e as suposições que assumimos.

Introdução

Onde surgirão as próximas grandes oportunidades de mercado?

A busca pela próxima grande oportunidade de mercado é constante. Somos, em maioria, ambiciosos fundadores de empresas e bons funcionários, gerentes, designers de produtos, palestrantes ou mesmo professores. Todos já tivemos ideias de negócios interessantes, tal como construir uma rede social revolucionária 3.0 que ofuscaria o Facebook; estabelecer um sistema de saúde com a melhor opção de tratamento possível aos pacientes e domínio dos dados da saúde, e muitas mais.

São pessoas como nós que desenvolvem novas ideias com grande energia e compromisso incansável, nossas mentes inspiradas. Para ter sucesso, geralmente precisamos de uma necessidade (do consumidor); uma equipe interdisciplinar; a mentalidade correta e certa liberdade de experimentação, criatividade e coragem para questionar o já consagrado.

Em todos os setores é cada vez mais importante identificar futuras oportunidades de mercado e permitir que os colaboradores trabalhem com desenvoltura e vivam com liberdade. Os paradigmas atuais de planejamento e gerenciamento são insuficientes para responder apropriadamente às mudanças no ambiente. Além disso, muitas empresas baniram a criatividade em favor da excelência operacional e da administração por objetivos.

Os antigos paradigmas de gestão devem, portanto, ser extintos. Mas eles só se extinguem quando possibilitamos novas formas de colaboração, aderimos a diferentes filosofias e criamos mais espaço para desenvolver e encontrar soluções.

Quais são os três fatores importantes para nós?

1) Tenha personalidade!

"Ninguém precisa se transformar em Karl Lagerfeld só porque há criatividade e margem para desenvolvimento à nossa disposição!"

Por sermos pessoas com personalidades diferentes, é vital que permaneçamos como somos hoje e continuemos confiando em nossas experiências e intenções, a fim de implementar o que conseguimos até agora. E se há algo que aprendemos com o jogo Tetris é que muitas vezes tentamos nos encaixar em alguma situação — com a infeliz consequência de desaparecermos!

2) Ame, transforme ou esqueça!

*"Use os conceitos e dicas de que gosta
e os adapte a suas necessidades."*

Nós que decidimos qual filosofia se adéqua à nossa organização, e se gostamos das dicas de especialistas neste livro ou as achamos absurdas e queremos alterá-las, ou adaptá-las, à nossa situação. Seria uma pena se todas as organizações fossem um clone do Google, Spotify ou Uber. Cada empresa tem identidade e valores próprios. Mesmo no Tetris, temos a possibilidade de mudar as peças no último segundo para que tenhamos sucesso.

3) Trabalhe em equipe!

*"Desenvolva as técnicas, tecnologias e atitudes necessárias em sua
equipe para ter sucesso e pensar em ecossistemas corporativos."*

Não podemos desenvolver hoje produtos com necessidades, filosofias e critérios do passado. Os desejos dos usuários e a maneira como trabalhamos mudaram, e em um mundo digital precisamos ter autonomia e as habilidades necessárias para desenvolver produtos e serviços, modelos de negócios e ecossistemas corporativos com agilidade. Se não transformarmos nossas empresas, as iniciativas fracassadas se acumularão.

O que esperar?

A Jornada do Design Thinking o ajudará na transição para um novo paradigma de gestão. Todos conhecemos as transições das necessidades de nossos clientes. Tomemos como exemplo a da telefonia analógica para o smartphone até o mindphone, uma possibilidade de comunicação feita diretamente por meio de nossos pensamentos. Enquanto na década de 1980 só precisávamos atender a ligações de trabalho em casa, hoje temos que ser acessíveis em qualquer lugar a qualquer hora. No futuro, poderemos ter vontade de controlar comunicações através de nossos pensamentos, a fim de evitar a interface manual ineficiente dos smartphones. Empresas bem-sucedidas também criaram ecossistemas de negócios nos quais integram estreitamente clientes, fornecedores, desenvolvedores e fabricantes de hardware.

Nesta *Jornada*, tornamos palpável o mundo do design thinking — e queremos ver você um pouco mais feliz ao terminá-la! Porque o design thinking também cria felicidade. E quando você, como leitor, fica feliz, significa que fomos bem-sucedidos!

Qual é o maior desafio?

"Vocês realmente conhecem as necessidades dos leitores aos quais o livro se destina?"

(Fonte: Citação da primeira reunião de editores e colaboradores deste livro)

Embora pudéssemos nos imaginar como potenciais leitores deste livro, cumprimos o propósito da pergunta. Seguindo o design thinking, primeiro determinamos as necessidades do cliente, criamos várias personas e desenvolvemos empatia pelo trabalho de nossos colegas, a fim de estabelecer uma base sólida. Assim, *A Jornada do Design Thinking* é o primeiro livro do tema que vive sua filosofia da primeira à última página!

Como já existe muita literatura sobre design thinking no mercado, sentimos a necessidade de mostrar como ele é usado de maneira otimizada. Também queremos ajudá-lo a profissionalizar suas habilidades em design thinking. E, como o mundo não é estático, refletimos sobre o paradigma digital e combinamos o design thinking com outras filosofias com o objetivo de nos tornar melhores e mais inovadores em um mundo digital.

Como introdução, já é o bastante. Concentremo-nos no que é essencial: a aplicação específica e prática do design thinking e as dicas dos especialistas, que tentamos elaborar como atividades e formas compreensíveis de trabalhar. As instruções "Como podemos..." oferecidas não pretendem ser mais do que conselhos de como proceder. O design thinking não é um processo estruturado! Adaptamos sua filosofia e abordagem às situações.

1. CONHEÇA O DESIGN THINKING

1.1 Quais necessidades são abordadas *aqui*?

Conforme descrito na introdução, queríamos escrever um livro para todos os interessados em inovação, para os figurões e para os empreendedores que projetam produtos, serviços, modelos de negócios e ecossistemas corporativos digitais e físicos como parte de seu trabalho. Em relação às nossas três personas, conseguimos identificar três tipos muito diferentes de usuários que aplicam o design thinking em suas atividades diárias. Uma característica que os três têm em comum: vontade de criar algo novo em um mundo que se transforma rapidamente.

O que nos leva diretamente à pergunta inicial:

Como podemos aprender mais sobre um usuário em potencial e descobrir melhor suas necessidades?

Nos capítulos, concentramo-nos nas três personas "Peter", "Lilly" e "Marc", e esperamos que isso nos permita abordar as necessidades dos profissionais de design thinking da melhor forma possível.

"Quem é Peter?"

Peter, 40 anos, trabalha em uma grande empresa suíça de tecnologia da informação e comunicação (TIC). Entrou em contato com o design thinking no contexto de um projeto da empresa há quatro anos, época em que era gerente de produtos. Procurando pela próxima grande oportunidade de mercado, já experimentara algumas opções. Por um tempo, sempre usou cuecas vermelhas no ano-novo, mas isso não lhe dava mais sorte em termos de inovações bem-sucedidas. Depois dessa experiência, duvidou se o design thinking realmente funcionaria para ele. Era difícil imaginar que algo útil pudesse surgir no final do procedimento descrito. A abordagem lhe parecia um tanto exótica.

Sua atitude mudou após participar de vários workshops de cocriação e design thinking com os clientes, nos quais sentiu o ímpeto que surge quando pessoas com backgrounds diferentes resolvem problemas complexos juntas em um ambiente adequado. Com um bom facilitador, que forneça instruções de trabalho de maneira direcionada, qualquer grupo tem o poder de criar uma inovação para um usuário em potencial. Essa experiência positiva levou Peter a assumir o papel de facilitador em workshops de design thinking.

Devido à experiência que teve em workshops e sua implementação bem-sucedida em projetos, Peter foi promovido há pouco tempo. Agora, tem o privilégio de se chamar "gerente de inovação & cocriação".

Ele está feliz em encontrar mentes semelhantes em eventos como "Bits & Pretzels" em Munique ou em reuniões de design thinking em Nice, Praga e Berlim, nas quais troca ideias e conceitos com quem está entre os evangelistas da era digital.

Mais sobre Peter: Qual é seu histórico?

Peter estudou na Universidade Técnica de Munique. Depois de se formar, ocupou vários cargos nas áreas de telecomunicações, informática, mídia e entretenimento. Cinco anos atrás, mudou-se de Munique para a Suíça, cuja localização e excelente infraestrutura o convenceram a fazer esta ousada mudança. Lá, Peter conheceu sua mulher, Priya, com quem está casado há dois anos. Ela trabalha para o Google no campus corporativo de Zurique e não tem permissão para falar muito sobre os temas interessantes com que trabalha, embora eles intriguem bastante Peter.

Ambos gostam de se envolver com novas tecnologias. Seja o relógio inteligente, realidade aumentada ou usando o que a economia compartilhada tem a oferecer, eles experimentam tudo o que o mundo digital apresenta. Semanas atrás, o sonho de Peter de ter um Tesla se tornou realidade e, agora, ele espera que em breve seu carro vire autônomo para que possa apreciar a bela paisagem enquanto olha pela janela. Em seu novo papel como gerente de inovação e cocriação, Peter está entre os "criativos" e substituiu seus ternos e sapatos de couro por um All Star.

Peter tentou resolver a última crise em seu relacionamento com uma pequena sessão de design thinking. Priya ficou, de repente, muito distante de Peter, que reservou um tempo para ouvi-la e entender melhor suas necessidades. Juntos, discutiram maneiras de reacender o relacionamento. Durante o brainstorming, Peter pensou que vestir sua cueca vermelha seria a solução, mas desenvolveu tanta empatia pelas preocupações de Priya que rapidamente descartou a ideia. Por fim, tiveram algumas boas ideias para o relacionamento. No entanto, Priya desejava que Peter usasse um método diferente para entender suas necessidades, além do design thinking.

Até agora, Peter usou o design thinking em diversas situações e aprendeu que a abordagem às vezes funcionava muito bem para atingir um objetivo; mas, às vezes, não. Ele gostaria de obter algumas dicas de usuários do design thinking experientes para lidar com seu trabalho de forma ainda mais eficaz.

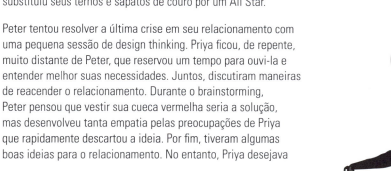

Visualização da persona

Perfil de usuário de um adepto experiente do design thinking empírico:

- Lidera uma equipe
- Facilitador em workshops de design
- Peter, gerente de inovação & cocriação
- Deseja ser especialista em design thinking
- Criativo
- Analítico
- Forma uma comunidade & compartilha conhecimento com outros usuários do design thinking
- Desenvolve novos produtos, processos e ideias de serviços nos setores de informação e comunicação
- Mestre em engenharia elétrica, Universidade Técnica de Munique. TIC, mídia e entretenimento
- Desenvolve modelos de negócios e implementa estratégias digitais

Contras:

- O empregador de Peter não investe muito em treinamento adicional para os funcionários;
- Embora Peter se sinta bastante competente em lidar com o design thinking, ainda pensa que poderia tirar mais proveito da abordagem;
- Peter observou que, embora seja uma ferramenta poderosa, o design thinking nem sempre é usado da maneira ideal;
- Peter frequentemente se pergunta como a transformação digital pode ser acelerada e quais critérios de design serão necessários no futuro para ser um sucesso no mercado;
- Ele gostaria de combinar outros métodos e ferramentas com o design thinking;
- Peter depara-se com o desafio de ter que dar à sua equipe uma nova mentalidade;
- Ele gostaria de trocar ideias com outros especialistas em design thinking fora de sua empresa.

Prós:

- Peter tem muita liberdade no dia a dia de seu trabalho para testar novos métodos e ferramentas;
- Ele ama livros e todos os instrumentos tangíveis. Gosta de usar imagens e protótipos simples para dar explicações;
- O que realmente gostaria de fazer é consolidar o design thinking em toda a empresa;
- Ele conhece várias abordagens de gerenciamento que gostaria de vincular ao design thinking.

Jobs-to-be-done[1]:

- Peter internalizou a filosofia do design thinking, mas às vezes bons exemplos que ajudariam a mudar seu ambiente não chegam facilmente a ele;
- Peter gosta de experimentar novidades. Com sua formação em engenharia, está aberto a outras abordagens (sejam elas quantitativas ou analíticas) para resolver problemas;
- Ele gostaria de se tornar um especialista também nesse ambiente e procura se conectar com indivíduos com pensamento semelhante;
- Peter faz experiências com o design thinking.

---

1. Tarefas a realizar", no sentido de compreender os motivos funcionais, emocionais e que levam o consumidor a adquirir um produto ou serviço.

Caso de uso:

Um livro no qual os especialistas relatam sua experiência com as ferramentas explicadas por meio de exemplos seria exatamente o que Peter usaria e recomendaria à sua empresa em todos os níveis hierárquicos. Um livro que expande as barreiras da inspiração e faz com que as pessoas queiram aprender mais sobre o design thinking. Ele também gostaria de descobrir quais critérios de design serão necessários no futuro, em particular para o desenvolvimento de produtos e serviços digitais.

"Quem é Lilly?"

Lilly, 28 anos, atualmente trabalha como coach de design thinking e lean startup ["startup enxuta"] na Universidade de Tecnologia & Design de Cingapura (SUTD). O instituto é um dos pioneiros em design thinking e empreendedorismo para empresas de tecnologia na região asiática. Lilly organiza workshops e cursos que combinam design thinking e lean startup, ensina design thinking e treina equipes de alunos em seus projetos. Além disso, trabalha em sua tese de doutorado — em cooperação com o Instituto de Tecnologia de Massachusetts (MIT) — na área de System Design & Management (SDM), com o título "Design de poderosos ecossistemas corporativos em um mundo digital".

Para dividir os participantes em grupos, Lilly usa o modelo Herrmann Brain Dominance Instrument (HBDI®) em seus cursos de design thinking. Assim, forma grupos produtivos de quatro a cinco integrantes, cada um trabalhando em um problema específico. Ela descobriu que é vitalmente importante unir em cada grupo todos os modos de pensar descritos na teoria de dominância cerebral. Seu alinhamento lógico está claramente localizado no hemisfério direito do cérebro. Ela é receptiva a novidades, criativa e gosta de se cercar de pessoas.

Lilly estudou gestão empresarial na Escola de Administração da Universidade de Zhejiang. Em função do mestrado, passou um ano na École des Ponts ParisTech. Como parte do programa ME310 e em colaboração com a Universidade de Stanford, trabalhou em um projeto com o THALES, como parceiro industrial, quando se familiarizou com o design thinking. Durante esse projeto, visitou Stanford três vezes. Ela gostou tanto do projeto ME310 que decidiu frequentar a Universidade de Tecnologia & Design de Cingapura, onde tornou-se conhecida entre os professores por seus chinelos extravagantes. Já os alunos da SUTD não tiveram o mesmo entusiasmo.

Mais sobre Lilly: Qual é seu histórico?

Lilly tem um profundo conhecimento teórico sobre vários métodos e abordagens e é capaz de aplicá-los com suas equipes de alunos. Ela é boa em treinar essas equipes, mas não entende da contraparte prática. Lilly ministra workshops de design thinking no Centro de Empreendedorismo da Universidade de Tecnologia & Design de Cingapura. Frequentemente, colaboradores de setores empresariais que desejam aprender mais em termos de capacidade de inovação ou entender melhor o tópico do "intraempreendedorismo" participam de seus cursos.

Lilly vive em Cingapura e divide apartamento com seu amigo Jonny, que conheceu durante o ano que morou na França. Jonny é um expatriado que trabalha para um grande banco francês em Cingapura. No começo, achava que os chinelos de Lilly eram um pouco esquisitos, mas atualmente gosta desse pequeno toque de cor nela.

Para ampliar o sucesso, Jonny vê um bom potencial no design centrado no usuário e na dedicação do banco em que trabalha à interação com o cliente. Ele é extremamente interessado em novas tecnologias. A ideia fascinante do que podem significar para os bancos mexe com ele. Acompanhando de perto os eventos do setor de tecnologia financeira, identificou oportunidades resultantes de aplicações sistemáticas de blockchain [estrutura de dados que torna possível criar um livro-razão de dados digital e compartilhá-lo em uma rede de grupos independentes]. Ele se pergunta se as novas tecnologias revolucionárias mudarão os bancos e seus modelos de negócios mais do que a Uber mudou o setor de táxis e o Airbnb, o de hotéis — e, em caso afirmativo, quando tais mudanças ocorrerão. A questão central para Jonny é se chegará o momento em que os bancos, como os conhecemos, desaparecerão. De qualquer forma, precisam se tornar mais orientados para o cliente e aproveitar melhor as oportunidades que a era digital oferece. Jonny ainda não quer sair do emprego, mas, ainda assim, uma startup em parceria com Lilly é uma alternativa

interessante já que ele gostaria de ver o banco em que trabalha aplicar o design thinking e internalizar uma nova filosofia, porém, por enquanto, isto não é nada além de um desejo.

Lilly e Jonny também gostariam de criar uma empresa de consultoria que aplicasse o design thinking para apoiar empresas com transformação digital. Ainda procuram algo único que sua startup ofereceria, que a diferenciasse das empresas de consultoria convencionais. Em particular, gostariam de considerar as peculiaridades culturais em sua abordagem de consultoria. Lilly observou muitas vezes que a filosofia do design thinking norte-americano e a do europeu falharam no contexto asiático, portanto, quer integrar as características locais em sua abordagem do design thinking: a atitude de um antropólogo, a aceitação de copiar concorrentes e a tendência a comercializar serviços mais rapidamente, em vez de observar o mercado por um longo tempo. Outra questão os faz hesitar em implementar seu plano: são um pouco avessos ao risco porque, no próximo ano, assim que Lilly concluir sua tese de doutorado, querem se casar e formar uma família. Lilly quer ter três filhos.

No tempo livre, Lilly é ativa e criativa. Muitas vezes, encontra-se com pessoas que têm pensamento semelhante no SkillsFuture, um programa nacional que oferece aos cingapurianos a possibilidade de desenvolver todo seu potencial ao longo da vida, independentemente do ponto de partida; ou em eventos como o "Innovation by Design", financiado pelo DesignSingapore Council. Eles desenvolvem conceitos para, entre outros objetivos, adaptar o espaço e o ambiente do país às necessidades dos indivíduos. Lilly está especialmente intrigada com iniciativas digitais e hackathons [maratonas de programação] que surgem por meio de dados em tempo real de sensores, mídias sociais e localizadores anônimos de dispositivos móveis. Cingapura é uma pioneira que leva a filosofia do design thinking para todo o país, não apenas com a campanha "Infusing Design as a National Skill Set for Everyone".

Visualização da persona

Perfil de usuário de um adepto experiente de design thinking no meio acadêmico:

Lilly, coach de design thinking & lean startup

Pesquisa métodos ágeis

Tese de doutorado "Design de poderosos ecossistemas corporativos em um mundo digital"

Encontra-se e mantém contato com outros especialistas em design thinking ⇩ Além de desenvolver métodos e filosofias

Bebê ou startup?

Criativa

Analítica

É especialista em design thinking

Treinamento de equipes de estudantes

Gestora empresarial, Escola de Administração da Universidade de Zhejiang

Mais exemplos da prática

Ideias Inovação

20

Contras:

- Lilly não decidiu se quer começar uma família ou uma startup depois de concluir sua tese;
- Ela gostaria de lecionar design thinking e lean startup no sudeste asiático, de preferência em Cingapura, mas essa disciplina ainda não existe;
- Lilly se sente segura em relação ao design thinking tanto na teoria quanto em seu trabalho com os alunos, mas ainda não definiu sua relevância prática nem convenceu os parceiros da área do poder que ele tem;
- Trabalhar com colegas de outros departamentos é difícil, embora o design thinking possa combinar bem com outras abordagens;
- Lilly gostaria de trocar ideias com outros usuários de design thinking de todo o mundo, a fim de ampliar sua rede e contatar parceiros do setor, mas ainda não encontrou uma plataforma para isso.

Prós:

- Lilly gosta das oportunidades que tem como coach no contato intenso com os alunos. Ela facilmente testa novas ideias, e a observação de seus alunos rendeu muitas descobertas para sua tese de doutorado;
- Ela ama TED Talks e MOOCs (massive open online classes – grandes aulas abertas online). Já participou de muitos cursos e palestras sobre tópicos de design thinking, criatividade e lean startup e, assim, adquiriu uma ampla base de conhecimento. Ela gostaria de integrar novas descobertas e métodos em seus cursos;
- Lilly quer levar seu conhecimento para uma comunidade e cultivar contato com outros especialistas, para avançar métodos, publicar e fazer pesquisas compartilhadas;
- Através do intercâmbio com os envolvidos na prática, Lilly pode testar e aprimorar novas ideias.

Jobs-to-be-done:

- Lilly entende o design thinking em teoria e é boa em explicá-lo aos alunos. Mas, às vezes, não consegue pensar em bons exemplos e histórias de sucesso do setor que motivem os participantes dos workshops a experimentá-lo por conta própria;
- Ela treina os alunos e as startups e organiza workshops de design thinking e lean startup com o objetivo de fazer todos os participantes voltarem-se mais para o usuário;
- Lilly gosta de experimentar inovações. Conhece métodos etnográficos e abordagens centradas no ser humano. O que a surpreende volta e meia é que os estereótipos das disciplinas têm sua parcela de razão, embora as equipes interdisciplinares ainda alcancem resultados mais empolgantes;
- Ela quer conhecer novas pessoas e encontrar ideias para seu trabalho e sua startup.

Caso de uso:

O livro que Lilly deseja deve conter muitos exemplos e atividades práticas em vez de teoria pura. Um guia fácil de usar, com dicas de especialistas que a inspirem e estimulem sua inclinação para o design thinking. Um manual que analise o futuro e mostre como o design thinking continuará a se desenvolver. Um livro que possa recomendar a seus alunos como material adicional de leitura.

"Quem é Marc?"

Marc, 27 anos, concluiu o mestrado em ciência da computação há dois anos. Usou o tempo em que esteve na Universidade de Stanford para formar sua rede de contatos. Também participou de vários encontros da d.school (Escola de Design da Universidade de Stanford) sobre empreendedorismo e inovação digital. Marc conheceu pessoas afins, que tinham ideias tão loucas quanto as dele. Como Marc é um tanto introvertido, e não bate papo com as pessoas com facilidade, ficou grato pelos workshops da universidade, que foram acompanhados por um facilitador. Ele criou uma atmosfera na qual não apenas ideias foram trocadas, mas preferências teóricas foram reconhecidas, e as equipes foram perfeitamente reunidas. Seu grupo rapidamente o reconheceu como "o inovador". Os outros membros da equipe tinham conhecimento de marketing e vendas, controle financeiro e gerencial, e assistência médica e engenharia mecânica. O grupo ficou entusiasmado com a ideia de Marc de estimular o setor de assistência e tecnologia médicas por meio do uso de tecnologia de ledger distribuído [banco de dados digital registrado em vários lugares]. Marc impressionou bastante com palavras como bitcoin, Zcash, Ethereum, Ripple, Hyperledger Fabric, Corda e Sawtooth. Ele escreveu entusiasticamente sobre como estruturas como o ERIS são armas milagrosas para domar os draconianos smart-contracts [protocolos de computação para transações online]. Além disso, Marc já havia se envolvido em duas novas startups. Para os figurões de duas empresas de análise da web, escreveu um código durante um estágio de verão. O grupo rapidamente percebeu que queria fundar uma startup, sabendo muito bem que a afinidade tecnológica de Marc por blockchain, juntamente com sua ideia de negócio, ainda não seria lucrativa. Processos e, em particular, ecossistemas corporativos devem ser projetados para iniciar uma revolução.

Mais sobre Marc: Qual é seu histórico?

Marc cresceu com a comunicação móvel. Como nativo do universo digital, busca um estilo de vida baseado em tecnologia, como já aprendemos. No nível da sociologia popular, é um típico representante da geração Y. Ele quer trabalhar em equipe e obter reconhecimento, além de considerar importante fazer algo significativo com suas habilidades. Seria melhor que ninguém lhe dissesse o que fazer quando se trata de seu campo especial de blockchain.

Marc cresceu em Detroit, seus pais eram de classe média, e ambos fizeram carreiras em grandes empresas automotivas. Por isso, Marc testemunhou como toda uma indústria pode perder seu brilho pouco a pouco. A crise do subprime e financeira mostrou-lhe que, de um dia para o outro, fica impossível pagar o financiamento de uma mansão nos subúrbios de Detroit. Marc aprendeu cedo como lidar com inseguranças. Ele internalizou como "dançar" com a incerteza e pesar opções. Para ele, o design thinking e sua filosofia associada são uma atitude natural. Questionar o preexistente e encontrar novas soluções para problemas sempre lhe foi algo óbvio. Ele teve o privilégio de estudar em Stanford devido a uma bolsa de estudos. Além da opção de fundar uma startup com sua equipe da d.school, recebeu ofertas de emprego na feira de empregos do campus do Spotify e do Facebook envolvendo inteligência artificial. Marc gosta das duas empresas porque lhe permitem controlar o próprio tempo e trabalhar de forma autônoma.

Nas horas vagas, Marc é um grande fã de beisebol. Seu time é o Detroit Tigers.

ESTAÇÃO CENTRAL DE MICHIGAN, DETROIT

Voltando para casa daquela feira de emprego, Marc conheceu Linda, uma brasileira maravilhosa que trabalha como enfermeira no hospital de sua universidade. Marc ficou tão impressionado ao ler em seu smartphone sobre o conceito da startup Everledger que saiu da ciclovia. Linda conseguiu frear a tempo, mas ambos ficaram bastante assustados com o encontrão. Marc ficou um pouco envergonhado, mas depois ousou perguntar a Linda se ela queria ser sua amiga no Facebook, atitude da qual se orgulha muito. Agora eles trocam emojis via WhatsApp quase toda hora. Marc geralmente envia pequenos diamantes — não como ativos digitais, mas como símbolos virtuais de afeição à sua adorável Linda. Mas ele também ficou fascinado pelo fato de que diamantes como ativos digitais mudam de dono através de um blockchain privado.

Visualização da equipe

Perfil do usuário de uma típica equipe de startup:

Marc, inovador, empreendedor, fundador de tecnologia

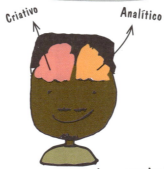

Criativo • Analítico

Mestre em ciência da computação, graduado em engenharia mecânica, doutorando da Universidade de Stanford, pesquisa em design & inovação

O "cérebro" (Beatrice)

- solucionadora criativa de problemas
- tino natural para os negócios
- conhecimentos amplos

A visionária (Tamara)

- criativa e visionária
- pensa em termos de oportunidades futuras
- enxerga o quadro geral

O influenciador (Vadim)

- excelência técnica
- implementa
- confiável

O estrategista (Stephan)

- criativo e estratégico
- pensa em soluções palpáveis
- identifica riscos

O vendedor (Alex)

- personalidade forte
- convincente
- voltado para os clientes e extrovertido

Contras:

- Para Marc, sua equipe não aprende com rapidez suficiente. Ele quer conduzir experimentos simples e desenvolver protótipos no ambiente de serviços mais rapidamente;
- Marc adota uma abordagem enxuta para sua startup e percebeu como é importante ser honesto consigo mesmo e que os maiores riscos devem ser testados primeiro;
- A dinâmica do mercado e da tecnologia é tão ampla que até o que já foi testado deveria ser questionado repetidas vezes;
- Marc sempre vê novas opções no ecossistema corporativo. Às vezes é difícil para ele projetar um ecossistema complexo e adaptar os modelos de negócios para os atores do sistema.

Prós:

- Marc gosta da atmosfera viva e do trabalho significativo, e está entusiasmado com seu tema e sua equipe;
- Marc usa o design thinking para troca de inovação e combina-o com novos elementos;
- Ele ama as possibilidades dos modelos de negócios digitais e sabe que o mundo inteiro está em turbulência, oferecendo grandes oportunidades às startups;
- Nesse ponto, Marc passou a amar entrevistas e testes com usuários reais. Aprendeu a fazer as perguntas certas e aguarda as novas descobertas, que são divulgadas em um ritmo veloz.

Jobs-to-be-done:

- Marc quer um livro que dê liberdade a seu talento nato para questionar as convenções, apresente-lhe novas ferramentas e mostre como aplicá-las;
- Ele quer saber como pode transformar seu conhecimento de tecnologias da informação em soluções significativas. É vital para ele encontrar rapidamente uma solução escalável para sua ideia de blockchain e que um modelo de negócios inovador torne a empresa viável em médio prazo;
- Ele deseja trabalhar em um ambiente no qual o conceito de "equipes de equipes" seja uma realidade vivida e gostaria de receber sugestões para isso;
- Com a ajuda do design thinking, Marc quer estabelecer uma linguagem e filosofia comuns. A dinâmica, a complexidade e a insegurança estão aumentando. Marc pode lidar com a situação muito bem, mas notou que sua equipe não é tão boa nisso;
- Particularmente no ambiente de blockchain, o desenvolvimento tecnológico avança muito rapidamente. A equipe deve aprender com os experimentos rapidamente e desenvolver o mercado e os clientes.

Caso de uso:

Marc gostaria de um livro que ajudasse sua equipe a adotar a filosofia do design thinking, e a aprender, mais rapidamente. O livro deve conter sugestões e dicas, tanto para usuários da abordagem quanto para pessoas que lidam com ela pela primeira vez. Além disso, Marc gostaria de receber sugestões sobre como desenvolver seu ecossistema de negócios digitais e manter a agilidade estratégica mesmo na fase de crescimento.

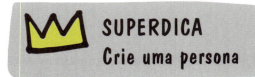

SUPERDICA
Crie uma persona

Como proceder ao criar uma persona?

Existem diferentes maneiras de criar personas. É importante imaginá-las como uma "pessoa real". As pessoas têm experiências, carreiras, preferências e interesses privados e profissionais. O objetivo principal é descobrir quais são suas verdadeiras necessidades. Frequentemente, os usuários em potencial são esboçados em uma iteração inicial, baseada no conhecimento dos participantes. Verifica-se, então, se tal esboço assemelha-se ao usuário no mundo real. Entrevistas e observações geralmente mostram que os usuários em potencial têm necessidades e preferências diferentes daquelas originalmente assumidas. Sem explorar essas noções mais profundas, nunca teríamos descoberto que Peter gosta de cuecas vermelhas e Lilly tem uma cisma com chinelos.

Muitos workshops usam os chamados modelos canvas [um quadro resumo] no trabalho estratégico e na geração de modelos de negócios e ecossistemas corporativos associados. Desenvolvemos um "canvas do perfil do usuário" para nossos workshops para entender as principais questões em pauta e, com isso, criar uma persona de forma eficiente.

Para promover a criatividade dos participantes e incentivar o pensamento inovador, é útil recortar o canvas e colá-lo em um pôster enorme, no qual a persona pode ser desenhada em tamanho real.

Ao fazê-lo, vale a pena melhorar a persona iterativamente, refinando-a e aprofundando passo a passo.

Sempre funciona perguntar "por quê?" para chegar ao problema real. Tentamos descobrir situações e eventos reais para encontrar histórias e documentá-las. Fotos, imagens, citações, histórias etc. dão vida à persona.

Em geral, o trabalho com o conceito de persona é uma reminiscência do procedimento aplicado pelos chamados profilers (analistas de caso) em séries de detetive na TV norte-americanas. Profilers estão à procura de criminosos. Resolvem assassinatos e reconstroem o curso dos acontecimentos. Trabalham descrevendo traços de personalidade e caráter relevantes para tirar conclusões sobre o comportamento.

Recomendamos reservar algum tempo para criar uma persona porque a intensidade e a proximidade são importantes para criar empatia com o usuário em potencial. Se o tempo for curto, as personas-padrão podem ser usadas.

Você deve ser cauteloso quando se trata de personas com descrições breves. O exemplo das "personas gêmeas" mostra o porquê. Embora os principais elementos sejam os mesmos, os usuários em potencial não poderiam ser mais diferentes. É por isso que realmente se deve cavar um nível mais profundo para entender as necessidades em maiores detalhes. Temos uma noção melhor, e isso torna as situações ainda mais intrigantes.

Personas gêmeas

Príncipe Charles
Nasceu em 1948
Cresceu na Inglaterra
Casou-se duas vezes
Tem filhos
Bem-sucedido, rico
Tira férias nos Alpes
Gosta de cachorros

Ozzy Osbourne
Nasceu em 1948
Cresceu na Inglaterra
Casou-se duas vezes
Tem filhos
Bem-sucedido, rico
Tira férias nos Alpes
Gosta de cachorros

CANVAS DO PERFIL DO USUÁRIO

Nome

Descrição da persona

Idade, gênero, endereço, estado civil, hobbies, lazer, educação e treinamento, posição na empresa, ambiente cultural, tipologia social, modo de pensar etc.

Histórias

Histórias

Jobs-to-be-done

Qual desempenho de tarefa é suportado pelo produto?
Quais são os objetivos?
Por que funciona?

Fotos

Prós

Até que ponto os produtos atuais fazem o cliente feliz?

Imagens

Imagens

Tamanho natural

Caso de uso

Como o produto é usado, onde e por quem?
O que acontece antes e depois do uso?
Como o cliente consegue informações?
Como é o processo de compra?
Quem influencia a decisão?

Fotos

Contras

O que causa uma sensação ruim no cliente em relação aos produtos atuais?
Quais são as preocupações do usuário?

Fotos

Histórias

27

SUPERDICA
Mapa de empatia

Como desenvolver empatia por um usuário em potencial?

O primeiro esboço de uma persona é feito rapidamente e, embora seja apenas um rascunho, é bastante útil e esclarecedor. Um brainstorming da equipe pode gerar ideias iniciais e contribuir para um melhor entendimento. No entanto, é absolutamente necessário que ele se baseie em pessoas reais, observações e entrevistas.

Em uma primeira etapa, o usuário deve ser definido e encontrado. Idealmente, vamos para a rua logo no início para conhecer um usuário em potencial. Nós o observamos, ouvimos e desenvolvemos empatia. As ideias são bem documentadas, no melhor dos casos com fotos e vídeos. Quanto às fotos, é importante pedir permissão prévia, porque nem todo mundo gosta de ser fotografado ou filmado! Uma espécie de cartilha de empatia pode ser usada aqui e abarca as seguintes áreas: ouvir, pensar e sentir, ver, falar e agir, medos e desejos.

Também sugerimos falar com especialistas que conheçam bem a persona e, é claro, sejam dinâmicos vocês mesmos e façam o mesmo que o usuário.

A regra é: "Vista a pele de um usuário em potencial!"

Especialmente quando pensamos conhecer os produtos ou a situação, abordamos uma situação como um iniciante — curioso e sem conhecimento prévio. Conscientemente, e com todos os nossos sentidos, passamos pela mesma experiência do usuário!

Após essa "saga", é útil definir hipóteses na equipe, testá-las com um usuário em potencial ou usar dados existentes, depois as confirmar, descartar ou adaptar. A imagem da persona se torna mais clara e sólida a cada iteração.

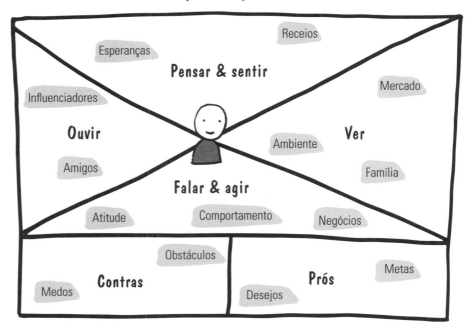

28

SUPERDICA
Confira a persona

Para um conhecimento inicial do usuário, uma ferramenta útil é o método AEIOU, que nos ajuda a captar todos os eventos em nosso ambiente.

A tarefa é clara: saia das salas de design thinking e fale com usuários em potencial, sinta-se na pele deles, faça o que eles fazem.

As questões do AEIOU estruturam as observações. Especialmente com grupos inexperientes, é mais fácil garantir um briefing eficiente da tarefa em questão.

Dependendo da situação, é bom adaptar as perguntas às respectivas observações. O catálogo de perguntas AEIOU e as instruções associadas ajudam os participantes a estabelecer contato com os primeiros usuários potenciais. A experiência nos ensinou que isso ajuda os grupos se um facilitador de design thinking, ou alguém com experiência em needfinding [descobrir necessidades], acompanhar o primeiro contato com os usuários em potencial. Todos somos bastante inibidos quando se trata de abordar estranhos, observá-los e perguntar-lhes sobre suas necessidades. Uma vez que o primeiro obstáculo tenha sido transposto, alguns participantes e grupos se desenvolvem como verdadeiros especialistas em needfinding. O Capítulo 1.4 tratará de forma mais detalhada do needfinding e da criação de mapas de perguntas.

O AEIOU se divide em cinco categorias.

Considere como cada um dos usuários se comporta no mundo real e no digital.

Atividades	O que acontece? O que as pessoas estão fazendo? Qual é a tarefa delas? Quais atividades realizam? O que acontece antes e depois?
Entorno	Como é o entorno? Qual é a natureza e a função do espaço?
Interação	Como os sistemas interagem uns com os outros? Existem interfaces? Como os usuários interagem entre si? O que constitui a operação?
Objetos	Quais objetos e dispositivos são usados? Quem usa os objetos e em qual contexto?
Usuário	Quem são os usuários? Qual papel desempenham? Quem os influencia?

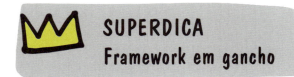

SUPERDICA
Framework em gancho

Como usar os hábitos para ter sucesso no mercado?

O framework em gancho (Alex Cowan) baseia-se na ideia de que um serviço ou produto digital pode tornar-se habitual para um usuário. O canvas em gancho é baseado em quatro itens principais: disparar uma ação, atividade, recompensa e investimento. Para o usuário em potencial, há dois gatilhos para suas ações: do ambiente externo (por exemplo, uma notificação do Tinder que você recebeu um "super like") ou interno (por exemplo, visitar o aplicativo do Facebook quando se sentir solitário).

A ação descreve a interação mínima de seu serviço ou produto com um usuário em potencial. Como um bom designer, você deseja projetar uma ação o mais simples e rápido possível para o usuário.

Recompensa é o principal elemento emocional para o usuário. Dependendo da configuração da ação, o usuário recebe muito mais do que a satisfação da necessidade inicial. Pense em comentários positivos e feedback através de um comentário ou artigo. Você só queria compartilhar as informações, mas tem um retorno muito maior conforme a reputação da comunidade.

A questão permanece sobre o que o usuário investe a fim de voltar ao circuito e acionar uma ação interna ou externa. Por exemplo, ele segue ativamente um feed do Twitter ou escreve uma notificação de que um determinado produto ou serviço está disponível novamente.

O canvas em gancho

Gatilho

1 Gatilho externo
- Quais são os gatilhos relevantes de uma ação para suas várias personas?
- Quais são os gatilhos externos e internos para usar seu produto ou serviço?

2 Gatilho interno
- O que o usuário quer e como podemos aumentar a eficácia dele?
- Quais gatilhos existentes para uma ação são geralmente válidos?
- Como podemos replicar as ações do usuário?

Ação

3 Qual é a ação mais simples que nosso usuário deve realizar para ser recompensado?

Já minimizamos o esforço ao máximo para o usuário executar a ação?

Investimento

5
- Como nossa persona demonstra a próxima ação (investimento de conhecimento ou desenvolvimento de uma preferência por uma ação específica)?
- Quais possibilidades existem para fechar esse circuito da melhor maneira?

Recompensa variável

4
- Como o usuário é recompensado?
- A recompensa se desenvolve além do objetivo original?
- Existe uma recompensa para a comunidade e o potencial usuário?

30

SUPERDICA
Framework Jobs-to-be-done

Qual é a tarefa real de um produto?

O framework jobs-to-be-done tornou-se amplamente conhecido através do exemplo do milk-shake. A declaração do problema parece familiar: como as vendas de milk-shakes podem ser aumentadas em 15%? Com uma mentalidade convencional, você examinaria as propriedades do produto e, em seguida, consideraria se uma cobertura diferente, outro sabor ou um tamanho diferente resolveria o problema. Por meio de uma pesquisa com clientes, você descobre que as novas propriedades são populares. No entanto, no final, apenas inovações incrementais são realizadas, e o resultado só foi marginalmente melhorado. O framework jobs-to-be-done se concentra em uma mudança de comportamento e nas necessidades do cliente. No caso do milk-shake, descobriu-se que dois tipos de clientes os compram em um restaurante de fast-food. O ponto de partida foi: por que os clientes compram um produto? Em outras palavras: que produto comprariam em vez do milk-shake famoso?

O resultado:

O primeiro tipo de cliente chega de manhã, vai para o trabalho de carro e compra um milk-shake como substituto do café da manhã para acompanhá-lo enquanto dirige. O café não funciona porque é muito quente e depois muito frio. Também é líquido e se derrama facilmente. O milk-shake ideal é grande, nutritivo e espesso. Portanto, os jobs-to-be-done do milk-shake são um substituto do café da manhã e um agradável passatempo ao dirigir para o trabalho.

NÃO APENAS...

O segundo tipo de cliente chega à tarde, geralmente, uma mãe com um filho. A criança choraminga que quer algo para comer no fast-food. A mãe quer algo saudável para a criança e compra um milk-shake, que deve ser pequeno, leve e ralo, para que a criança beba rapidamente, e deve ter poucas calorias. Os jobs-to-be-done do milk-shake se destinam a satisfazer a criança e fazer a mãe se sentir bem. Em princípio, para qualquer produto, seja digital ou físico, você pode perguntar: por que um cliente compraria meu produto ou serviço?

Inovações como as criadas pelo Adobe Photoshop e Instagram são bons exemplos de jobs-to-be-done no ambiente digital. Ambas as soluções visam a tornar as fotografias parecidas com as feitas por profissionais. O Photoshop oferece fácil edição profissional de imagens por meio de um aplicativo. O Instagram percebeu desde o início que as imagens podem ser facilmente editadas e compartilhadas via mídia social.

Jobs-to-be-done digitais

Quando Faço uma foto com uma câmera digital

quero conseguir editá-la de forma que pareça ter sido feita por um profissional

então posso mostrar fotos perfeitas

Quando Faço uma foto com meu smartphone

quero ser capaz de editar de maneira simples e fácil

então posso compartilhar instantaneamente com meus amigos

31

COMO PODEMOS...
criar uma persona?

Como os seres humanos sempre ocupam um lugar central no design thinking, e a persona a ser criada é crucial, definimos a abordagem mais uma vez como exemplo. Quando as equipes são encarregadas de desenvolver "empatia" com um usuário durante um certo período de tempo, ou quando aplicam primeiro o design thinking, é útil especificar uma estrutura e os passos a serem dados. Dependendo da situação, recomendamos usar as ferramentas que acabamos de descrever (canvas de perfil do usuário, AEIOU, canvas em gancho, framework jobs-to-be-done) ou integrar e usar outros métodos e documentos nas etapas listadas aqui.

Para ajudá-lo a entender melhor esse processo, este livro é intercalado com vários procedimentos em seções "Como podemos..."

1. Encontre o usuário

Perguntas
Quem são os usuários?
Quantos são?
O que fazem?

Métodos
Coleta quantitativa de dados
Método AEIOU

2. Formule hipóteses

Pergunta
Quais são as diferenças entre os usuários?

Método
Descrição dos grupos de usuários/ segmentações semelhantes

10. Desenvolva continuamente

Perguntas
Existe alguma nova informação?
A persona precisa ser descrita novamente?

Métodos
Teste de usabilidade
Revisão contínua da persona

9. Construa cenários

Pergunta
Em uma determinada situação, com um objetivo específico: o que acontece quando a persona usa a tecnologia?

Método
Cenário narrativo — narrativa, descrições de situações e histórias para criar cenários. Aplicação de canvas em gancho.

3. Confirme

Pergunta
Há algum dado ou evidência que confirme a hipótese?

Métodos
Coleta quantitativa de dados
Mapa de empatia

4. Encontre padrões

Perguntas
As descrições iniciais dos grupos ainda estão corretas? Existem outros grupos que podem ser importantes?

Métodos
Categorização
Aplicação do framework jobs-to-be-done

5. Crie personas

Pergunta
Como a persona é descrita?

Métodos
Categorização
Persona

8. Dissemine conhecimento

Pergunta
Como podemos apresentar as personas e compartilhá-las com outros membros da equipe, com a empresa ou com os terceiros interessados?

Métodos
Pôsteres, reuniões, e-mails, campanhas, eventos, vídeos, fotos

7. Valide

Pergunta
Você conhece tal pessoa?

Métodos
Entrevistas com pessoas que conheçam as personas
Ler e comentar a descrição da persona

6. Defina situações

Perguntas
Quais casos de uso a persona tem?
Qual é a situação?

Métodos
Procurar situações e necessidades
Canvas de perfil do usuário/perfil do cliente
Jornada do cliente

SUPERDICA
Futuro usuário

Como mapear o usuário do futuro?

Especialmente em projetos de inovação radical, o horizonte de tempo costuma ser muito maior. Pode levar 10 anos até que um produto seja lançado no mercado, por exemplo. Se o grupo-alvo tiver de 30 a 40 anos de idade, isso significa que esses usuários agora têm de 20 a 30 anos.

O método do futuro usuário extrapola as personas futuras desses usuários (veja o *Playbook for Strategic Foresight and Innovation*). Ele expande a persona clássica analisando a persona de hoje e seu desenvolvimento nos últimos anos. Além disso, o futuro grupo-alvo é entrevistado em sua idade atual. Posteriormente, a mentalidade, motivação, estilo de vida etc. são extrapolados para se ter uma ideia melhor do futuro usuário.

O método é fácil de aplicar. É melhor começar com o perfil do usuário atual e sustentá-lo com fatos, análises de mercado, pesquisas online, entrevistas pessoais e assim por diante.

Ao desenvolver a persona, mudanças em valores, estilo de vida, uso de tecnologias/mídias, hábitos de produtos e afins devem ser considerados.

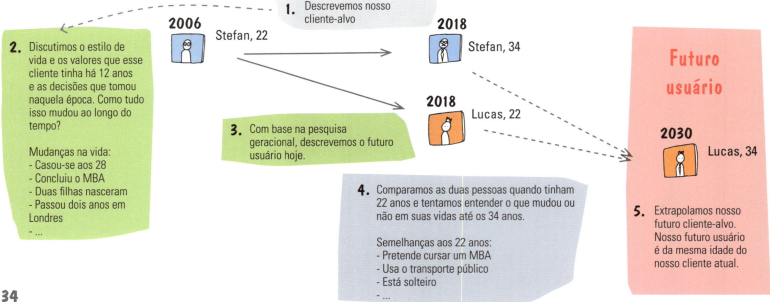

QUESTÕES-CHAVE
Ao trabalhar com personas

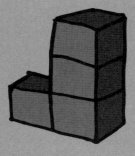

- Use pessoas reais, com nomes e características reais;
- Seja específico em termos de idade e estado civil. Obtenha informações demográficas na internet;
- Desenhe a persona em tamanho real, se possível;
- Adicione demonstrações à persona. Use recortes de revistas para acessórios (por exemplo: relógio, carro, joias);
- Identifique e descreva necessidades nas quais usaria o produto ou serviço em potencial;
- Coloque o usuário em potencial no contexto da ideia, sua equipe e o aplicativo;
- Liste os prós e contras da persona;
- Descubra as tarefas do consumidor (jobs-to-be-done) a que o produto ou serviço atende;
- Descreva a experiência que é particularmente crítica. Construa um protótipo que permita descobrir o que é realmente crítico;
- Ao fazê-lo, leve em conta os hábitos da pessoa;
- Experimente ferramentas para a definição do conteúdo (por exemplo: canvas de perfil do usuário e de perfil do cliente, canvas em gancho, do usuário futuro etc.).

1.2 Por que o processo é o segredo?

Um importante fator de sucesso no design thinking é saber onde você está no processo. Para Lilly, Peter e até Marc, a transição de uma fase divergente para uma convergente é um desafio especial:

Em que momento reunimos informações suficientes e quantas ideias são necessárias antes de começarmos a transformar a avalanche de ideias em possíveis soluções?

Juntamente com o nível atual do desenvolvimento, no design thinking deve-se ter as ferramentas sempre em mente. Quais são as mais eficazes na situação em questão? Em geral, existem dois estados mentais na "busca pela próxima grande oportunidade": ou desenvolvemos muitas ideias novas ("divergimos"), ou nos concentramos e nos limitamos às necessidades, funcionalidades ou soluções potenciais individuais ("convergimos"), e isto é representado na forma de um diamante duplo.

Para Lilly, é um pouco mais fácil enfrentar esse desafio, porque ela sabe quanto tempo dura seu curso de design thinking na universidade, e, já com a definição do desafio de design, pode controlar o quanto as perguntas devem ser abertas ou fechadas (isto é, quão ampla é a estrutura criativa para os participantes). Em relação às declarações de problemas reais, os fatores são um pouco diferentes. Normalmente, no início nos forçamos a sair da nossa zona de conforto e definir um quadro criativo mais amplo do que realmente desejamos. Na fase divergente, o número de ideias é infinito, por assim dizer. A parte complicada é encerrar essa fase no momento certo e focar as funcionalidades mais importantes que levam a uma solução ideal para o usuário. Naturalmente, há muitos exemplos de todo tipo de ideias sendo lançadas no mercado, e o acaso contribui para o sucesso — exemplos bem conhecidos incluem diversos serviços oferecidos pelo Twitter. Mas o acaso não costuma funcionar assim; portanto, no processo, convergir é decisivo para o sucesso.

Steve Jobs era um mestre quando se tratava de gerenciar a "zona de ruído" de forma otimizada. Ele tinha o instinto certo para escolher o momento de uma mudança de mentalidade e de deixar a fase divergente. Dessa forma, liderou suas equipes para soluções brilhantes. Na Apple, Bud Tribble estabeleceu o termo "campo de distorção da realidade", representando a capacidade de Steve Jobs de dominar o salto mental. O termo deriva de um episódio da série original de Star Trek, "The Menagerie", em que os alienígenas criam o próprio mundo por meio de seus pensamentos.

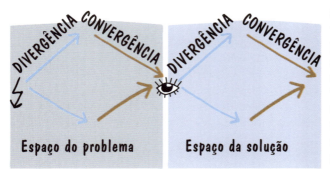

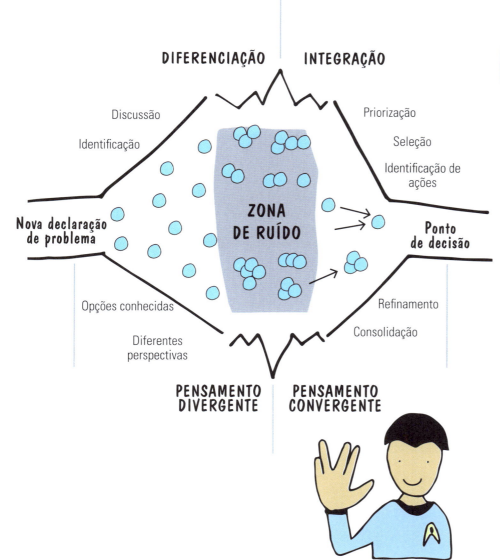

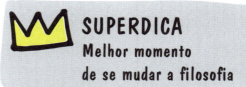

SUPERDICA
Melhor momento de se mudar a filosofia

Um bom influenciador para nos ajudar a mudar nossa filosofia é o tempo limitado. Se o prazo final para um projeto de inovação for antecipado, ou o primeiro protótipo for esperado antes do previsto, a filosofia deve ser automaticamente alterada. Além disso, é aconselhável estabelecer as funcionalidades e características em uma fase inicial do processo de design thinking. Durante a transição para a fase convergente, as recuperamos e tentamos combiná-las com um grande número de ideias. Essa seleção permite eliminar algumas ideias nesse estágio, o que pode ser útil para as consolidar ou combinar em grupos lógicos. Mas, mesmo assim, não seremos poupados de selecionar e focar, no final. Durante essa fase, é útil apresentar as ideias restantes a outros grupos e participantes. Então os post-its podem ser distribuídos e a comunidade decide qual é a melhor ideia. Se envolvermos apenas nosso próprio grupo, a decisão muitas vezes não será objetiva o suficiente, porque sempre corremos o risco de nos apaixonar por uma determinada ideia. Cabe a você definir como as ideias que não entraram na fase convergente devem ser tratadas. Alguns facilitadores encorajam os participantes a lançá-las, escritas nos post-its, no chão, enquanto outros as mantêm como um reservatório de conhecimento até o final do projeto.

Como é o microciclo do design thinking?

Antes de avaliarmos o processo em profundidade, precisamos esclarecer suas várias partes, que basicamente têm o mesmo objetivo, mas usam termos diferentes. Há uma declaração de problema no início e uma solução no final, e a solução é alcançada em um procedimento iterativo. O foco é decididamente o ser humano, então o design thinking é frequentemente chamado de Human-Centered-Design. A maioria das pessoas que já se envolveu com o design thinking conhece o processo. No entanto, decidimos abordar brevemente as fases do microciclo e do macrociclo, bem como a ideia central de cada fase. Lilly provavelmente se identificaria com a representação das seis etapas usada no Instituto Hasso Plattner (HPI), que apresenta, como a maioria das universidades, o processo de design thinking a seguir. Posteriormente, discutiremos o macrociclo.

Em algumas universidades, o processo foi ainda mais simplificado. No Japão, por exemplo, na disciplina de Tecnologia Global da Informação, no Kanazawa Technical College, eles trabalham com quatro fases, em vez de seis: Empatia — Análise — Protótipo — Cocriação. A d.school consolida as etapas do processo de "Conhecer" e "Observar" em "Desenvolver Empatia".

A agência de design e inovação IDEO definiu originalmente cinco etapas simples no microciclo para chegar a novas ideias por meio de iterações. Além disso, tem um forte foco na implementação, porque as melhores ideias são inúteis se não as estabelecemos no mercado como uma inovação de sucesso:

CONHEÇA a tarefa, o mercado, os clientes, a tecnologia, as limitações, restrições e os critérios de otimização;

OBSERVE e ANALISE o comportamento de pessoas reais em situações reais em relação à determinada tarefa;

VISUALIZE os primeiros rascunhos da solução (3D, simulação, protótipos, gráficos, desenhos etc.);

AVALIE e OTIMIZE os protótipos em uma sucessão rápida de repetições contínuas;

IMPLEMENTE o novo conceito no mundo real (a fase mais demorada).

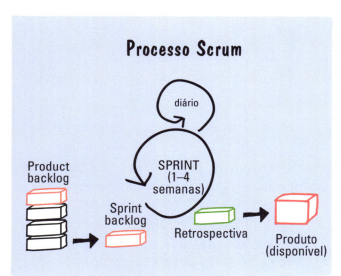

Qualquer colaborador de uma empresa deve conhecer procedimentos iterativos em contextos diferentes, como o desenvolvimento de software (ISO Standard 13407 ou Scrum). Nesse caso, a adequação do usuário do software é assegurada por um processo iterativo ou aprimorada de forma incremental por meio de sprints [ciclos em que se divide um projeto].

No ISO 13407, as seguintes fases são mencionadas:

Planejamento, processo — Análise, contexto de uso — Especificações, requisitos do usuário — Protótipo (esboço de variantes de projeto) — Avaliação (de soluções e requisitos)

Com o Scrum, as iterações individuais são chamadas de *sprints*. Um sprint leva de uma a quatro semanas. Os chamados product backlogs [funcionalidades] servem como dados de entrada para os sprints, e são priorizados e processados nos sprints (sprint backlogs). Os requisitos são documentados na forma de histórias de usuários no product backlog. Um produto pronto para entrega, já testado com o usuário, é o que deve existir no final de cada sprint. Além disso, o processo em si é revisado e continuamente aprimorado na Retrospectiva.

Na maioria das empresas, um processo de microdesign thinking é dividido de três a sete fases, geralmente baseado nas etapas da IDEO, da d.school e do HPI. A empresa suíça de TIC Swisscom desenvolveu um microciclo simplificado que permite integrar rapidamente a filosofia à organização.

As fases são: **Ouça — Crie — Entregue.**

Fase	Descrição	Instrumentos básicos
Ouça	- Conhecer o projeto - Entender o problema/necessidade do cliente - Adquirir informações internas e externas - Coletar a experiência diretamente com o cliente	Desafio de design Entrevista com o cliente
Crie	- Transformar o que foi aprendido em possíveis soluções - Gerar várias soluções e possibilidades - Definir características da solução	Crenças fundamentais Cadeia de experiência do cliente-alvo
Entregue	- Concretizar ideias - Criar e testar protótipos - Verificar, acelerar ou rejeitar ideias - Ter insights e aprender com eles	Necessidade, Abordagem, Benefício, Concorrência (NABC) Plano de prototipagem Autovalidação

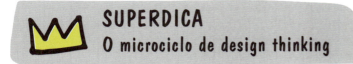

SUPERDICA
O microciclo de design thinking

DESCRIÇÃO DAS FASES INDIVIDUAIS DO MICROCICLO

CONHEÇA:

Essa fase já foi abordada no Capítulo 1.1. Nosso ponto de partida não foi um objetivo a ser alcançado, mas uma persona que tem necessidades ou enfrenta o desafio de ter que resolver um problema. Uma vez que o problema seja reconhecido, sua declaração deve ser definida no nível certo de conforto. Com dois tipos de perguntas, podemos expandir (POR QUÊ?) ou restringir (COMO?) a estrutura criativa. O princípio pode ser ilustrado mais facilmente com base em nossa necessidade de nos educarmos mais:

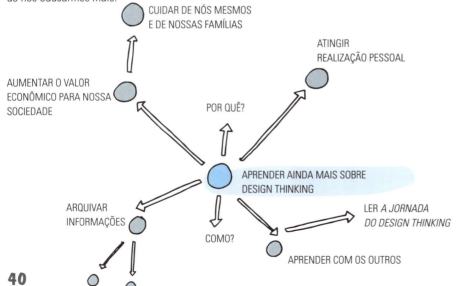

Com a declaração do problema, é importante entender o contexto. Responder às seis perguntas (quem, por que, o que, quando, onde, como) confere noções fundamentais:

- Quem é o grupo-alvo (tamanho, tipo, características)?
- Por que o usuário acha que precisa de uma solução?
- O que o usuário propõe como solução?
- Quando e por quanto tempo o resultado é necessário (duração do projeto ou ciclo de vida do produto)?
- Onde o resultado será usado (ambiente, mídia, localização, país)?
- Como a solução é implementada (habilidades, orçamento, modelo de negócios, mercado de entrada)?

Leia mais sobre isso nos Capítulos 1.4 e 1.5.

OBSERVE:

Em certa medida, já abordamos a fase Observe. Tentamos nos especializar e entender as necessidades de nossos leitores focando pessoas de três ambientes diferentes que aplicam o design thinking e observando grupos de pessoas no trabalho. Para isso, aproveitamos várias oportunidades: no HPI, em Potsdam, na Universidade de Stanford, interagindo com treinadores do ME310; nos workshops com a comunidade DTP, em Startup Challenges; nos workshops internos de empresas, bem como nos de cocriação, com o objetivo de inspirar os clientes para a era digital e assim por diante.

É sempre importante documentar e visualizar essas descobertas para que sejam compartilhadas com outras pessoas posteriormente. Até agora, a maioria das pessoas envolvidas no design thinking se concentra no método qualitativo, no qual a documentação é feita por meio de quadros de ideias, de opiniões, histórias diárias baseadas em fotos, mapas mentais, mapas de humor e fotos cotidianas e de pessoas. Tudo isso é crucial para criar e revisar personas e promover a empatia com o usuário, como é descrito em detalhes no Capítulo 1.5.

DEFINA UM PONTO DE VISTA:

Nesta etapa, o importante é utilizar, interpretar e ponderar as descobertas. O facilitador é motivado a encorajar todos os membros de um grupo a falar sobre sua experiência com objetivo de estabelecer uma base de conhecimento comum. A melhor maneira de colocar este passo em prática é contar histórias que foram vivenciadas, mostrando fotos e descrevendo as reações e emoções das pessoas. Mais uma vez, o objetivo é desenvolver ou revisar as personas em questão. Discutimos esta etapa em detalhes no Capítulo 1.6.

IDEALIZE:
Nesta fase, utilizamos vários métodos e abordagens que aumentam a criatividade, além de comumente usarmos brainstorming e a criação de esboços. O objetivo é desenvolver o maior número possível de conceitos e visualizá-los. Apresentamos uma série de técnicas para isso no Capítulo 1.7. A fase de ideação associa-se intimamente às subsequentes, em que os protótipos são construídos e testados, e esta abordagem será aprofundada na próxima Superdica. Nesta etapa, nosso objetivo é o aumento paulatino da criatividade por iteração. Dependendo da declaração do problema, uma sessão geral de brainstorming sobre ideias possíveis pode ser realizada no início. A apresentação de tarefas individuais de maneira direcionada para a sessão de brainstorming se provou ser bem-sucedida; desta forma, criatividade e, portanto, toda a fase divergente são controladas. Exemplos incluem uma sessão de brainstorming sobre funções críticas, benchmarking [marcos de referência] com outros setores ou contextos, e um "dark horse" [um "azarão"] que deliberadamente omite a situação real ou combina as melhores e as piores ideias. Um protótipo improvável, que simplesmente ignora todos os fatores limitantes, também gera ideias. Abordaremos especificamente o assunto na representação do macrociclo.

PROTOTIPE:
Na fase anterior, já apontamos os próximos passos de "Construir um protótipo" e "Testar um protótipo", porque estão sempre conectados à ideação. O Capítulo 1.9 mostrará o que integra um protótipo.

De qualquer forma, devemos tornar nossas ideias tangíveis o mais cedo possível e testá-las com usuários em potencial. Assim, recebemos um feedback importante para a melhoria de ideias e protótipos. O lema das opções de ação é simples: amar, transformar ou esquecer.

TESTE:
Esta fase vem depois de todo protótipo desenvolvido e/ou após todo esboço feito. Podemos testar com nossos pares, mas é a interação com os usuários em potencial o que realmente é interessante. Além dos testes tradicionais, atualmente é possível usar soluções digitais. Protótipos ou funcionalidades individuais podem ser testados rapidamente com um grande número de usuários. Apresentaremos essas possibilidades no Capítulo 1.10. Nesta etapa, recebemos feedback qualitativo. Devemos aprender com essas ideias e desenvolvê-las ainda mais, até amarmos a nossa. Caso contrário: transforme ou esqueça.

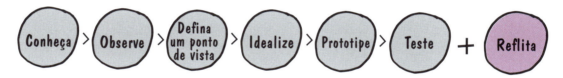

REFLITA:
Antes de iniciar um novo ciclo do processo iterativo, vale a pena refletir sobre a orientação escolhida. A Reflexão é melhor desencadeada ao questionar se as ideias e os resultados dos testes estão de acordo com as expectativas socialmente desejáveis e são eficientes em termos de recursos. Com métodos ágeis, como o Scrum, a fase Reflita encerra o processo em retrospecção. A última iteração e o processo são revisados, e segue-se uma discussão sobre o que correu bem e o que deve ser aprimorado. As perguntas podem ser reproduzidas em um ciclo de feedback "Eu gosto — eu desejo", ou o feedback pode ser obtido de maneira estruturada fazendo-se anotações. Obviamente, também usamos a fase de Reflexão para consolidar as descobertas, se isso ainda não foi feito na fase de Teste.

Com base nos resultados, atualizamos as personas e, se necessário, outros documentos. Em geral, a reflexão ajuda a explorar novas possibilidades, que levam a melhores soluções e aprimoram o processo como um todo.

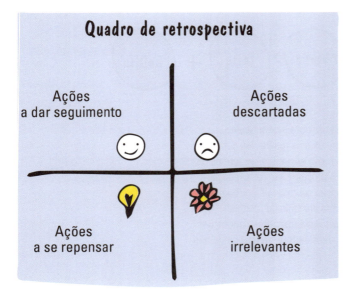

Panorama de recursos e métodos de cada fase

Fase	Atalhos para exemplos de ferramentas & métodos	Página
Conheça	• Crie a persona • Use o canvas em gancho • Use o framework jobs-to-be-done • Crie o futuro usuário	26 30 31 34
Observe	• Complete o mapa de empatia • Execute o AEIOU (O quê? Como? Por quê?) • Confira suposições críticas • Discussão sobre needfinding, incluindo a colocação de perguntas abertas • Lead Users [usuários que lideram as tendências] • Faça as 6 perguntas • Esteja atento • Use um bastão de fala • Inclua empatia no design UX [design centrado no usuário]	28 29 60 63 66 69 75 76 77
Defina um ponto de vista	• Promova uma visão geral • Use a técnica das 9 janelas e o mapa da margarida • Formule frases com o ponto de vista, por exemplo, perguntas "Como podemos...".	82 85 87
Idealize	• Realize sessões de brainstorming • Use técnicas que fomentem a criatividade • Aprofunde as ideias • SCAMPER • Estruture, agrupe e documente ideias • Faça folhas de comunicação das ideias	91 93 94 96 98 105
Prototipe	• Desenvolva protótipos • Use diferentes tipos de protótipos • Caixas & prateleiras • Faça workshops de prototipagem	108 111 113 115
Teste	• Realize testagens • Anote os feedbacks • Conduza testes A/B • Grade de experimentos	118 123 124 128
Reflita	• Use o quadro de retrospectiva	44

44

COMO PODEMOS...
executar o macrociclo do design thinking?

No microciclo, passamos pelas fases Conhecer, Observar, Definir um ponto de vista, Idealizar, Prototipar e Testar, que devem ser entendidas como unidade. Na fase divergente, as ideias que coletamos por meio de várias técnicas que fomentam a criatividade aumentam constantemente. Devemos tornar algumas delas tangíveis sob a forma de protótipos e testá-las com um usuário em potencial. Os respectivos métodos e recursos voltados à criatividade são usados dependendo da situação. A princípio, a jornada rumo à solução é incerta.

O objetivo do macrociclo é entender o problema e concretizar uma visão da solução. Para tal, muitas iterações do microciclo são executadas. As etapas iniciais do macrociclo são de caráter divergente (etapas 1 a 5 na figura). No caso de problemas simples, ou se a equipe possuir conhecimento abrangente do mercado e do problema, a transição para a zona de ruído (etapa 6) pode ser bem rápida. A transição para a zona de ruído acontece a partir de qualquer uma das cinco etapas divergentes. A sequência de ideias a ser elaborada pode e deve ser adaptada à situação e ao projeto. No entanto, a sequência sugerida foi aplicada com sucesso em muitos projetos. A visão da solução ou ideia é concretizada sob a forma de um protótipo de visão e testada com diferentes usuários. Se a visão recebe um feedback geralmente positivo, ela é concretizada na iteração seguinte (etapa 7).

A busca pela próxima grande oportunidade de mercado segue estas etapas:

(1) Trabalhe ideias iniciais em um brainstorming

Um brainstorming inicial sobre ideias e soluções em potencial extrai do grupo todo tipo de ideias e tira-as de suas mentes. Frequentemente, os níveis de conhecimento dos membros da equipe em termos da declaração do problema e um possível espectro de soluções são bem diferentes. Uma sessão inicial de brainstorming aborda a questão e permite descobrir como os outros integrantes pensam.

Instruções: Dê ao grupo 20 minutos para uma sessão de brainstorming. O mote aqui é quantidade, não qualidade. Toda ideia é escrita em um post-it, expressa em voz alta e, depois, afixada a um quadro.

Peça ao grupo para responder às seguintes perguntas-chave:

- Quais ideias surgem espontaneamente?
- Quais abordagens de solução os outros buscam?
- O que podemos fazer de diferente?
- Todos entendemos a declaração do problema da mesma forma?

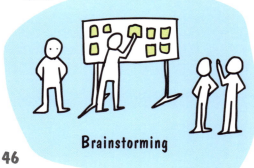

(2) Desenvolva funções críticas, essenciais para o usuário

Essa etapa é crucial para a solução. O facilitador tem a tarefa de motivar os grupos para que identifiquem exatamente esses "fatores importantes" e preparem uma classificação no contexto de um usuário crítico.

Instruções: Dê ao grupo de uma a duas horas, dependendo da declaração do problema, para redigir, criar e testar de 10 a 20 funções críticas.

Peça ao grupo para responder às seguintes perguntas-chave:

- Quais funcionalidades são obrigatórias?
- Qual experiência é absolutamente necessária para o usuário?
- Qual é a relação entre função e experiência?

(3) Busque benchmarks em outros setores e experiências

Esta etapa é uma ferramenta muito boa quando as equipes não conseguem se afastar do conceito original de solução.

O benchmarking ajuda os participantes a pensar de forma inovadora e a adaptar ideias para a solução do problema. O facilitador amplia a estrutura criativa motivando os grupos a realizar brainstorming, levando em conta um determinado mercado/setor ou uma experiência em particular. Você pode proceder em duas etapas, por exemplo: (a) brainstorming de ideias relacionadas ao problema e (b) brainstorming de setores e/ou experiências. Posteriormente, as três melhores ideias de cada etapa são identificadas. Com base na combinação delas, o facilitador convida os participantes a desenvolver mais duas ou três ideias, torná-las práticas e testá-las com o usuário.

Instruções: Dê 30 minutos ao grupo para uma sessão de brainstorming, 30 para encontrar benchmarks e 30 para agrupar e combinar ideias. Dependendo da tarefa, o grupo deve ter tempo suficiente para produzir de dois a três protótipos.

Peça ao grupo para responder às seguintes perguntas-chave:

- Quais conceitos e experiências de sucesso se aplicam ao problema?
- Quais experiências conferem outra perspectiva ao problema?
- Qual é a relação entre o problema e outras experiências?

(4) Amplie a criatividade e encontre o dark horse das ideias

Esta etapa ajuda as equipes a ampliar a criatividade — principalmente porque, para o dark horse, os limites são ignorados, o que pode nos ter limitado nas etapas anteriores. O facilitador motiva os grupos a buscar o máximo de sucesso e, assim, desenvolver uma ideia drástica. É chegado o momento de as equipes aumentarem a criatividade e aceitarem o risco máximo. Cria-se um dark horse ao omitir elementos essenciais de uma dada situação, exemplo: "Como você projetaria uma central de serviços de TI sem problemas de TI?", "Como seria um limpador de vidros para carros sem para-brisa?" ou "Como seria um cemitério se ninguém morresse?". O ponto principal é deixar a zona de conforto e "fazer acontecer de qualquer forma", não importa o que ocorra.

Instruções: Dê ao grupo 50 minutos para bolar um dark horse e tempo suficiente para produzir um protótipo correspondente, dependendo da tarefa.

Peça ao grupo para responder às seguintes perguntas-chave:

- Que possibilidades drásticas não foram consideradas até agora?
- Quais experiências estão fora de qualquer situação imaginável?
- Existem produtos e serviços que expandam a criação de valor?

DARK HORSE E se?

(5) Implemente um protótipo improvável para fazer a criatividade voar

Em muitos casos, você precisa dar um passo a mais porque a equipe ainda não apresentou ideias disruptivas. Um protótipo improvável expande ainda mais a criatividade; incentiva as equipes a maximizar o sucesso da aprendizagem e, ao mesmo tempo, a minimizar os custos em termos de tempo e atenção. O objetivo é desenvolver soluções focadas no benefício. Restrições orçamentárias e custos em potencial são removidos.

Instruções: Dê ao grupo uma hora para produzir um protótipo improvável.

Peça ao grupo para responder às seguintes perguntas-chave:

- Que ideias insanas são superlegais?
- Por qual ideia você teria que se desculpar?
- O que faz uma ideia parecer não planejada?

(6) Determine a visão da ideia com o protótipo da visão

A zona de ruído é a transição da fase convergente para a divergente, fases que podem se alterar a qualquer momento. Facilitadores experientes e campeões de inovação reconhecem esse momento e lideram suas equipes de forma direcionada à fase convergente.

No protótipo da visão, fazemos uma combinação inicial de:

- conhecimento prévio (recomenda-se cautela aqui);
- melhores ideias iniciais;
- funcionalidades críticas mais importantes;
- novas ideias de outros setores e experiências;
- experiência inicial do usuário;
- insights interessantes (por exemplo, do dark horse); e
- soluções mais simples possíveis.

Instruções: Dê ao grupo cerca de duas horas (dependendo da complexidade do problema) para formar um protótipo da visão, que deve então ser testado com pelo menos três usuários em potencial; o feedback deve ser capturado em detalhes. Na melhor das hipóteses, esses usuários serão envolvidos na concretização subsequente do projeto de design thinking e, se forem conhecidos em um campo de inovação, serão perfeitos como referência porque são com frequência altamente motivados para satisfazer suas necessidades.

Peça ao grupo para responder às seguintes perguntas-chave:

- A visão gera atenção suficiente para que um usuário em potencial deseje absolutamente usar essa solução?
- A visão dá liberdade suficiente para os sonhos do usuário?
- A oferta de valor da visão é convincente?
- O que mais os usuários desejariam para tornar a experiência perfeita?

1+1 = 3

(7) Concretize passo a passo a visão

Na fase convergente, a seguir, nos concentramos na concretização da visão. O tema desta fase é a elaboração específica da ideia selecionada, que é iterativamente melhorada e expandida. É aconselhável primeiro construir e testar as funcionalidades críticas mais importantes como partes integrantes de um protótipo funcional. Com este protótipo como ponto de partida, mais elementos são acrescentados e, finalmente, o protótipo é produzido. Ideias diferentes podem ser testadas na fase convergente, e as melhores são integradas à solução final. Características individuais ou várias combinações são desenvolvidas e testadas. Uma vez que o protótipo tenha certa maturidade, podemos descrevê-lo em um "canvas de visão do protótipo". Desta forma, formulamos e comparamos várias visões.

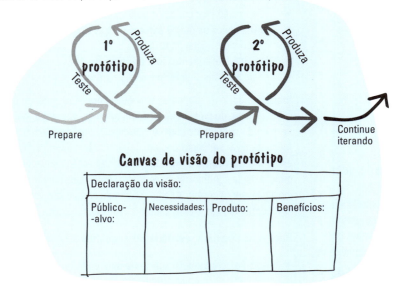

Tudo se trata de iterativamente detalhar e elaborar a ideia selecionada.

A maturidade dos protótipos aumenta a cada etapa.

A. Protótipo funcional

Em relação ao protótipo funcional, é importante concentrar-se nas variáveis críticas e testá-las intensivamente com usuários em potencial; funções críticas devem ser criadas para experiências críticas. Nem todas as funcionalidades devem ser integradas no início. O ponto crucial é garantir a funcionalidade mínima para testar o protótipo em condições reais. Esses protótipos são frequentemente chamados de "produto viável mínimo" (MVP – Minimal Viable Product). Esses MVPs são a base para a produção e, aos poucos, surge um protótipo finalizado que combina várias funções.

B. Protótipo finalizado

A formação de um protótipo finalizado é crucial para a interação com o usuário, pois somente a realidade produz verdade. Deve ser reservado tempo suficiente para a produção de um protótipo finalizado, e as respectivas funcionalidades devem ser integradas.

C. Protótipo final

O protótipo final se destaca pela sofisticação dos pensamentos investidos nele e em sua realização. Protótipos convincentes com funcionalidade simples geralmente também são bem-sucedidos quando lançados no mercado. É aconselhável obter o máximo de apoio de fornecedores e parceiros de todas as formas. Usar componentes-padrão aumenta a probabilidade de sucesso e reduz massivamente os custos de produção.

D. Plano de implementação: Como ir até o fim

Não só a qualidade do produto ou serviço é decisiva, mas também seu uso. Características importantes para saber: quem pode colocar obstáculos no caminho do processo de implementação e tentar influenciar as decisões? O senso comum: transforme os afetados em pessoas envolvidas e crie uma situação ganha-ganha para todas as partes. O Capítulo 3.4 descreve o que é importante neste processo.

QUESTÕES-CHAVE
Ao dominar o processo

- Defina uma declaração de problema no nível certo;
- Deixe a zona de conforto (sempre que possível), se quiser que inovações radicais surjam;
- Desenvolva a consciência da zona de ruído no macrociclo, porque é decisivo para o sucesso futuro das ideias geradas;
- Explicite para a equipe se é a mentalidade divergente ou a convergente que está atualmente em foco;
- Use métodos diferentes para o brainstorming na fase divergente, a fim de ampliar a criatividade (por exemplo, benchmarking, dark horse, protótipo improvável);
- Gere tantas ideias quanto possível na fase divergente, aplicando diferentes técnicas que fomentem a criatividade;
- Siga sempre a sequência "Projetar — Produzir — Testar" no microciclo;
- Encontre o protótipo final por meio da convergência e das respectivas iterações;
- Não desenvolva laços emocionais com protótipos e ideias. Descarte ideias ruins;
- O que se aplica a todas as ideias: ame, transforme ou esqueça!

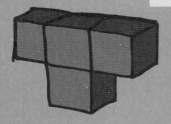

1.3 Como formular uma boa declaração de problema

No começo, Peter não entendia por que é importante ter uma boa definição de problema no design thinking. Afinal, queria encontrar soluções, não piorar os problemas. Durante seus primeiros passos como facilitador de workshops sobre design thinking, percebeu rapidamente quão importante é a definição do problema e também que há três pré-requisitos essenciais para se chegar a boas soluções:

1. A equipe de design thinking precisa entender o problema;
2. O desafio de design deve ser definido para permitir o desenvolvimento de soluções úteis;
3. A solução potencial precisa caber no espaço de design definido e no escopo de design.

Dividimos os problemas em três tipos: simples (bem-definidos), confusos (maldefinidos) e ultra complexos. Para problemas simples e claramente definidos, existe uma solução ideal, mas a estratégia pode seguir caminhos diferentes. A maioria dos problemas que encontramos no design thinking, e no nosso trabalho diário, é maldefinida. Há mais de uma solução para eles, e a busca por essa solução ocorre de maneiras bem diferentes. No entanto, pela nossa experiência, sabemos que podemos tornar esses problemas compreensíveis e facilmente processáveis. Em geral, é suficiente reduzir o quadro criativo ou, às vezes, ampliá-lo um pouco para chegar ao nível certo, que permite que surjam novas oportunidades de mercado.

Perguntar reiteradamente "Por quê?" expande a estrutura criativa; perguntar "Como?" a restringe. Na introdução, referimo-nos brevemente a como abordaríamos a questão da formação contínua com design thinking. Projetar um abridor de latas melhor, que todos na família gostem de usar, é outro exemplo simples de um desafio de design.

Para expandir a declaração do problema, colocamos a questão do "Por quê?". Logo percebemos que perguntar reiteradamente o motivo nos leva aos limites de nossa zona de conforto em pouco tempo, de modo que realmente nos direcionamos a problemas impactantes e difíceis de resolver, os chamados problemas ultra complexos. No caso do abridor de latas, exemplos de tais problemas são:

- Como podemos parar a fome no mundo?
- Como podemos evitar o desperdício de alimentos?

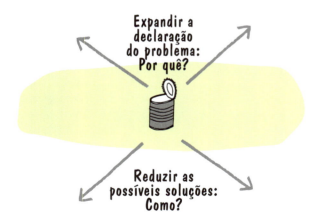

Para diminuir as alternativas, é útil perguntar "Como?". No que tange ao abridor de latas:

- Como a lata pode ser aberta com um mecanismo de rotação? Ou:
- Como a lata pode ser aberta sem nenhum dispositivo adicional?

Em relação a problemas ultra complexos, a questão central não costuma ser óbvia; portanto, são usadas definições preliminares, levando a um entendimento da solução que altera a compreensão do problema. Logo, já existem iterações na definição do problema que ajudam a interpretá-lo, bem como a solucioná-lo. Entretanto, apenas soluções provisórias ou de curto prazo são amplamente encontradas por meio dessa coevolução. O uso de procedimentos de resolução de problemas lineares e analíticos rapidamente faz com que você atinja seus limites em termos de problemas ultra complexos: como o problema é a busca pelo problema, você é puxado para todos os lados.

Felizmente, ao longo dos anos foram descobertas ferramentas relevantes para isso no design thinking, por exemplo a pergunta "Como podemos..." ou as perguntas do tipo "por quê?". Assim, o design thinking ajuda a tornar os problemas ultra complexos compreensíveis. Se nenhuma solução for encontrada, apesar do uso do design thinking, devido à complexidade dos problemas, recursos limitados, como dinheiro e tempo, são geralmente as razões para o término do processo. É por isso que recomendamos dedicar tempo e energia suficientes para elaborar uma definição de problema adequada.

O design thinking é aplicável a quais tipos de problemas?

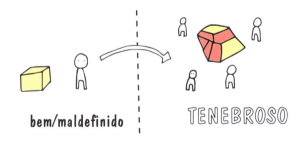

O design thinking é adequado para todos os tipos de declarações de problemas. As aplicações variam de produtos e serviços a processos e funções individuais, até experiências abrangentes do cliente, mas os objetivos que as pessoas querem alcançar são diferentes. Um designer de produtos deseja satisfazer as necessidades do cliente, enquanto um engenheiro está mais interessado em definir especificações.

SUPERDICA
Encontre o desafio de design

Em suas aulas de design thinking, Lilly muitas vezes tem dificuldade em encontrar bons desafios de design. Quando eles vêm de parceiros do setor, a estrutura criativa geralmente é mais definida.

Nos casos em que os participantes devem identificar os problemas por conta própria, a situação fica mais intricada. As opções a seguir se mostraram bastante úteis para identificar problemas e definir desafios de design:

Como podemos melhorar a cadeia de experiência do cliente para lugares e objetos visitados ou usados diariamente?

Exemplos:

- Como podemos melhorar a experiência de compra online de um varejista de calçados?
- Como podemos melhorar o portal de reservas online da balsa para carros de A para B?
- Como podemos melhorar a satisfação do cliente com o aplicativo de passagens para o transporte público em Cingapura?

Outra possibilidade para chegar a um desafio de design é mudar de perspectiva. Estas perguntas capturam o desafio de design:

- E se...?
- O que é possível?
- O que mudaria o comportamento?
- Qual seria a oferta se os ecossistemas de negócios se conectassem uns aos outros?
- Qual é o impacto de uma promoção?
- O que acontecerá depois?
- Há alguma oportunidade em que as pessoas só vejam problemas?

Outra possibilidade é examinar mais de perto um produto ou serviço existente (por exemplo, a cadeia de experiência do cliente ao comprar uma assinatura de música). Fazendo perguntas e observando, obtemos as dicas para um desafio de design:

- Como é o comportamento musical de um usuário?
- Como o cliente obtém informações sobre novas ofertas de música?
- Como e onde o cliente instalará o produto ou serviço?
- Como o cliente usa o produto?
- Como o cliente age quando o produto não funciona como esperado?
- Quão satisfeito o cliente está com toda a cadeia de experiência?

Projete a experiência perfeita do cliente na reserva online de uma balsa para carros

SUPERDICA
Elabore o briefing

A descrição do desafio de design é definitiva. Uma boa solução só surge se a equipe entender o problema.

A descrição do desafio é um requisito mínimo. Mais detalhes agilizam a resolução de problemas. A desvantagem é que o grau de liberdade em relação à radicalização de uma nova solução é limitado. A criação de um bom briefing (perfil reduzido do projeto) já é um miniprojeto em si. Às vezes, elaboramos o briefing para os usuários; às vezes, para a equipe. Recomendamos obter opiniões variadas — de preferência interdisciplinares — sobre o problema e depois chegar a um consenso, por meio de iterações, sobre as declarações que realmente compõem o problema.

O briefing contém vários elementos e informações sobre questões cruciais:
Definição do espaço e escopo de design:
- Quais atividades devem ser apoiadas e para quem?
- O que queremos aprender sobre o usuário?

Descrição das abordagens já existentes para resolver o problema:
- O que já existe e como esses elementos ajudam em nossa própria solução?
- O que falta nas soluções existentes?

Definição dos princípios de design:
- Quais são as dicas importantes para a equipe (por exemplo, em que momento exige-se mais criatividade ou que os usuários em potencial devem realmente experimentar um determinado recurso)?
- Existem limitações, e quais funções são essenciais?
- Quem queremos envolver e em que ponto do processo de design?

Definição dos cenários associados à solução:
- Quais são a visão e o futuro desejados?
- Quais cenários são plausíveis e possíveis?

Definição dos próximos passos e marcos:
- Até quando uma solução deve ser aplicada?
- Podemos obter um feedback valioso a partir de reuniões do comitê diretor?

Informações sobre possíveis desafios de implementação:
- Quem deve se envolver em um estágio inicial?
- Como é a cultura para lidar com propostas drásticas e quão ampla é sua disposição em assumir riscos?

O briefing é a tradução de um problema em uma tarefa estruturada:

COMO PODEMOS...
começar, mesmo que o problema ainda não esteja definido?

A princípio, o ponto de partida ideal é deixar a zona de conforto. Encontrá-lo com base em uma declaração de problema não é muito fácil. Muitas vezes a equipe se pergunta se ele é muito estreito ou muito amplo, caso no qual recomendamos apenas começar. Se o desafio for estreitamente concebido, a equipe expandirá o problema na primeira iteração e, se o desafio for concebido de forma muito ampla, a equipe o reduzirá.

Queremos aprimorar a tampa de uma caneta esferográfica ou resolver o problema da água no mundo?

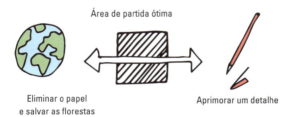

O procedimento consiste de três etapas.

Etapa 1:
Quem é o usuário no contexto da declaração do problema? Defina quem o usuário realmente é e quais são suas necessidades. Reflita sobre a persona criada.

Etapa 2:
Aplique as 6 perguntas. Discuta POR QUE, O QUE e COMO.

Etapa 3:
Baseado nisto, formule sua pergunta.

Exemplo

Etapa 1: Em quem se concentra e qual é a tarefa central?
Lilly realiza workshops de inovação como facilitadora.

Etapa 2: O que Lilly deseja conquistar?
Lilly deseja documentar as informações dos workshops.

O quê?

O que o usuário deseja alcançar?
Editar? Criar? Avaliar?
Analisar?
Guardar? Compartilhar?

Por quê?

Os resultados devem ser compartilhados com pessoas da equipe em todo o mundo.

Como?

Cópia?
Reconhecimento de fala?
De texto?
De imagem?
Fotografia?

Etapa 3: Baseado nisto, formule sua pergunta
Lilly documenta a pergunta:
Como digitalizar um post-it e compartilhá-lo?

55

Conforme descrito, as perguntas "por que" e "como" podem expandir ou restringir o quadro.

Um ajuste natural geralmente ocorre em uma sessão de brainstorming, especialmente se vários métodos são usados, como transformar e combinar ou mesmo minimizar.

Método	Como podemos resolver nosso problema?	
Minimizar	reduzir?	reduzir uma solução existente?
Maximizar	expandir?	expandir uma solução existente?
Transformar	transferir mentalmente para outra área?	transferir uma solução existente em outra área para o meu problema?
Combinar	combinar com outros problemas?	combinar diversas soluções existentes?
Modificar/adaptar	modificar?	modificar uma solução existente?
Rearranjar/inverter	rearranjar ou inverter sua ordem interna?	rearranjar ou inverter a ordem de uma solução existente?
Substituir	substituir um problema parcial?	substituir pela parte de uma solução existente?

Tomemos o exemplo de uma caneta esferográfica BIC e o método de excluir ou reduzir. No caso da caneta, tudo o que era desnecessário foi omitido, restando apenas as três partes indispensáveis e essenciais: o refil, o suporte e uma tampa que também serve como clipe. Um produto engenhoso, que permanece inalterado há mais de 50 anos.

Existe algum espaço para inovação?

A resposta é sim! Talvez você já tenha se perguntado por que a tampa da caneta esferográfica BIC tem um furo na ponta. Ele nem sempre esteve lá. Foi projetado para evitar que crianças pequenas se sufoquem se engolirem a tampa e elas ficarem presas em sua garganta. Ar suficiente ainda pode passar pelo pequeno buraco. É por isso que as tampas da caneta BIC têm furos há mais de 24 anos.

QUESTÕES-CHAVE
Ao definir o problema

- Faça perguntas "Por quê?" e "Como podemos..." para dominar e entender o problema;
- Esclareça que tipo de problema é: ultra complexo, mal ou bem-definido. Então, adapte sua abordagem;
- Para problemas ultra complexos, primeiro encontre soluções parciais. Continue iterativamente;
- Entenda outros aspectos parciais do problema geral se ele não puder ser entendido de uma vez e, de forma iterativa, adicione mais componentes de solução;
- Elabore um briefing estruturado para que a equipe e o cliente tenham o mesmo entendimento do ponto de partida;
- Pense em diferentes possibilidades de encontrar o desafio de design (por exemplo, investigação de toda a cadeia de experiência do cliente ou uma mudança de perspectiva);
- Comece com a primeira iteração, mesmo que a área inicial ideal ainda não tenha sido encontrada. Desta forma, o problema pode ser melhor entendido.

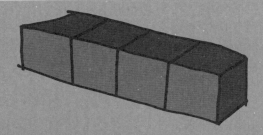

1.4 Descubra as necessidades do usuário

Priya tem um novo projeto de inovação. Há rumores de que a gigante tecnológica e de internet em que trabalha abraçará o tema da saúde para os idosos — um tema e um segmento sobre o qual Priya sabe pouco e, para ela pessoalmente, ainda está bem distante.

Na verdade, Priya tem pouco tempo para considerar as necessidades dos idosos frente a seus inúmeros outros projetos. Seu ambiente de trabalho está repleto de pessoas de seus 20 e poucos anos; quase ninguém ultrapassou o limite dos 50 e pode ser classificado, mesmo que remotamente, neste segmento. Seus amigos e conhecidos em Zurique têm entre 30 e 40 anos, e seus pais ainda trabalham em período integral e não se sentem pertencentes ao grupo dos aposentados. Seus avós, a quem Priya poderia recorrer, infelizmente já faleceram.

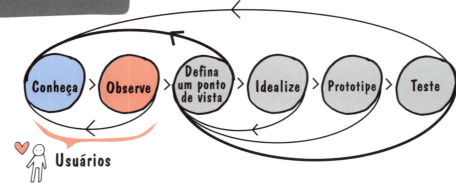

Como podemos realizar uma pesquisa quando realmente não temos tempo para ela? Ou, melhor: como explicamos ao chefe que não trabalharemos hoje?

Priya está ciente de que o contato pessoal com usuários em potencial — isto é, pessoas — é indispensável se você realmente quiser viver um bom design thinking.

Omitir o needfinding [a descoberta das necessidades] não é uma opção para Priya, porque significaria ignorar uma fase inteira do processo de design thinking. Como as fases de conhecimento e observação, bem como a síntese (definição do ponto de vista), não podem ser estritamente separadas, negligenciar o needfinding significa extirpar nada menos do que três etapas.

Todas essas etapas têm uma característica importante em comum: o contato direto com os usuários, o grupo-alvo de pessoas que usarão regularmente no futuro um produto inovador ou nossos serviços.

É uma ilusão pensar que estamos familiarizados com os estilos de vida de todas as pessoas para as quais desenvolvemos inovações dia após dia. Vejamos todos os projetos pelos quais Lilly passou nos últimos quatro anos como especialista em needfinding: ela precisaria ser idosa, deficiente visual, lésbica, aluna do maternal e até mesmo imigrante ilegal. Sem mencionar o projeto em uma enfermaria de cuidados paliativos, que inevitavelmente a teria levado para o túmulo, algo que certamente não lhe aconteceu. Pelo menos não quando sua tarefa era inovar o cotidiano dessas pessoas nos momentos finais de suas vidas e os procedimentos em uma enfermaria de cuidados paliativos.

É importante refletir sobre nós mesmos e perceber que não representamos as pessoas para as quais desenvolvemos nossa inovação. Se em casos muito excepcionais o fizermos, devemos proceder com muita cautela ao transferir nossas necessidades para os outros.

Peter também questiona suas ideias para melhorar a qualidade de seu produto quando está em sua mesa, sem fazer nada. Quando foi a última vez que viu alguém usando seu produto no cotidiano? Ele já esteve ao lado de um cliente no exato momento em que este sentiu a necessidade da funcionalidade recém-inventada? Não porque Peter tivesse questionado o cliente ("Você gostaria..."), mas porque ele a tivesse buscado por conta própria.

Tais momentos nos dão uma visão da vida dos usuários e indicam onde as necessidades profundas e de longo prazo estão escondidas.

Desconhecer o cotidiano das pessoas significa que continuamente fazemos suposições nas quais baseamos nossas decisões. Cerca de oito milhões de pessoas vivem na Suíça. Se Priya, que mora em Zurique hoje, alegou que sabe exatamente como vivem os moradores de uma pequena vila, seu conhecimento é baseado apenas na experiência de sua juventude, quando ela vivia em uma aldeia na Índia, com aproximadamente o mesmo tamanho à época. Embora sua experiência lhe dê acesso a certos aspectos da vida na aldeia, é incapaz de desenvolver uma solução perfeita, que cubra a maioria das necessidades dos aldeões na Suíça atual.

É lógico que uma inovação só funciona quando internalizamos as necessidades de nossos usuários e desenvolvemos uma compreensão completa deles, o que pode ser alcançado quando estamos onde estão, especialmente, quando testemunhamos a parte de suas vidas que queremos melhorar.

Se acha que apresentaremos ainda mais ferramentas para observar as pessoas em seu ambiente, você está errado. Tais ferramentas ajudam; mas, no fim das contas, tudo é questão de um ponto decisivo no needfinding: tomar consciência das suposições que fez em sua mente.

No dia a dia de uma empresa, é um fenômeno comum os gerentes de inovação trabalharem em ideias que não são baseadas em necessidades reais. Muitas vezes, quando perguntamos a eles o que não funciona no cotidiano de uma pessoa que daria valor agregado real às suas ideias, deparamo-nos com um olhar vazio.

Nesses casos, é inútil atribuir isso aos gerentes de inovação, porque não sabem o que devem ver e ouvir. Portanto, a descoberta de necessidades não ocorre em muitas empresas e é inevitavelmente vista como desperdício de tempo e dinheiro.

Muitos consultores tradicionais de gestão e inovação confiam nas chamadas entrevistas com clientes, conduzidas não pelo próprio consultor ou por um instituto de pesquisa de mercado designado por ele. O consultor seleciona e escolhe nas entrevistas apenas os fatores que correspondem ao que ele viu ou ouviu e que se enquadram na realidade que desenvolveu ao longo da vida. Assim, não raro, os decisores veem o needfinding como um risco para o sucesso de seu projeto.

Se conseguirmos incorporar uma atitude de pura curiosidade no needfinding, descobriremos que tudo o que aprendemos nos guia para soluções novas e ainda mais centradas no ser humano.

Na busca por provas, reconhecemos elementos que ainda não funcionam, que talvez nunca funcionem, ou que devemos observar de perto para que, no final, nossa inovação atenda a uma necessidade.

Quando foi a última vez que "nos colocamos no lugar do nosso cliente"?

Quando foi a última vez que dominamos a rotina exatamente no local em que nossos usuários estão? Se não por um dia inteiro, por pelo menos por uma hora!

Como sabemos com o que nossos clientes têm dificuldade? Quais são os motivos que deixam nossos clientes felizes? O que desencadeou o efeito "Nossa!" quando testaram nosso produto?

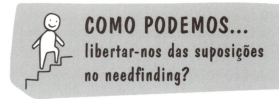

COMO PODEMOS...
libertar-nos das suposições no needfinding?

Existem alguns bons truques que ajudam a libertá-lo de suposições. Especialmente ao lidar com needfinding pela primeira vez, o exercício a seguir, que não leva mais de 30 minutos, é altamente recomendado. Ele nos torna ainda mais eficazes quando temos alguém que nos confronta com questões complicadas ao realizá-lo.

O objetivo deste método é mostrar como pressupostos e hipóteses sobre as necessidades se tornam visíveis e como podemos ter sucesso na priorização de suposições críticas. Isto cria um ponto de partida que nos permite realizar uma interação com o usuário focada e, portanto, mais bem-sucedida.

O ponto de partida é um protótipo simples já feito. Assim, a fase de ideação foi concluída por enquanto, porque já encontramos uma solução potencial para uma necessidade do usuário. Dentro do escopo de seu projeto "saúde para idosos", Priya identificou o tema do exercício como uma abordagem para a solução.

1. Formulamos nossa ideia em uma frase:
Por exemplo:
Caminhadas para idosos aposentados que ficam "plantados no sofá".

Então visualizamos nossa ideia:

O cuidador sênior

2. Formulamos as suposições de necessidades da nossa ideia:

Como sabemos, necessidades são as motivações reais das pessoas. Emergem do desejo de tornar possível algo que não existe (em nosso exemplo: permanecer saudável) ou de se livrar de algo indesejado (por exemplo: perder peso). No design thinking, muitas vezes, definimos essas necessidades como verbos. As necessidades se referem a O QUE o usuário quer alcançar — propositalmente deixamos de lado o pensamento orientado à solução, que se concentra no COMO.

Para identificar as suposições, começamos com essas perguntas:

- O que o usuário deseja alcançar aplicando nossa ideia?
- O que motiva o usuário a usar nossa ideia?
- O que impede o usuário de usar nossa ideia?

Respostas possíveis incluem:

1. Os fãs do sofá querem se exercitar (necessidade), a fim de prevenir doenças crônicas (necessidade);
2. Os aposentados não têm a estrutura diária (gatilho) necessária para se exercitar regularmente (necessidade);
3. Os idosos querem se sentir saudáveis (necessidade) para fazer passeios com seus netos;
4. Os idosos sentem-se desconfortáveis (estado emocional/bloqueio) quando se exercitam em academias, com os jovens.

Escreva cada um desses pressupostos em um post-it separado.

Então coloque-os em uma grade na etapa 5.

3. Identificamos as suposições críticas:

Em primeiro lugar, é importante que reflitamos por alguns minutos sobre nossas suposições de necessidades.

O que reconhecemos nesta fase de reflexão? Talvez, que lidamos com as necessidades básicas de nossa potencial inovação — muitas vezes, um notável conjunto de suposições sobre as quais criamos a solução! Agora essas necessidades devem ser revisadas e adaptadas, se necessário.

Com este exercício, somos confrontados com a base de nossas ideias sem ter ouvido ou visto se um usuário em potencial realmente precisa dessa inovação em seu cotidiano.

Talvez tenhamos encontrado alguns colegas entre nossos amigos que acham que nossa solução é boa. Agora, seria emocionante descobrir se os pais e avós de nossos amigos realmente têm esses problemas em sua vida diária. Com esta etapa, ficamos muito próximos do nosso usuário. Ao mesmo tempo, devemos estar cientes de que ainda lidamos com premissas, já que ainda não ouvimos ou vimos se essas necessidades realmente existem na vida real.

Não temos escolha a não ser revê-las — dessa vez, não com nossos colegas de trabalho! Devemos observar e entrevistar pessoas que não são próximas e que não reagirão positivamente às nossas ideias porque gostam de nós ou não querem diminuir nosso entusiasmo.

4. Estamos prontos para encontros aleatórios:

O que perguntaríamos aos usuários do nosso grupo-alvo se os encontrássemos por acaso na rua agora? Para estar preparados, devemos considerar seriamente a pergunta que usaríamos para nos aproximar de alguém para nos contar sobre seu cotidiano. Priya, por exemplo, deveria pensar em onde e quando poderia encontrar aposentados durante a semana em suas atividades habituais. (Por exemplo: fazendo compras, viajando, no trem, no ponto de ônibus etc.)

A boa notícia para Priya é que ela não precisa tirar um único dia de folga para realizar a pesquisa. Pode simplesmente integrá-la a seu dia a dia.

O que é, de fato, o needfinding?

Devemos deixar nossa zona de conforto e falar com as pessoas para perceber as ideias por novos ângulos. Devemos nos dispor a aprender coisas novas e desenvolver a curiosidade, enriquecendo nosso conhecimento aos poucos.

5. Revisamos primeiro os pressupostos críticos:

Devemos nos perguntar sobre quais pressupostos sabemos menos e quais são os mais críticos para nossa ideia. É melhor revisarmos primeiro essas suposições.

Se elas não existem no dia a dia, formulamos nossa ideia de solução sobre um castelo utópico, o que não é tão ruim, porque, quanto mais cedo reconhecermos o engano, melhor será para nós. Isto economiza muito dinheiro, tempo e energia. Podemos usar os recursos liberados para caçar a próxima grande oportunidade de mercado.

A revisão das premissas críticas pode ser estruturada em quatro quadrantes. Usar as dimensões "incidental" versus "decisivo" e "conhecedor" versus "ignorante" nos serviu bem no passado.

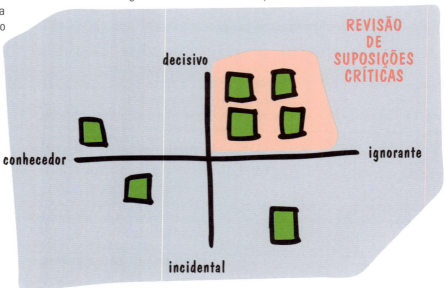

COMO PODEMOS...
realizar uma entrevista de needfinding?

Cada entrevista deve ter uma sequência lógica. Recomendamos planejar seu decorrer com antecedência e depois refletir sobre ela.

Com a devida preparação você se acalma, tornando mais fácil conquistar a confiança do entrevistado.

Uma conversa típica de descoberta de necessidades [needfinding] pode ser assim:

1. Introdução

Primeiro nos apresentamos e explicamos o motivo da solicitação, bem como o decorrer da entrevista. Ao fazer isso, enfatizamos que não há "verdadeiro" ou "falso" e perguntamos se temos permissão para registrá-la (por exemplo, em vídeo, foto ou áudio). O ponto principal é criar uma atmosfera na qual o respondente se sinta confortável. Os entrevistados devem se sentir apreciados e entender que seu conhecimento e experiência são valiosos para nós.

2. O começo, de fato

Os entrevistados também podem apresentar-se no começo, então, uma simples referência ao problema é facilmente estabelecida. Começamos a entrevista com uma pergunta geral e aberta sobre o tema em questão. Com base na resposta, aprofundamo-nos em questões que ampliam e esclarecem o problema. O importante é que as pessoas questionadas se sintam confortáveis e que ganhemos sua confiança.

3. Criação de referências

Tentamos encontrar um exemplo recente do qual a pessoa se lembre bem, aproximando-a do tema e dos problemas. Nem sempre todos os problemas ou experiências críticas serão expressos nesse exemplo ou no mesmo dia. Continue construindo confiança, assegure aos entrevistados que suas respostas são importantes, boas e úteis para nós. Se a profundidade desejada ainda não for alcançada, seremos pacientes e pediremos mais experiências e histórias.

4. Visita guiada

Aprofunde outros temas críticos e busque contradições. Se possível, chegue ao âmago dos detalhes. Isto se relaciona a fatos materiais e simbólicos. Chegamos ao nosso objetivo quando o que estava escondido vem à luz. Se os entrevistados confiam em nós, eles se abrem e compartilham histórias e necessidades interessantes conosco, que permaneceriam ocultas em uma entrevista típica.

5. Reflexão

Paramos por um momento e depois chegamos ao final da entrevista. Expressamos nossa gratidão pelas descobertas importantes e resumimos os principais itens do nosso ponto de vista. Muitas vezes, o entrevistado acrescenta informações importantes, aponta inconsistências e enfatiza elementos relevantes. Nesse ponto, podemos fazer a pergunta "por que" e, se necessário, aprofundá-la. Nesta fase, estamos livres para mudar para um nível mais geral, a fim de discutir explicações ou teorias sobre o assunto em discussão.

6. Finalização

Não pare o registro ainda! Às vezes, as situações mais curiosas ocorrem no final, por isso devemos dar espaço e tempo suficientes para o desfecho. Agradecemos de novo ao entrevistado pela conversa, pelo tempo e pelas percepções que obtivemos. Deixamos que ele nos faça perguntas e, após a entrevista, refletimos resumindo as descobertas mais importantes, em termos de conteúdo e de abordagem.

SUPERDICA
Faça perguntas abertas

A maioria das pessoas não se sente à vontade para fazer perguntas abertas, uma situação que acontece todos os dias, e com a qual estamos familiarizados:

Priya espera o bonde 5 em frente ao Pension Management Institute, em Zurique. O tempo de espera é de 9 minutos. Uma senhora idosa está em pé a seu lado, também esperando pelo bonde 5 e parecendo entediada. Neste momento, Priya pode pensar em mil razões pelas quais o needfinding não agrega qualquer valor em circunstância alguma, e que ela provavelmente encontrará outra senhora idosa no ponto do bonde amanhã. A maioria de nós sente o mesmo que Priya durante esta fase. Quase todo mundo se sente desconfortável e até mesmo um pouco envergonhado de se aproximar de estranhos. Priya definitivamente não está sozinha nesse aspecto, mas o que realmente pode acontecer com ela? Afinal, seu interesse na vida alheia é o de meramente enriquecer suas ideias com mais conhecimentos e insigthts mais profundos.

Priya toma coragem para iniciar uma conversa, mas como deve começar e fazer as perguntas?

É claro que o principal objetivo de Priya deve ser fazer as perguntas de tal maneira que a senhora idosa lhe diga algo sobre si mesma e seus hábitos de exercício no dia a dia. Achamos bastante útil criar um mapa de perguntas com antecedência. Agora, você pode justificadamente perguntar: Por que não usar um questionário, como os colegas da consultoria estratégica fazem? Um questionário tem uma estrutura linear. Começamos com a pergunta do topo e descemos. Em uma conversa, porém, não pensamos e respondemos de maneira linear, mas fluida. O mapa nos ajuda a visualizar tópicos isolados, que orientam a entrevista.

No mapa temático de Priya, uma das perguntas é o que motiva a idosa a praticar esportes. Além disso: Que tipos de exercício a inspiram? O que é preciso para ela ser feliz?

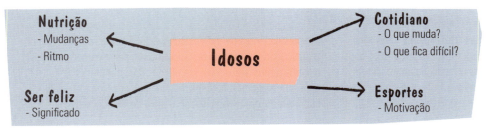

Agora, é importante que Priya ouça atentamente quando a senhora começar a falar sobre sua vida. Durante a conversa, Priya deve anotar informações importantes. Ao mesmo tempo, anotações expressam uma certa apreciação da idosa — como um elogio indireto, o qual, sem dúvida, ela apreciará.

Priya anota as declarações da senhora em suas palavras exatas, como: "Gosto de me exercitar pela manhã porque me estimula mentalmente." Se ela apenas escrever palavras-chave, terá que inventar as declarações ou o contexto mais tarde. Priya pode então comparar as declarações fornecidas por diferentes respondentes na síntese e reconhecer semelhanças e distinções, além de poder integrar perfeitamente as frases à sua persona, conferindo-lhe, dessa forma, uma voz autêntica.

Após cada entrevista e observação, devemos nos fazer algumas perguntas fundamentais:

Em que a pessoa revelou os maiores problemas?

Qual é a necessidade por trás deles?

Que inovação tornaria seu cotidiano mais fácil?

Isto também se chama ideação inspirada na situação. Moldamos ideias e pensamentos que surgem durante o needfinding. Priya também poderia escrever perguntas suplementares, que surgissem ao longo do tempo, em situações distintas (exemplo, se os idosos que vivem no país se exercitam com mais frequência). Dessa forma, Priya enriquece seu mapa de perguntas e amplia seu horizonte de questões.

> Sempre que possível, devem ser feitas perguntas abertas na conversa de needfinding. Esta lista geral nos ajuda a preparar a entrevista:

Delimitação de comportamento
"Por que você sorri quando diz isso?"
"Como isso aconteceu...?"/"Quem lhe ensinou isso?"
"Como você sabe como funciona?"
"O que funciona?"/"O que não funciona?"

Esclarecimentos
"O que exatamente você quer dizer com...?"
"Como descreveria isso com as próprias palavras?"

Exploração ativa
"Você diz que isso é difícil. O que exatamente foi/é difícil?"
"Uma tarefa difícil. Por que exatamente é difícil para você?"

Perguntas em sequência (dia/semana/durante a vida)
"Qual é sua primeira lembrança de...?"
"O que aconteceu antes/depois?"
"Como fez isso antes?"
"Quando foi a primeira/última vez que você...?"

Pedido de exemplos
"Qual foi o último aplicativo que você baixou?"
"Com quem você discutiu isso?"

Exploração de exceções
"Quando não funcionou, então?"
"Você teve problemas com... antes?"

Compreensão de conexões e relacionamentos
"Como você se comunica com...?"
"De quem você ouviu isso?"
"Quem o ajudou com isso?"
"Como você ficou sabendo disso?"

Informação de estranhos
"Se tivesse que explicar para um estudante de intercâmbio, o que diria?"
"Como você explicaria isso para seus avós?"
"Como descreveria isso para uma criança pequena?"

Comparação de processos
"Qual é a diferença entre sua casa e a do seu amigo?"
"Qual é a diferença quando você faz isso fora de casa?"

Vislumbramento do futuro
"Como acha que fará isso em 2030?"
(E se hoje já fosse assim?)

65

SUPERDICA
Envolva os lead users como inovadores

A observação e o questionamento dos lead users (usuários ou clientes que lideram a tendência) podem ajudar a identificar as necessidades futuras dos clientes. Além disso, os lead users podem ser usados como outra fonte para entender as necessidades dos clientes, e sua experiência pode ser integrada ao modo de empatia do design thinking.

O termo "lead user" foi cunhado por Eric von Hippel. De acordo com a definição, os lead users são usuários que têm as necessidades e os requisitos antes do mercado de massa e esperam por um benefício particularmente alto e uma vantagem competitiva vindos da possível satisfação da necessidade ou da solução do problema. Os lead users desenvolveram muitas inovações importantes, que incluem o mountain bike, a estrutura de hiperlink da World Wide Web e os calçados GEOX. Os lead users têm um forte impulso para resolver um determinado problema que tenham, estado este que os leva a inovações, as quais geralmente realizam sob a forma de soluções ou protótipos temporários.

Propomos uma abordagem fácil de seguir, de três etapas, para envolver os lead users:

Etapa 1: Identifique necessidades e tendências
- Sondagem de fontes secundárias (futuros pesquisadores, relatórios de tendências, trend scouting etc.) em busca de tendências iniciais, direções de pesquisas, especialistas de mercado e em tecnologia;
- Determinação preliminar de importantes tendências iniciais e necessidades futuras nas primeiras fases.

Etapa 2: Busque lead users e lead experts
- Busque por lead users e especialistas no mercado-alvo;
- Identifique mercados análogos, abstraindo as próprias questões e tópicos e adaptando-os.

Etapa 3: Desenvolva conceitos de solução
- Como última fase, as ideias rudimentares de solução identificadas até então são finalmente desenvolvidas em fortes conceitos de inovação em um grande workshop com lead users e lead experts, profissionais de marketing internos e técnicos;
- No que tange à cocriação, é útil envolver pesadamente os lead users no processo de desenvolvimento e prototipagem.

Lilly leu o livro *Crossing the Chasm* (de Geoffrey Moore). Ao selecionar os lead users e adaptar a solução às suas necessidades, ela está ciente de que provavelmente existe um vão entre essas necessidades dos primeiros a usar um novo produto [early adopters], e as daqueles clientes que fazem parte de uma maioria inicial [early majority]. Portanto, ela sempre tenta reconhecer as necessidades dos clientes "típicos" em seus workshops. No que tange à solução final, é importante não esquecer as necessidades da maioria inicial.

Peter esteve em projetos que se concentraram demais nas necessidades dos lead users — no final, surgiu um produto que recebeu o apelido de "elefante branco". Tais projetos têm alto risco e baixa probabilidade de implementação, e são difíceis de parar. Infelizmente, em alguns casos, há apenas alguns clientes para uma solução que foi considerada bastante interessante por muitos lead users.

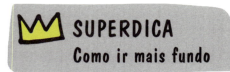
SUPERDICA
Como ir mais fundo

Para podermos espiar os bastidores de nossos usuários, devemos ser capazes de criar uma empatia profundamente enraizada com eles. Vários métodos e ferramentas que vão além da pura observação ajudam a conseguir isso. Neste ponto, é importante enfatizar novamente que podemos reconhecer as reais necessidades de nossos usuários apenas ao trabalharmos com a atitude correta. Resumimos:

Vá fundo
Conferir os bastidores é o nosso objetivo.
Vamos mais fundo quando procuramos necessidades reais!

Ouvimos atentamente histórias e experiências pessoais dos entrevistados.

Deixamos de lado nossas próprias experiências.
É melhor esquecer nossos problemas e desejos.

Buscamos recursos, soluções alternativas e ajustes rápidos para nossos usuários.

Distinguimos necessidades e soluções.
Se já temos uma solução em mente, encontramos o problema e a necessidade para a solução!

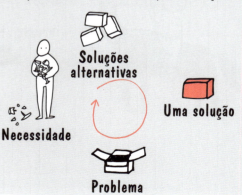

Reconhecemos contradições entre o que os entrevistados dizem e o que realmente fazem.

Não sei usar pernas de pau!

SUPERDICA
As 6 perguntas

Como vimos, as 6 perguntas nos fazem obter um panorama básico e insights profundos na fase divergente. Elas ajudam a conseguir informações melhores, ampliando a compreensão do problema ou situação.

O que	Quem	Por que	Onde	Quando	Como
Qual é o problema?	Quem está envolvido?	Por que o problema é importante?	Onde o problema ocorre?	Quando o problema começou?	Como o problema seria uma oportunidade?
O que queremos saber?	Quem é afetado pela situação?	Por que isso ocorre?	Onde já foi resolvido antes?	Quando querem ver os resultados?	Como poderia ser resolvido?
Quais são as suposições avaliadas?	Quem decide?	Por que ainda não foi resolvido?	Onde existiram situações semelhantes?	Quando o projeto pode começar?	Como já tentaram resolver o problema?

1. Crie um conjunto com as 6 perguntas;
2. Faça uma lista de possíveis subquestões;
3. Tente responder a todas elas;
4. Se uma delas não fizer sentido no contexto do problema, pule-a;
5. Se as 6 perguntas foram aplicadas com o usuário no contexto de uma entrevista sobre o problema, tente ir mais fundo ao sondar e repetir perguntas;
6. Tente encontrar mais de uma resposta para cada pergunta. Respostas conflitantes podem ser de particular interesse e devem ser aprofundadas com o usuário;
7. Avalie as respostas apenas no final e filtre as declarações conforme sua relevância para a solução.

Especialmente nas primeiras fases do design thinking, as 6 perguntas são de importância vital.

Elas nos ajudam a fazer observações concretas em uma situação específica e, assim, descobrir mais emoções e motivos. Além disso, ajudam a analisar e examinar as informações já reunidas.

COMO PODEMOS... refletir sobre nosso próprio comportamento e suposições?

A tarefa agora é refletir sobre o que ouvimos e vimos, assim como sobre nosso próprio comportamento. Esta transição aprimora o processo.

A reflexão segue três etapas:

Primeira etapa: Reflita sobre o usuário e a necessidade. O que aprendemos em relação ao projeto?

Nós nos fazemos estas perguntas relacionadas ao projeto:

- Como as pessoas pensam e agem no cotidiano?
- O que é feito de forma diferente da que imaginamos?
- O que nos surpreende (momentos "Eureka!")?
- Existe uma necessidade que vale a pena ser atendida?

Segunda etapa: Nossa solução é a correta?

Aqui, verificamos se nossa solução parece correta. É verdade que não precisamos mudar nada para que nossa ideia funcione no dia a dia? O que mudaríamos para que nossa inovação fosse usada no cotidiano?

Priya, por exemplo, percebeu rapidamente que sua visão da solução se expandiu, fazendo perguntas e refletindo sobre as situações.

Agora, os argumentos de Priya não se baseiam mais em suas suposições, mas no que ouviu e viu, bem como no conhecimento que adquiriu. Ela tem uma ideia consistente de como se sentem pessoas em idades avançadas desejando uma vida saudável.

Depois de expandir a perspectiva sobre um tópico, podemos voltar à ideação. Iteramos nossa solução original com base nas interações com os usuários em potencial. Iterar significa aprimorar algo em uma ideia existente ou produzir um protótipo completamente novo.

Terceira etapa: Nossa abordagem e perguntas foram ideais?

Na etapa final, verificamos se nossa abordagem foi adequada. A maneira como fizemos as perguntas foi boa? Algum registro que fizemos foi atrasado? Desta forma, vemos o que deu certo, em que devemos melhorar e o que ainda precisamos experimentar.

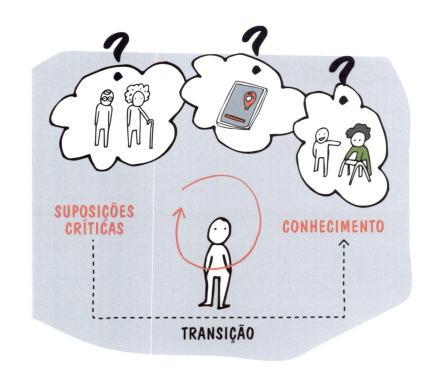

70

QUESTÕES-CHAVE
Ao reconhecer necessidades

- Encontre a persona na vida real e a entreviste;
- Esqueça todas as suposições sobre um produto ou serviço e concentre-se no comportamento do usuário;
- Na conversa com um usuário em potencial, observe e ouça com atenção;
- Registre as observações justamente para que você possa corrigir as suposições feitas;
- Siga os passos do usuário; acompanhe por um dia seu cotidiano;
- Identifique usuários extremos; exemplo, idosos que praticam esportes extenuantes mesmo em idade avançada;
- Revise sua experiência de forma iterativa e nunca deixe de ter curiosidade sobre suas reais necessidades;
- Planeje e prepare diligentemente a entrevista de needfinding. Crie mapas de perguntas abertas;
- Use o método das 6 perguntas e preste atenção às contradições nas respostas;
- Preste atenção ao desfecho; podem surgir insights importantes;
- Use lead users para reconhecer previamente necessidades futuras — a seleção dos lead users adequados é crucial aqui;
- Confira os bastidores; aprofunde e combine vários métodos, como observação participante e discussões extremas com usuários ou especialistas.

1.5 Como criar empatia com o usuário

Na pesquisa de necessidades sobre o tema "saúde do idoso", Priya percebeu que desenvolver empatia pelo grupo-alvo é crucial. *Empatia* é ter capacidade e vontade de perceber e entender pensamentos, emoções, motivos e personalidade dos outros. Por definição, o design thinking é uma forma empática, otimista e criativa de atuar para direcionar o futuro. Quando observamos quaisquer ofertas para idosos no mercado, vemos que dificilmente há empatia por eles ou uma intenção otimista básica. Os aposentados não querem ser chamados de "geração 65+", "melhor idade" ou de grupo-alvo para "mercados geriátricos". Também não querem reservar uma excursão para idosos na internet ou ser convidados para "exercícios da melhor idade". Aposentados não estão interessados em doenças, mas querem se manter saudáveis e ativos. Na maioria dos casos, sentem-se 15 anos mais jovens do que realmente são. Se não quiser cometer os mesmos erros e acabar tendo um desempenho brilhante com um grande fiasco de mercado, a empatia com os usuários é fundamental.

Como criar empatia com o usuário em potencial (por meio do exemplo dos "idosos")?

Priya já tem uma ideia para isso. Desenvolveu um protótipo de smartphone para idosos, que tem uma interface simples para se acoplar um dispositivo de aferição de pressão arterial. O protótipo, chamado de "ImedHeinz", é um pouco desajeitado devido às teclas grandes e à interface analógica para a aferição da pressão. O invólucro do smartphone é uma reminiscência das calculadoras de bolso inteligentes dos anos 1980.

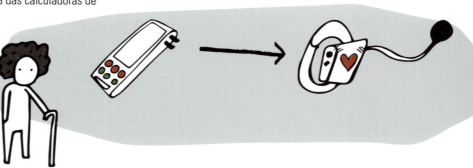

Priya quer testar o protótipo em um ambiente com idosos e faz uma visita à casa de repouso "Shady Pine Tree". Na sala de jantar, ela conhece Anna: 70 anos, lúcida, usando uma cadeira de rodas devido a um derrame que a levou a se mudar para uma casa de repouso. Priya confronta Anna com o protótipo de seu smartphone ImedHeinz e sua resposta é um olhar horrorizado. Para provocar um pouco de entusiasmo em Anna, Priya mostra a ela, com bastante euforia, a rapidez com que os dados do aparelho de aferição da pressão arterial são transmitidos para a Heinz, mas Anna não demonstra nenhum entusiasmo.

Isto traz Priya de volta à Terra; ela se inclina para trás em sua cadeira, e seu olhar vagueia para os outros idosos na sala de jantar. Richard, sentado no fundo da sala, joga xadrez em seu tablet; Elizabeth troca mensagens via WhatsApp em um iPhone com seu neto, que está em Nova York. Anna pega a mão de Priya e diz que também é uma grande fã do iPhone, e que está ansiosa para que seu novo iPhone dourado combine com suas joias.

Priya aprendeu muito naquela tarde. O pré-requisito básico para a descoberta empática de necessidades é a proximidade imediata com os clientes (idosos), bem como a disposição de interagir com seu interlocutor e tentar entender o mundo através da perspectiva dele. São necessárias coragem e força para recuar dos padrões e visões de mundo conhecidos — mas, sem isso, a descoberta de necessidades e a empatia com um usuário potencial que ela exige dificilmente ocorrem.

COMO PODEMOS...
vivenciar, perceber e nos sentir como o cliente?

1 ENTENDA A LINGUAGEM DO CLIENTE

Mal-entendidos costumam se basear em problemas cotidianos. Dependendo de inúmeros aspectos, como antecedentes familiares, estilo de vida, valores e contexto, as pessoas pensam e agem das mais variadas formas. Perceber de cara essas nuances nos dá insights sobre a vida de nossos usuários, que constituem os pilares das inovações bem-sucedidas.

Como entender melhor a linguagem do cliente?
Ouvimos ativamente e perguntamos sobre palavras que podem ser entendidas de maneiras diferentes. Por exemplo, o que queremos dizer quando falamos de "recursos"? A palavra pode se referir a tempo, material e até pessoas. Só sabemos o que nosso interlocutor quer dizer se ele nos explicar.

Se notarmos certa dramaticidade, chegou o momento de aprofundar a interação. Se nosso interlocutor fala sobre uma situação "incrivelmente excitante", por exemplo, mas revira os olhos ao mesmo tempo, o que isso significa? Devemos sempre perguntar: "Vimos como você revirou os olhos. O que quis dizer?" Pela nossa experiência, um melhor entendimento da linguagem e personalidade do cliente também resulta em uma melhor compreensão de suas necessidades.

2 VIVENCIE O MUNDO DO CLIENTE

Em vez de especular incessantemente sobre o cotidiano dos usuários, é muito mais instrutivo que o vivenciemos. Desta forma, cristalizamos fatos críticos, que servem como pontos de partida para inovações. Mas tenha cuidado: experienciamos apenas uma fração deles.

Como vivenciar o mundo do cliente?
Para reconhecer as necessidades críticas, adotamos a perspectiva do usuário, o que requer empatia. Nossos padrões, e princípios de pensamento, tendem a nos inibir porque inovamos não para nós mesmos, mas para o usuário. Em um ambiente autêntico e empático, o mundo pode ser vivenciado pelos olhos das pessoas que usarão nosso produto ou serviço dia após dia.

3 EFEITO POLLO/ ABRA SUA MENTE

Nenhum de nós quer fazer perguntas estúpidas, que fazem as pessoas revirarem os olhos. Neste contexto, podemos falar do efeito "pollo" (*pollo* é frango em espanhol). Nenhum de nós quer se voluntariar para ser o frango; no entanto, isso geralmente é necessário para mergulhar no mundo do usuário. Atreva-se a perguntar, porque não há perguntas estúpidas.

Como abrir a mente?
É importante perguntar com a mente aberta e deixar o máximo possível nossos valores e experiências de lado.

A melhor abordagem é imaginar que somos alienígenas, aprendizes de uma galáxia estranha. Nunca estivemos aqui e não sabemos como as pessoas vivem. Nossas vidas são completamente diferentes e tudo o que ouvimos é novo e inexplicável. Como extraterrestres amigáveis, tentamos fazer perguntas não tendenciosas aos usuários. Assim, descobrimos seu mundo e seu comportamento como se fossem completamente novos. Como se imagina, as afirmações dos entrevistados serão diferenciadas, porque o papel do aprendiz não é ameaçador. Pelo contrário, em nossa experiência, a curiosidade motiva os usuários em potencial a se abrir ainda mais.

SUPERDICA
Mindfulness como base do sucesso em empatia e inovação

A atenção plena (mindfulness) é uma capacidade básica do nosso cérebro, mas a tensão que sentimos ao realizar várias tarefas ao mesmo tempo tende a reprimi-la no cotidiano. Se focarmos nossa atenção intencionalmente, seremos mais precisos em nossas percepções e mais presentes. A atenção plena se volta para dentro e para fora. A empatia é mais bem-formada quando nos concentramos no momento atual, envolvemos todos os nossos sentidos e percebemos as situações sem preconceitos. A atenção plena é a base para melhorar as habilidades cognitivas e é um aspecto vital da filosofia do design thinking, porque estimula e promove a criatividade enquanto cultiva empatia e inteligência emocional. Internalizamos melhor tudo o que experimentamos com grande entusiasmo e atenção.

Há tensão ou atenção?

Por que sermos empáticos é tão difícil?

Parece que a sociedade como um todo está cada vez menos capaz de ser empática, provavelmente, devido ao fato de ser orientada a conquistas; somos expostos a uma pressão constante para nos otimizar. Se nosso interlocutor nos parecer estranho e alheio, ou se já o classificamos em uma determinada categoria de pessoas por nossas interpretações e conclusões, teremos dificuldade para desenvolver empatia. Outros fatores que também afetam nosso comportamento empático são: cotidiano estressante; pressão para ter sucesso; situações agitadas; cortes; e estados emocionais como raiva, irritação e medo.

Por trás dessas emoções, encontram-se necessidades não preenchidas, crenças arraigadas, preconceitos e estigmas. Isto reduz nossa disposição para entender os outros e, em última instância, bloqueia a empatia.

Mindfullnes é a chave para empatia:

1. Atreva-se a mudar a perspectiva: observe o mundo por outro ângulo;
2. Dê atenção total a um tópico: seja atento, presente e preciso;
3. Ouça atenta e ativamente: use expressões, gestos e expressões faciais para estar presente;
4. Reflita sobre o próprio comportamento: como me relaciono com os outros?
5. Leia indícios: o que expressões faciais, gestos e voz de seu interlocutor lhe dizem?
6. Questione sua prontidão para a empatia: minha opinião está livre de preconceitos?
7. Faça perguntas abertas: como o futuro seria?
8. Explore sentimentos e necessidades: como você se sente hoje?
9. Expresse os próprios sentimentos e necessidades: "Eu desejo...";
10. Aja com empatia: como posso ajudar?

Quais são os tipos de empatia?

Empatia é importante. Como tudo mais na vida, podemos segmentar esse traço humano básico em várias partes. Os termos "inteligência emocional" e "empatia emocional" são frequentemente usados neste contexto. A inteligência emocional é cada vez mais importante, seja no design de produtos, no gerenciamento de funcionários ou nas relações humanas, e consiste na capacidade de perceber as sensibilidades emocionais das outras pessoas e responder adequadamente a elas. Embora a empatia cognitiva apenas nos permita reconhecer, em um primeiro momento, o que a outra pessoa sente, a emocional nos possibilita sentir. Sua forma mais forte é quando sofremos mental e fisicamente com outra pessoa.

Como treinar empatia e atenção no cotidiano com a ajuda de um bastão de fala?

O bastão de fala, adotado nas culturas indígenas da América do Norte, é uma ferramenta para empatia e atenção. Em uma reunião, ele é dado a uma pessoa. Essa pessoa explica seu ponto de vista e fica com o bastão até que sinta que os outros participantes a entenderam. Os outros participantes ouvem ou fazem perguntas interpretativas; caso contrário, permanecem em silêncio.

Quais são os benefícios de um bastão de fala?

O bastão de fala promove empatia porque as outras pessoas na sala ouvem até se colocarem na posição do falante e são capazes de dar aos oradores individuais a sensação de que foram compreendidos. No dia a dia profissional isso gera benefícios vitais:

- Os membros ampliam sua capacidade de ouvir;
- Ser compreendido aumenta a disposição para se comprometer;
- A capacidade dos membros de mudar de perspectiva é estimulada e fomentada;
- Todo mundo tem a chance de falar e é permitido terminar o que tem a dizer;
- Apenas uma pessoa fala de cada vez, o que tem um impacto positivo na compreensão.

Inicialmente, essa técnica demandará mais tempo em uma reunião. Assim que se estabelecer o uso do bastão de fala, você sentirá o aumento da empatia.

SUPERDICA
Empatia no design UX e no ambiente digital

No ambiente digital, a empatia tornou-se um elemento essencial para relacionar o contexto às emoções. Geralmente, estados emocionais como amor, efusão, alegria, surpresa, tristeza e raiva são usados. O Facebook é um bom exemplo. Além do conhecido "Curtir", são possíveis outras cinco reações. Com o coração, os usuários expressam seu amor por coisas ou pessoas; uma carinha sorridente é destinada às contribuições engraçadas; e o emoji de olhos arregalados representa uma surpresa. Os dois emojis restantes simbolizam raiva ou tristeza, olhando severamente para o mundo sob uma testa ruborizada ou chorosa.

Emojis de empatia

Por meio desses emojis, são feitas análises abrangentes de dados sobre o conteúdo. Até agora, os botões Curtir foram integrados a sites de produtos e serviços muitas e muitas vezes em todo o mundo. Esses dados eram apenas binários, mas já renderam insights profundos sobre o comportamento e as preferências dos usuários. Com emojis dramáticos, serviços, produtos e seus usuários são analisados em um nível ainda mais detalhado. Na área de design UX, que é centrado no usuário, os emojis têm outra vantagem: em muitas áreas, os usuários acham muito complicado comentar um determinado conteúdo com um texto escrito, portanto, muito conteúdo desaparece na rede sem ser avaliado. Emojis podem ser facilmente inseridos em relógios inteligentes e dispositivos móveis, o que aumenta consideravelmente a taxa de comentários. A simplicidade se torna cada vez mais fundamental!

Por que a simplicidade convence os usuários?

Até 2012, sites de namoro consistiam em nada mais do que telas cheias de fotos em design de grade. Embora voltado para os millennials (geração Y), esse tipo de representação não atende às demandas de flexibilidade, eficiência e autonomia. Deslizar para a direita e para a esquerda alterou completamente a experiência do usuário! Os desenvolvedores do Tinder se perguntaram desde o início se fazia algum sentido fornecer outro serviço nesse segmento ferozmente competitivo. Sua ideia surgiu de reclamações recebidas de usuários de outros sites de namoro. As necessidades desses usuários constituíram a base tanto do processo de design quanto da seleção dos recursos implementados.

Todo o conceito do Tinder foca a experiência do usuário móvel. A maioria das funções de plataformas análogas foi intencionalmente omitida, e as opções de interação foram reduzidas ao mínimo.

O Tinder é um exemplo de três propriedades centrais da empatia no design UX:

1. Vínculo pessoal:

Uma imagem por página e uma possibilidade de interação simples garantem um UX pessoal e autônomo. O processo é eficiente, e o serviço pode ser acessado de qualquer lugar. Se houver interesse, é possível obter mais informações sobre o match em potencial com um clique.

2. Motivação:

Como um match acontece apenas se ambos os usuários demonstrarem interesse, eles passam rapidamente por momentos de felicidade. Tais momentos têm um impacto fortemente motivador e garantem a fidelidade do cliente em longo prazo (efeito de gancho; veja o Capítulo 1.1).

3. Confiança:

A função de chat fortalece a confiança dos usuários na aplicação. O encontro virtual não é apenas uma simulação superficial — há realmente a possibilidade de os usuários se reunirem para um café rápido na esquina.

Os bons designers de UX precisam saber como os grupos de usuários entram em contato com tecnologias específicas e por que interagem com elas. Para atender apropriadamente às emoções dos usuários, no entanto, a empatia é mais importante. Antes de começar o design de um produto, nós, como designers, devemos estar em contato com os usuários nas redes sociais ou no mundo real, a fim de obter uma impressão autêntica de seu comportamento e necessidades.

Como o amor e a paixão por um produto conquistam os usuários?

O credo da Lingscars.com é provavelmente o oposto da simplicidade. Ling Valentine vive para os carros, locação acessível e, especialmente, para seus clientes. Sua startup surgiu em 2000, quando percebeu que tinha muito mais inclinação para operar a empresa do que seu marido. Sua receita para o sucesso é fomentar um relacionamento emocional, o que é de fundamental importância se você quer vender carros com sucesso. A maioria das grandes empresas de locação não oferece essa experiência ao cliente. Para conseguir isso, Ling quebrou todas as regras de design. Seu site irradia cores poderosas, fontes diferentes e gráficos exclusivos. Essa abordagem atrai centenas de milhares de novos usuários para o site todos os meses. A Lingscars.com foi descrita pela Management Today como "o site mais desordenado que já vimos". Ela ganhou prêmios pelo site mais feio de todos os tempos e reconhecimento pelo grande número de visitantes. Ling está perto de seus clientes, seja em cenas de ação nas quais ela aparece ou por meio de sua presença em blogs e redes sociais.

Ling vive do marketing viral e do "boca a boca" de seus clientes satisfeitos. Ela aborda seus clientes diretamente. Seu caminhão militar chinês — equipado com um enorme foguete e o anúncio para os carros da Ling — é uma atração diária para motoristas passando na estrada. Ela repassa seu marketing simples e econômico 1:1 para seus clientes com condições atraentes, e eles a amam por isso.

As diferenças culturais na percepção do design e em como o design thinking é usado na própria cultura devem sempre ser levadas em conta.

QUESTÕES-CHAVE
Ao criar empatia com o usuário

- Desenvolva empatia entendendo as reais necessidades e origens dos usuários em potencial;
- Observe usuários em potencial sem preconceito e em seu ambiente real;
- Aja como se fosse um extraterrestre que entrou em uma nova galáxia;
- Aumente a empatia ao perceber os próprios desejos, o que, por sua vez, torna você mais aberto às necessidades dos outros;
- Ouvir com atenção é um componente crucial da empatia. Preste atenção à linguagem corporal (comunicação não verbal) e repare se isso parece contradizer o que foi dito;
- Transfira emoções sobre conteúdos do mundo digital para a realidade por meio de emojis;
- Tire conclusões de variações dos emojis sobre usuários, seu comportamento e sua relação emocional com conteúdo, produtos e serviços;
- Melhore a experiência do usuário — até mesmo de um produto digital — por meio da empatia que você criou;
- Certifique-se de que todas as partes envolvidas no desenvolvimento (por exemplo, UX) lidem ativamente com os desejos dos usuários;
- Preste atenção ao contexto cultural na experiência do usuário, porque isso afeta fortemente o modo como ele percebe a oferta.

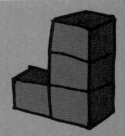

1.6 Como encontrar o foco certo

Para fins de introdução, já mostramos no Capítulo 1.2 que o mais difícil é determinar o ponto de vista (POV). Portanto, gostaríamos de apresentar ferramentas e métodos que facilitam essa etapa.

Peter, Lilly e Marc são frequentemente confrontados com o desafio de ter que encontrar uma solução relevante não só para um grupo de pessoas, mas também para muitos utilizadores ou clientes diferentes.

Em tais casos, adotar uma visão ampla é decisivo.

A princípio, a empatia com um usuário em potencial é uma parte integrante crucial ao se preparar a fase de ideação, e que também nos lembra de nossos limites. A empatia é vital não apenas para selecionar a comunidade certa, mas também para sabermos como fazer as perguntas adequadas durante essa fase, as quais devem levar os entrevistados a se colocar em situações diferentes e considerá-las sob pontos de vista distintos.

Como tal sequência seria? Inicia-se com a formulação do problema; em seguida, vem a definição dos pontos de vista relevantes, o que, em última análise, leva às respostas das questões em um quadro definido.

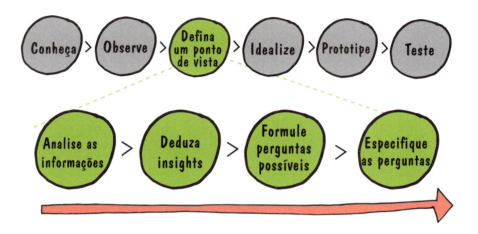

Até aqui, concentramo-nos no desenvolvimento de um produto para um único grupo de pessoas ou usuários e enfatizamos a importância da empatia. Agora, daremos mais um passo e resolveremos um problema para uma ampla gama de usuários. O procedimento concreto está descrito na página 81.

Em nossa experiência, a abordagem a seguir é adequada para se obter um bom POV.

A) Analise informações

- Colete, interprete e analise todas as informações;
- Resuma e consolide as principais descobertas em insights.

B) Deduza insights

- Resuma os dez insights mais importantes;
- Deduza os princípios de design ou grupos de problemas a partir disso.

C) Formule perguntas possíveis

- Marque possíveis temas ou perguntas importantes (por exemplo, votação por pontos em insights e princípios);
- Escolha três áreas temáticas e formule a questão.

D) Especifique as perguntas

- Apresente, discuta e selecione uma pergunta;
- Refine e aprimore a questão.

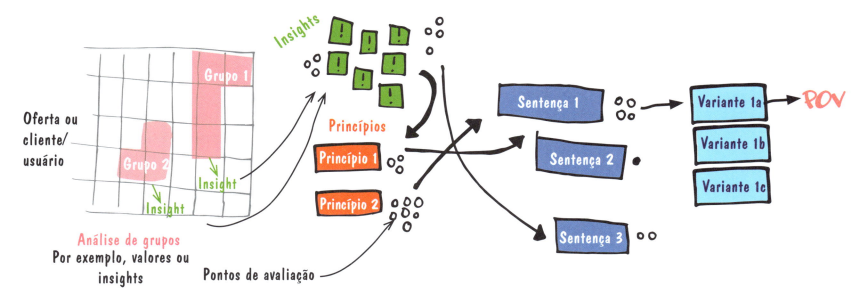

Como resolver problemas para uma ampla gama de usuários e atender a suas necessidades?

Tivemos uma boa experiência com a visão geral de uma questão.

Precisaremos da nossa persona, Lilly, que deseja se casar com Jonny, com quem planeja sua festa de casamento. Mas, eles ainda não sabem como a festa deve ser, portanto, a declaração do problema é:
Lilly e Jonny ainda não sabem como a festa de casamento será.

A questão derivada disso seria:
"Como deve ser a festa de casamento de Lilly e Jonny?"

Com base nisso, são definidos os terceiros interessados e os pontos de vista:
"Os fornecedores e o orçamento, por exemplo, são importantes quando você planeja um casamento."

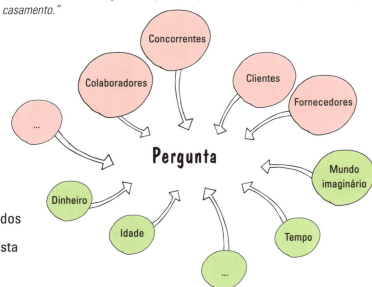

● Terceiros interessados
● Outros pontos de vista

Antes de procurarmos ideias específicas, a fase de ideação deve estar bem preparada. Como aprendemos nos capítulos anteriores, lidamos aqui com a fase divergente, ou seja, horizontes são ampliados e novas ideias, buscadas. Para possibilitar isso, consideramos o problema a partir de tantas perspectivas quanto possível (ou seja, a partir de uma visão geral), começando com a pergunta.

Como o exemplo mostrado na tabela, os pontos de vista variam de "dinheiro" a "idade". Uma diferenciação aproximada é feita entre os demais envolvidos e outros pontos de vista. É claro que o número de possíveis perspectivas é infinito — assim, a seleção apresentada aqui é apenas um exemplo. Observe que, se houver um mapa de todos os envolvidos na festa (veja o Capítulo 3.4, p. 258), ele também poderá ser usado como ponto de partida.

De volta ao nosso problema real: a festa de casamento. Queremos identificar os pontos de vista importantes e refletir sobre quais terceiros envolvidos e quais outros pontos de vista são relevantes para a pergunta de Lilly e Jonny. Como mostrado na tabela, é útil definir os pontos de vista e seus propósitos para facilitar seu compartilhamento com outros participantes.

Terceiros Interessados	
Clientes	- Clientes fiéis - Clientes ocasionais - Não clientes
Parceiros	- Fornecedores - Credores - Patrocinadores
Colaboradores	- Funcionários de longa data - Empregados com experiência - Funcionários críticos - Aprendizes
Instituições governamentais	- Municipais - Serviços sociais - Agências de emprego locais
Residentes	- Casas particulares - Outras empresas ou lojas
Concorrência	- Competição direta - Competição indireta

Outros pontos de vista	
Temporais	- Passado - Presente - Futuro
Financeiros	- Sem dinheiro - Com muito dinheiro
No mundo imaginário	- Em outro planeta - Em um conto de fadas - Em um filme
Etários	- Crianças - Adolescentes - Adultos e idosos
Culturais	- Outras culturas - A cultura da noiva - A cultura do noivo
Geopolíticos	- Em outros países/ com outros sistemas
Sobre o prazo	- Sem pressão - Com grande pressão

Pontos de vista sobre o casamento	Explicação do ponto de vista
O casal	Lilly e Jonny estão no centro da questão
Seus pais	São muito próximos de seus filhos
As testemunhas	Amigos íntimos do casal
Crianças	Muitas famílias com crianças são convidadas
Idosos	Muitos idosos são convidados
Dinheiro: Com bastante	Os sonhos podem ser elaborados
Dinheiro: Com pouco	Detalhes que não custam nada, mas significam muito, serão considerados
Em outro planeta: Em Vênus, o planeta do amor	Para algumas fantasias utópicas e cafonas
Em outra cultura: Na família do czar russo	Inspiração de outras culturas
Em outro momento: Na Idade Média	Para voltar às raízes
Ponto de vista negativo	Para descobrir qual seria o pior cenário

Depois que o ponto de vista de Lilly e Jonny foi definido, uma pergunta deve ser formulada para cada um deles. Ela tem como objetivo capacitar os amigos potenciais, a quem o casal pedirá conselhos, a assumir aquela perspectiva e forçá-los a responder à questão a partir desse ponto de vista.

As perguntas para a fase de ideação costumam ser muito amplas. No caso, Lilly e Jonny não organizarão um workshop, mas provavelmente coletarão as respostas durante um jantar compartilhado com seus amigos ou via mídia social/e-mail. Para o "ambiente corporativo", o workshop físico é aconselhável, porque a criatividade sofre no digital, embora neste o feedback seja rapidamente coletado.

Para evitar que os entrevistados expressem apenas as ideias que o casal está disposto a ouvir, parte da ideação deve ser feita anonimamente, por escrito ou por meio de uma ferramenta online. O anonimato não é absolutamente necessário para coletar grandes ideias — afinal, é divertido falar sobre assuntos agradáveis. Mas, se quiser informações que podem incomodar as pessoas, o anonimato é obrigatório. Para a pergunta: "Qual seria a pior festa de casamento?", alguns dos amigos de Lilly e Jonny responderam que temiam ter que se sentar na mesma mesa com as mesmas pessoas a noite toda. Alguns amigos se sentem agoniados por ter que usar terno o dia todo. Muitas famílias gostariam de passar a noite no local, mas não podem pagar um hotel caro.

Pontos de vista sobre o casamento	Perguntas
O casal	O que o casal deseja para a festa de casamento?
Seus pais	O que seus pais desejam?
As testemunhas	O que as testemunhas desejam?
Crianças	O que as crianças desejam?
Idosos	O que os idosos desejam?
Planeta Vênus	Como seria uma festa de casamento em Vênus?
Na família do czar russo	Como seria uma festa de casamento na família do czar russo?
Na Idade Média	Como seria uma festa de casamento na era medieval?
Ponto de vista negativo	Qual seria a pior festa de casamento?

SUPERDICA
Técnica das 9 janelas e mapa da margarida

Existem inúmeros métodos para estruturar os insights: diagramas de Venn, mapas mentais, mapas do sistema, análises de grupo, jornadas do cliente e assim por diante.

A técnica das 9 janelas é um método simples para analisar possíveis casos de aplicações e necessidades do cliente. Ao fazer isso, o produto ou serviço é examinado mais de perto nas dimensões de "sistema" e "tempo".

"Sistema" refere-se à estrutura de um produto ou serviço, incluindo todo o seu contexto. Ele o convida a focar o produto/serviço (subsistema) ou a considerar o supersistema (zoom out).

Na dimensão "tempo", alteramos a consideração temporal e nos concentramos no que aconteceu no passado ou pode acontecer no futuro. Esta abordagem nos ajuda a superar barreiras e a ver o produto ou serviço digital de um ponto de vista diferente.

Com a técnica das 9 janelas, Marc estrutura sua ideia de negócio "registro do paciente" (exemplo 1).

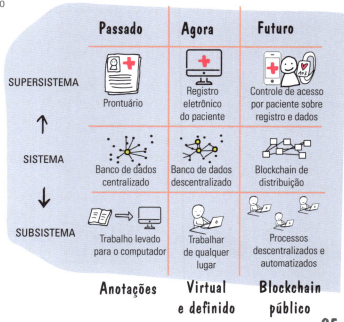

Jonny, ao prever mudanças no cenário do sistema bancário no que se refere ao modo como se concederá empréstimos financeiros, transmite os efeitos de vários níveis de evolução de blockchain para os respectivos subsistemas e supersistemas (exemplo 2).

Frequentemente, muitos elementos são priorizados, por meio de pontuação, por exemplo. Os elementos com pontuações mais altas são perseguidos, e um ou vários são escolhidos para o POV.

O mapa da margarida representa os elementos mais importantes. Sua vantagem é que esses itens são destacados, por isso nem sempre o item principal é visto automaticamente como o mais importante. Todas as cinco a oito pétalas da flor são iguais, por assim dizer.

COMO PODEMOS...
formular um POV?

Como vimos no exemplo do casamento de Lilly e Jonny, os POVs servem principalmente para coletar, estruturar e avaliar todos os insights, de modo a encontrar os pontos relevantes. Também nos ajudam a identificar contradições e determinar as prioridades para as iterações seguintes, o que é chamado de síntese.

A síntese busca encontrar necessidades e padrões importantes dos usuários, incluindo os que ainda são desconhecidos. O resultado de nossa síntese é uma sentença resumida, o POV, que determina a pergunta para a próxima fase de ideação. Voltamos a esse tópico na superdica porque ele representa um grande desafio para muitas equipes de design thinking.

Toda sentença POV é um ponto de partida que será adaptado na iteração seguinte.

Em que nos concentramos na fase do POV?

- Reconhecemos padrões nas necessidades dos usuários;
- Vemos oportunidades onde os outros veem problemas;
- Entendemos as necessidades de nossos clientes em todos os níveis;
- Esclarecemos suposições e hipóteses:
- Mergulhamos em sistemas e os tornamos tangíveis;
- Consolidamos a informação e a interpretamos;
- Entendemos as descobertas e enfatizamos os insights mais importantes;
- Criamos o ponto de partida e nos concentramos no POV para a ideação seguinte.

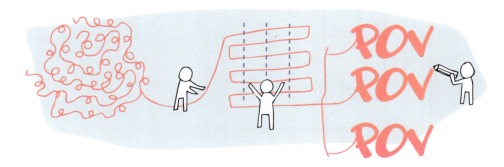

Recomendamos formular o POV em uma frase cativante por meio de várias formulações.
Experimente e teste qual variante é melhor para você, a equipe e a situação.

Abordagem	Texto para preencher as lacunas/sentença POV
Como podemos	Como podemos...? por exemplo, no formulário: Como ajudar [o usuário, o cliente] a alcançar [uma determinada meta]? Ou: Quantas maneiras existem para atingir [um determinado objetivo] para [o usuário]? Exemplo: Como podemos ajudar os pacientes a manter seus registros de saúde seguros e compartilhá-los com um médico em um determinado momento?
Stanford POV	[Usuário] precisa [necessidade] porque [insight surpreendente]. Ou: [Quem] quer [o que] para [satisfação da necessidade] porque [motivação]... Exemplo: O paciente deve ter a soberania sobre seus dados de saúde, porque precisa evitar abusos.
Métodos ágeis Histórias de usuários	Como uma [função/persona] ("quem") eu gostaria de [ação, destino, desejo] ("o que"), a fim de alcançar [benefício] ("por que").

QUESTÕES-CHAVE
Ao encontrar o foco certo

- Encontre o ponto de vista com uma visão geral;
- Observe a situação sob diferentes pontos de vista e defina o foco para a iteração seguinte;
- Use a técnica das 9 janelas para explorar o que acontece antes e depois do uso do produto, bem como no sistema;
- Apresente as necessidades no mapa da margarida, não sob a forma de lista;
- Altere a perspectiva, por exemplo, "tempo" (antes, depois), "dinheiro" (com, sem) etc;
- Use um texto com lacunas que possam ser alteradas de acordo com o projeto, a maturidade e as preferências;
- Inicie um projeto com as 6 perguntas: "Como podemos...?" ou "Quantas maneiras diferentes existem para...?"
- Sempre desenvolva várias perguntas POV e escolha a mais adequada entre elas.

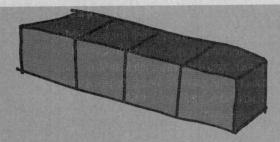

1.7 Como gerar ideias

Sem ideias, sem novos produtos! A importância de encontrar boas ideias no momento certo é enorme, colocando sob pressão ambos os participantes e facilitadores do workshop, cuja tarefa é extrair ideias dos primeiros.

Sabemos por pesquisas que ideias inovadoras nem sempre surgem durante uma sessão de brainstorming; às vezes, a faísca criativa salta enquanto você toma um banho ou rabisca algo em um guardanapo. É por isso que empresas voltadas à criatividade dão a seus colaboradores cada vez mais espaço para permitir que esse tipo de inspiração intrínseca aconteça; por exemplo, sob a forma de dias de trabalho livres. A única condição é que eles relatem o que fizeram.

No entanto, muitas vezes os marcos já foram definidos, e como desenvolvedores de produtos ou engenheiros não temos condições de explicar ao chefe que queremos passar as próximas quatro horas no chuveiro, porque as chances de encontrar grandes ideias são melhores. Portanto, precisamos de métodos e ferramentas de ideação estruturada.

Peter, em particular, está sob muita pressão devido aos prazos. Ele precisa entregar resultados criativos — e consequentemente fazer com que sua equipe os providencie — e colocar pessoas no clima com o toque de um botão. Lilly sabe por experiência que alguns fatores devem ser atendidos para que esse toque no botão seja eficaz. O seguinte credo parece banal e infantil demais para ela: "Bom humor é o principal requisito." Apesar disso, ela está convencida de que o potencial da ideação compartilhada só acontece quando o ambiente em comum está impregnado de uma atmosfera casual e descontraída. Só então os participantes se envolvem na busca por ideias em uma base ampla. Somente a mudança para um ambiente diferente ou novo já altera os ânimos. Não são propícias reuniões recorrentes na mesma sala, associadas a estatísticas tediosas. Então, por que não mudar o workshop para outra sala, do lado de fora ou até mesmo para o bar mais próximo?

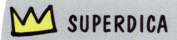

SUPERDICA
Regras de um bom brainstorming

Antes de começar o brainstorming, as pessoas devem rir pelo menos uma vez. Um aquecimento que faça os participantes rirem ajuda. Pela nossa experiência, é melhor quando sorriem um para o outro.

Pensar em estruturas hierárquicas é um obstáculo à ideação livre e irrestrita. Um aprendiz não quer causar uma impressão estranha em seu chefe ao expressar uma ideia fantasiosa.

Por esta razão, salientamos que o assistente, o contador, o CEO e o diretor de marketing da empresa podem dar uma contribuição importante no processo de ideação. Se os participantes não se conhecem, melhor! Não ter apresentações gerais antes da sessão de brainstorming, que incluiria o anúncio de quem exerce qual papel, provou-se ser realmente útil. Um diálogo não tendencioso é de grande valor.

Quando sentimos que nossa empresa está excessivamente hierarquizada, podemos tentar a abordagem inversa: formamos uma equipe apenas de trainees, por exemplo, para que tenham a oportunidade de elevar seu perfil e mostrar seu potencial criativo aos outros. No próximo workshop, os grupos quase certamente se misturarão por iniciativa própria.

A beleza do brainstorming é que todos têm a oportunidade de ter boas ideias, independentemente da função ou papel.

Quais são as regras que seguimos em uma boa sessão de brainstorming?

Existem inúmeras. Nossas três principais são:

Confiança criativa
Expressamos todas as ideias que surgem em nossas cabeças, não importa o quão tolas nos pareçam. Talvez a próxima pessoa baseie outra ideia exatamente em nossa contribuição "boba". Para que isso funcione, precisamos do ambiente descontraído que acabamos de descrever.

Quantidade vem antes de qualidade
Muito importante! O objetivo dessa fase é encher o chapéu com o maior número possível de ideias — a avaliação vem depois. Resistimos à tentação de nos satisfazer com a primeira boa ideia. Talvez uma ainda melhor esteja para aparecer dali a apenas cinco minutos naquela sessão de brainstorming.

Sem crítica às ideias
Sob nenhuma circunstância as ideias podem ser criticadas nessa fase. A avaliação das ideias ocorre posteriormente, em uma etapa separada.

Como fazemos para que os participantes se libertem de seu pretensamente sério profissionalismo e se abram para opções novas e irreverentes?

Ideias bastante convencionais comumente marcam o início de uma sessão de brainstorming. Não há grandes novidades.

Peter vivenciou alguns de seus colegas indo a todos os workshops com ideias fixas para uma possível solução. Durante a sessão de brainstorming, é difícil afastá-los dessas ideias fixas, e elas geram pouca inovação. Por isso, Peter sempre realiza uma sessão no começo, a que se refere como "limpeza do cérebro", em que todos têm a oportunidade de limpar suas ideias arraigadas para que estejam abertos às novas.

A busca real por ideias começa apenas na segunda etapa. Peter encoraja os participantes a romper com seus padrões habituais de pensamento para que apresentem algumas ideias "loucas". Ele usa dois truques específicos; veja como os implementamos em nossos workshops:

1) Quando moderamos um workshop com vários grupos, direcionamos a busca por ideias como uma competição. Paramos o brainstorming após o intervalo e pedimos que os grupos declarem quantas ideias coletaram.

Isto incentiva cada equipe a recuperar o atraso, portanto, inevitavelmente, elas terão que se aventurar na direção de ideias "mais loucas" se não tiverem superado o desempenho criativo dos outros grupos. Essa abordagem nos permite ver qual grupo está com dificuldades. Se um deles está muito atrasado em seu número de ideias, observamos até descobrir exatamente o que inibe a equipe. Normalmente, esse grupo começou — contra as orientações — a discutir e avaliar as ideias.

2) Os grupos apresentam as duas melhores e as duas mais estúpidas soluções que bolaram, um momento que é uma experiência valiosa para todos os grupos. Primeiro, a tarefa vai gerar alguns risos, o que é uma grande ajuda para criar uma atmosfera positiva. Segundo, e muito mais importante, lança-se um debate sobre algumas ideias, se elas são realmente tão estúpidas quanto se supunha no início. Toda ideia boba tem potencial! Quando soubermos revertê-la com sucesso em algo positivo, obteremos perspectivas valiosas com o cheiro de novidade garantido.

SUPERDICA
Técnicas para a criatividade

Técnica da reversão de problemas

A técnica da reversão de problemas é a favorita de Lilly ao pedir aos estudantes para gerarem ideias quando eles não têm realmente vontade de participar. Lilly inverte a pergunta e fala, por exemplo: "Como você impediria a criatividade de sua equipe?" A técnica da inversão de problemas estimula a criatividade e dá aos participantes a oportunidade de se divertir com um tema. Em um segundo momento, toda afirmação negativa é vertida em positiva.

No entanto, devemos enfatizar que esse método não é adequado para encontrar novas ideias de produtos. A pergunta invertida: "Como algo deveria ser?" geralmente resulta em uma lista de requisitos em vez de ideias. Temos, porém, uma boa experiência com a técnica de reversão de problemas; por exemplo, para revisão e/ou melhoria dos processos de serviços.

Requisitos versus ideias

Lilly aprende que os alunos na área técnica, em particular, têm grandes dificuldades em encontrar "ideias práticas" porque têm dificuldade em diferenciar requisitos e ideias. Em um brainstorming para um novo fone de ouvido, os participantes escreveram "ergonômico", "leve" e "fácil de usar" em seus post-its. Os oriundos da administração de empresas escreveram palavras como "design mais barato" ou "de ponta". A essa altura, Lilly interrompe e explica que essas considerações não são ideias, mas requisitos do produto. É claro que também devemos ser claros sobre o problema para o qual queremos gerar ideias. Neste caso: como poderíamos nos comunicar no futuro sem celulares? Os termos "ergonômico" e "de ponta" não implicam em uma solução para o problema. Uma ideia seria, no futuro, a eletrônica será implantada sob a pele para se comunicar em todo o mundo. Uma ideia um pouco menos abstrata seria integrar a comunicação em acessórios e roupas, como no Google Glass.

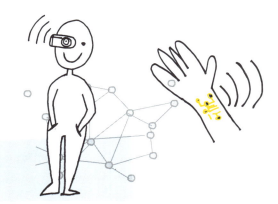

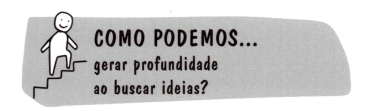

COMO PODEMOS... gerar profundidade ao buscar ideias?

Profundidade de ideias

Para explicar melhor os níveis da profundidade das ideias e o termo "requisitos", usamos o seguinte modelo: imaginamos que estamos diante de uma vala e queremos chegar ao outro lado.

1. Qual é o problema? (nível 1)

Uma vala separa esse lado do outro.

Então, nosso problema é que devemos chegar ao lado oposto de alguma forma. Começamos um brainstorming sobre a questão: como podemos chegar ao outro lado? "Com segurança", "inteiros", "secos" e assim por diante; não são ideias, mas os requisitos da solução, e não nos ajudam.

2. A questão do brainstorming (nível 2)

A formulação da questão do brainstorming é crucial e determina em grande parte quantas ideias podem ser geradas ou a flexibilidade da solução. Dependendo da questão, restringimos e canalizamos o espaço para a solução ou o expandimos. As seguintes formulações ilustram isso: "O que poderíamos colocar na vala para chegar ao outro lado?" versus "Como alguém pode superar uma barreira física, como uma vala?"

3. Possíveis ideias de solução (nível 3)

Podemos "voar", "construir uma ponte", "nos teleportar" ou "encher a vala com tanto material que possamos atravessá-la".

4. Variantes da ideia (nível 4)

Quaisquer variantes podem evoluir para uma ideia. Em uma segunda sessão de brainstorming, a questão pode ser: quantas maneiras existem para voar? "Com um avião", "com uma bicicleta voadora", "com asas de pássaro", "como no anúncio do Red Bull", "por salto com vara" e análogos.

Se um grupo acha difícil se afastar dos requisitos, é aconselhável que crie modelos rudimentares de suas "ideias", tornando obrigatório que os requisitos sejam implementados como uma ideia.

Dicas para ter profundidade nas ideias:

- Formulamos a questão do brainstorming para que corresponda ao espaço de solução que queremos abrir;
- Ainda podemos adaptar a questão do brainstorming durante um workshop;
- As soluções do nível 3 podem ser consolidadas em uma "morphological box", ferramenta que permite eliminar as soluções ilógicas; mais variantes de soluções parciais são concebíveis;
- Se um grupo tem dificuldade em avançar para o nível 3, a instrução para traduzir as ideias em um protótipo físico é muitas vezes bastante útil pois força os participantes a se tornarem mais específicos. A implementação de um modelo físico de maneira "amigável para o usuário" ajudará a chegar ao nível 3.

SUPERDICA
Prototipagem rápida e limpa

"Prototipar" — tornar uma ideia um modelo físico — é outra técnica para a criatividade. A diversidade do material fornecido determina se mais ideias surgirão ou não. Quanto mais possibilidades e finalidades estiverem disponíveis, melhor. Um balão que foi descoberto evoca a ideia de que algo poderia ser flexível e elástico; um pedaço de corda lembra a um participante que o objeto pode ser portátil.

O cão de borracha na caixa de material de prototipagem:
Sem querer querendo, Lilly jogou um cachorro de brinquedo na caixa de protótipos. Quando os participantes da sessão de brainstorming foram encarregados de transformar suas ideias em modelos físicos, um deles encontrou o brinquedo e se divertiu muito com ele. Então começou a tecer ideias: "O cachorro podia fazer isso e aquilo na máquina", e então seus membros se juntaram e tiveram mais ideias. A equipe se divertiu muito com o cachorro, o que permitiu-lhes romper com seus padrões habituais de pensamento e refletir sobre possibilidades em que ainda não tinham pensado muito. Até o final, o cão contribuiu materialmente para o sucesso do resultado. Desde esta ocasião, o cão tem sido parte integrante da caixa de prototipagem que Lilly leva para os workshops.

SUPERDICA SCAMPER

SCAMPER é uma extensão da renomada checklist de Osborn. Alex Osborn, um especialista em brainstorming, desenvolveu em colaboração com Sidney Parnes uma das primeiras abordagens ao processo criativo de solução de problemas. Para a ideação, o método SCAMPER usa — além do brainstorming — uma lista de perguntas que serve de base para a solução do problema. Em nossa experiência, é importante primeiro ver um exemplo e depois passar pelas perguntas detalhadas. SCAMPER é um acrônimo e representa os termos:

SCAMPER = Substitua, **C**ombine, **A**dapte, **M**odifique, **P**ossibilite outros usos, **E**limine, **R**earranje

O SCAMPER é útil quando queremos estimular a criatividade e encontrar ainda mais ideias. Ele, basicamente, pode ser usado para quase tudo: produtos, processos, sistemas, soluções, serviços, modelos de negócios e ecossistemas. É indiferente para a aplicação se algumas perguntas ou elementos forem inadequados ou caóticos. Simplesmente deixamos essas questões de lado.

Substitua
O que pode ser substituído?
O que pode ser usado no lugar?
Que outra pessoa poderia estar envolvida?
Qual processo poderia ser usado?
Que outro material poderia ser utilizado?

Combine
O que pode ser combinado?
O que pode ser misturado?
Como certas partes podem ser conectadas?
Quais finalidades poderiam ser combinadas?

Adapte
Quais outras ideias são sugeridas?
Existe algo semelhante que pode ser aplicado ao problema existente?
Houve situações semelhantes no passado?

Modifique
Que modificação poderia ser feita?
O significado pode ser alterado?
Como a cor e a forma podem ser alteradas?
O que pode ser aumentado?
O que pode ser reduzido?
O que poderia ser modernizado?
Pode ser ampliado?
Pode ser reduzido?

Possibilite outros usos
Para que outros fins poderia ser usado em seu estado atual?
Para que finalidade poderia ser usado se fosse modificado?

Elimine
O que poderia ser eliminado?
O que continuaria funcionando?

Rearranje
Quais outros padrões também funcionariam?
Quais modificações poderiam ser feitas?
O que poderia ser substituído?
O que poderia ser reorganizado?

QUESTÕES-CHAVE
Ao gerar ideias

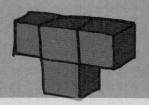

- Certifique-se de que o ambiente ofereça uma boa atmosfera e aumente a confiança dos membros da equipe em sua criatividade;
- Ria muito, mas nunca do outro!
- As sessões de criatividade devem ser sempre divididas em pelo menos duas partes. Forneça uma "limpeza mental" no começo e depois estimule a criatividade;
- Motive os participantes a oferecer bastantes ideias por meio de disputas entre equipes ou usando fontes adicionais de inspiração, como a técnica da reversão de problemas e outras análogas;
- Diferencie requisitos e recursos. Propriedades como "ergonômico" ou "de ponta" não são soluções para o problema;
- Separe a ideação (a geração de ideias) da avaliação;
- Designe um moderador, que oriente a técnica de criatividade, e um facilitador, que lidere o processo;
- Cumpra as regras de brainstorming (por exemplo, não critique ideias, quantidade vem antes de qualidade etc.);
- Comunique as várias ideias de maneira uniforme e objetiva;
- Use métodos como o SCAMPER, que expande a criatividade, fomentando o pensamento.

1.8 Como selecionar e estruturar ideias

Quando realizamos diversos tipos de brainstorming, encorajamos as equipes a gerar o máximo de ideias possível para que, depois, possamos reunir muitas delas. Peter e Lilly estão cientes do fenômeno: uma vez que a relutância inicial seja superada, e uma filosofia positiva se estabeleça, as ideias continuarão surgindo. Com frequência, os quadros, janelas e paredes não são grandes o suficiente para comportar tudo.

Recomendamos que, inicialmente, seja feito um agrupamento, que pode ser elaborado de diferentes maneiras: o facilitador define a estrutura, ou as próprias equipes estabelecem uma classificação que pareça ser a mais adequada.

A agonia da escolha. Selecionar ideias é um verdadeiro desafio. Primeiro, cada um de nós interpreta os desenhos, palavras ou textos nos post-its de formas diferentes. Segundo, há ideias que seguem a mesma linha de pensamento, e outras que resolvem o problema de um jeito completamente diferente do que se imaginava.

Os exemplos mostram que as ideias podem ser agrupadas, nomeadas ou simplesmente descritas por um termo genérico. O objetivo é o processo, e a discussão sobre uma classificação significativa em si faz com que todos entendam as ideias da mesma forma. Dependendo de quão sólido o entendimento e quão refinado o grau de detalhamento sejam, as ideias podem ser selecionadas diretamente ou passar por análise, especificações e estruturações adicionais. Existem diversas possibilidades para avaliar ideias e agrupamentos. Fazer com que os participantes votem por meio dos adesivos é uma maneira simples de materializar essa ideia. O voto é rápido e democrático.

Estruturar, como é feito nos mapas conceituais, esclarece ideias e facilita para a equipe planejar e lidar com as etapas seguintes de maneira objetiva. Uma vez que a ideia tenha sido selecionada, a etapa seguinte consiste em apresentá-la ao público-alvo de forma adequada. Mais uma vez, há diversas possibilidades, como elaborar uma folha de comunicação com os conceitos básicos.

Se o âmbito for muito amplo, e o escopo da questão tiver sido expandido, as ideias podem ser inicialmente agrupadas em tópicos abrangentes para serem então reagrupadas.

A) Relativos à questão

B) Empolgantes

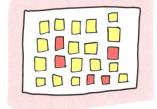

C) Fora do escopo

D) Passado – Agora – Futuro

E) B2B – B2C – B2B2C

F) Gradual versus radical

Outros agrupamentos possíveis:

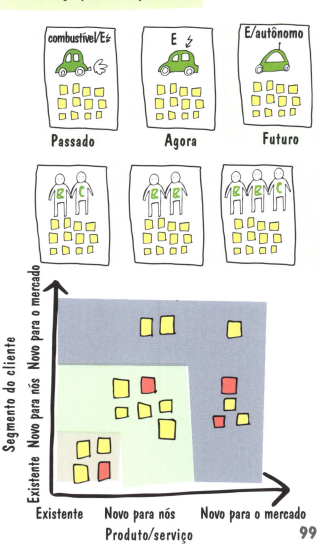

O agrupamento pode ser feito em uma etapa anterior para pré-selecionar as ideias, como na base da velocidade de disseminação e implementação ou na base de uma matriz de Churchill, fundamentada em importância e urgência.

G) Seleção passo a passo utilizando a matriz de "velocidade de disseminação e implementação"

A primeira etapa desse processo de dois níveis foca a velocidade de disseminação e adaptação. Sobretudo no ambiente político — que predomina na empresa de Peter, por exemplo —, é conveniente considerar a influência dos tomadores de decisões sobre o lançamento em potencial. As melhores ideias são caracterizadas por disseminação rápida e adaptação instantânea. Na segunda etapa, são analisadas a implementabilidade e a viabilidade financeira, o que gera alternativas de implementação ou indica o alcance funcional.

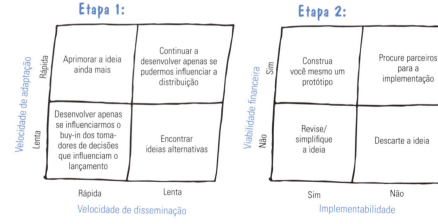

H) Seleção fundamentada nos critérios de "importância e urgência"

Essa matriz é particularmente indicada para definir quais métricas serão utilizadas.

Mostramos a urgência no eixo x e a importância no y. Em seguida, discutimos com a equipe quais métricas devem ser alocadas em cada quadrante. Uma vez que todas tenham sido estabelecidas, definimos as tarefas, incluindo as respectivas responsabilidades, e estabelecemos os marcos de desenvolvimento.

♕ SUPERDICA
Selecione ideias que focam uma visão ampla

Todos conhecemos a situação em que critérios são desenvolvidos nas grandes organizações para selecionar ideias potenciais. Eles permitem que muitas equipes desenvolvam inovações de maneira mais objetiva. Com frequência, os critérios funcionam como um tipo de separação ou especificam certos objetivos financeiros. Em geral, tais critérios são limitadores, mas, como existem, devemos discuti-los. Se os critérios não forem conhecidos na estrutura de uma estratégia e visão bem definidas, é pertinente fazer algumas perguntas-chave:

- Qual seria a visão?
- Quais são as preferências da gerência?
- Qual é a cultura da empresa, seus valores e princípios?
- Que áreas de crescimento já foram incorporadas a uma discussão estratégica?
- Que contribuição financeira, no mínimo, uma ideia deve proporcionar?
- Quais são as necessidades e tendências do cliente no mercado?

Ao definir os critérios, é importante ser realista. O potencial de mercado pode ser enorme, mas, se os tomadores de decisões (a alta gerência, por exemplo) não entrarem em consenso, a ideia será um fracasso. No mínimo, quando os recursos financeiros forem alocados, seremos confrontados com essa situação. Como mostrado, uma seleção via matriz dual fundamentada em velocidade de disseminação e implementabilidade é útil.

Os valores que uma empresa representa são igualmente importantes. Se for contra a essência moral de uma empresa usar dados de clientes, provenientes de canais digitais, para outros modelos de negócios ou vendê-los a fim de obter lucro, essas ideias terão pouco sucesso. A definição desses e de outros critérios em um estágio inicial tem a vantagem de que o desperdício de recursos é reduzido e a eficácia, aumentada.

No entanto, devemos tentar tudo que estiver ao nosso alcance para superar tais restrições. Em nossa experiência, projetos "submarinos" se mostraram eficientes: projetos iniciados secretamente com um pequeno número de colaboradores, que "emergem" apenas quando os resultados iniciais são trabalhados em forma de protótipo e geram consonância entre os tomadores de decisão.

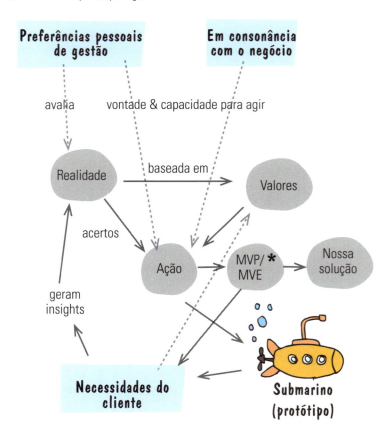

* MVP = Produto Viável Mínimo
MVE = Ecossistema Víável Mínimo
(veja a p. 112)

SUPERDICA
Estruture como um poster

Qualquer tipo de estrutura pode ser representado como um poster; por exemplo, um simples cartaz de prós e contras. O objetivo é demonstrar a inteligência coletiva de uma equipe ou captar um determinado humor. Por exemplo, em um poster, reunimos argumentos a favor e contra determinado assunto, e os participantes os avaliam. Lilly usa essa opção para obter dos participantes um feedback rápido a respeito do curso ao final do evento de design thinking, sem precisar se aprofundar em discussões demoradas.

Para organizar, podemos elaborar o poster como uma linha do tempo. Consideremos o planejamento e a criação iterativos de *A Jornada do Design Thinking* como exemplo. Novamente, tivemos a "coragem de arriscar"! A atmosfera festiva no final do projeto era bastante motivadora para editores e especialistas. Como podemos utilizar tais elementos de outra maneira e demonstrá-los de uma forma específica é discutido em maiores detalhes no Capítulo 2.3.

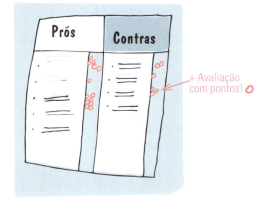

SUPERDICA
Trabalhando com mapas conceituais, mentais, de sistemas e gigamapas

O mapa conceitual consiste basicamente na demonstração dos conceitos e suas relações, portanto, no sentido figurado, é a representação gráfica do conhecimento e um bom meio para organizarmos nossos pensamentos. Sua representação é menos rígida do que a do mais conhecido mapeamento mental.

No mapa mental, o conceito-chave é escrito no centro e, em seguida, esmiuçado de dentro para fora. Logo, parece uma árvore: os ramos em que os termos são escritos provêm do conceito-chave. Portanto, o mapa mental é mais um meio para o brainstorming, que organiza os pontos descobertos, mas não mostra suas correlações.

Um mapa conceitual pode ser iniciado a partir de diversos conceitos-chave. Muitas vezes, há conexões cruzadas entre os conceitos ramificados, semelhantes a um entroncamento. Por esse motivo, a criação desses mapas leva mais tempo do que a de um mapa mental. Em nossa experiência, pelo menos três novas criações ou reestruturações são necessárias para se obter um resultado satisfatório.

Como o nome sugere, um mapa de sistemas é uma demonstração do sistema completo. Os vários agentes e terceiros envolvidos, bem como os elementos observados, são esboçados; inter-relações e influências também são descritas. Fazer isso requer adaptação e detalhamento iterativo. Normalmente, você vai do bruto ao detalhado (isto é, atua de cima para baixo); considerar variantes também é um fator importante. Em um mapa de sistemas, fluxos de material, energia, dinheiro e informação são representados; esse tipo de mapa ajuda a entender e demonstrar o problema. Abordamos com mais detalhes o pensamento sistêmico no Capítulo 3.1, já o Capítulo 3.3 lida com o design do ecossistema corporativo.

Outros conceitos, como o gigamapa, também serão investigados mais detalhadamente. Uma descrição pragmática de um gigamapa é "um grande e confuso mapa de uma grande bagunça". É também uma versão despojada do mapa de sistemas, que segue a ideia do mapa conceitual. Os gigamapas ajudam a elaborar uma concepção holística de uma tarefa específica, por exemplo. Na versão final, o gigamapa comunica a ideia geral. Porém, principalmente devido à sua complexidade, só costuma ser compreendido por aqueles que o criaram.

Mapa conceitual

Mapa de sistemas

SUPERDICA
Documente e transmita ideias com folhas de comunicação

Trabalhamos frequentemente com equipes de todo o mundo em grandes projetos e organizações. A documentação simples e clara e a comunicação de ideias são, portanto, extremamente importantes. Folhas de comunicação de ideias conceituais são uma boa maneira de se obter clareza. As ideias são facilmente compartilhadas através desses modelos. Além disso, tornam-se tangíveis, e possíveis mal-entendidos são minimizados.

A compilação de folhas de comunicação proporciona:

- demonstração do problema e da situação;
- melhor entendimento do problema e da ideia;
- melhor compreensão de possíveis influências sobre clientes e usuários;
- organização dos pensamentos;
- identificação de abordagens para a solução; e
- documentação, resumo e representação do que sabemos.

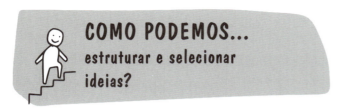

COMO PODEMOS... estruturar e selecionar ideias?

Recomendamos este procedimento simples para estruturar o processo de ideação. Primeiro, após a ideação, agrupe as ideias e estruture-as. Em seguida, selecione as ideias ou os grupos de ideias mais importantes e filtre-os; por último, documente-os.

As ideias são selecionadas de acordo com as necessidades de nossa persona ou com a prática.

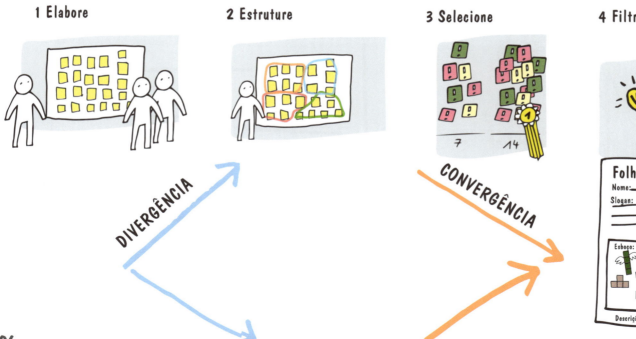

QUESTÕES-CHAVE
Ao estruturar e selecionar ideias

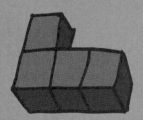

- Agrupe as ideias e selecione-as sistematicamente — a seleção é uma etapa importante;
- Utilize toda possibilidade de estruturação e demonstração para entender e comunicar problemas ou situações;
- Facilite a compreensão da equipe sobre o problema e a solução, discutindo as ideias selecionadas;
- Crie mapas mentais, conceituais, de sistemas e gigamapas que proporcionem rapidamente um resumo e uma apresentação do fato conhecido para a equipe;
- Organize os pensamentos para identificar as abordagens para as soluções;
- Documente as ideias conceituais em uma folha típica para possibilitar a comparabilidade e a comunicação.

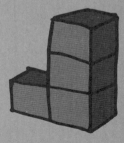

1.9 Como criar um bom protótipo

A prototipagem é um elemento importante do design thinking, que nos incentiva a testar funções e soluções na prática, junto ao desejo de aprender com os usuários a melhorar continuamente uma oferta. Para que dê certo, todos os envolvidos no processo devem ter a mente aberta para uma ideia ser alterada ou descartada, e o crucial é a disposição de fazer mudanças completas. Com um protótipo, uma ideia é levada a uma forma que permita que os usuários em potencial experimentem e avaliem. No início, o protótipo deve ser bom o suficiente apenas para tornar compreensíveis as características básicas relevantes de uma oferta futura para o público-alvo. A prototipagem possibilita obter feedback direcionado rápido e barato de clientes e usuários em potencial.

Qual é a melhor maneira de construir um protótipo?

Os protótipos físicos podem ser feitos de folhas de alumínio, papel ou peças de Lego; no caso dos serviços, há o recurso da dramatização. Os protótipos digitais podem ser criados e projetados como vídeos, apresentações clicáveis ou páginas de destino. Naturalmente, os vários tipos podem ser combinados; por exemplo, integrar um smartphone a uma caixa de papelão para funcionar como display e, assim, servir de protótipo para óculos de realidade aumentada.

Primeiro princípio:

GOSTAR! TRANSFORMAR! ESQUECER!

Como nosso primeiro protótipo surgiu?

Em geral, as ideias são fundamentadas em muitas suposições diferentes. A tarefa é questioná-las e confirmá-las no mundo real, testando ou descartando-as — isto é, refutá-las com um contraexemplo baseado em observações e experimentos. Durante o processo de prototipagem, os protótipos são desenvolvidos e testados em várias iterações até que surja uma oferta utilizável. Idealmente, começamos com insights suficientes de tendências e pesquisas de mercado e uma sólida compreensão das necessidades e desafios de nossos potenciais clientes ou usuários.

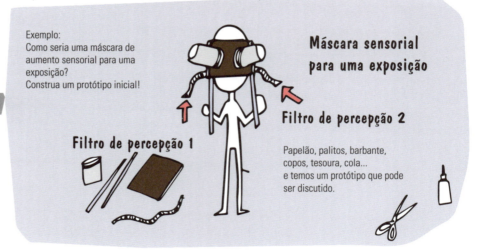

Um protótipo inicial caracteriza-se por poder ser feito usando os materiais mais simples disponíveis e o mais rápido possível. Quanto mais simples, rápido e barato for, menos nos machucará quando tivermos que rejeitá-lo. Um protótipo inicial pode ser desenvolvido a partir de papelão, papel, copos plásticos, barbante, fita adesiva e outros materiais, e depois avaliado.

Na prototipagem, o **segundo princípio** se aplica:

Nunca se apaixone por seu protótipo!

Com o tempo, o grau de maturidade de nossos protótipos será maior e mais elaborado, portanto, devemos reservar bastante tempo para protótipos e testes. Quanto mais sofisticado for nosso protótipo, mais precisos e significativos serão os testes. O grau de maturidade do protótipo depende de quanto tempo e dinheiro podemos investir nele. Nossa intenção, no entanto, deve ser conduzir o protótipo apenas o necessário para atingir nossas metas estabelecidas.

Os resultados do teste do protótipo servem à equipe do projeto como base para a tomada de decisões, a fim de optar pelas corretas e equilibradas em termos de desejabilidade, viabilidade econômica e implementação técnica. Somente após esses critérios terem se cruzado, estamos no caminho certo para gerar uma oportunidade de mercado. Sempre começamos com o ser humano e suas necessidades.

O foco da prototipagem está sempre na aprendizagem. Conforme descrito no Capítulo 1.2 — no macro ciclo —, a prototipagem é possível a qualquer momento. O valor agregado de funções isoladas, um novo produto ou o resultado de uma interação com o cliente podem ser testados com um protótipo.

Assim, chegamos ao **terceiro princípio** da prototipagem:

É uma história sem fim: prototipar significa iterar, iterar e repetir ainda mais.

109

Lilly e Jonny ainda sonham com sua empresa de consultoria em design thinking. Depois que Lilly apresentar algumas ideias para uma proposta de valor e possíveis prioridades de consultoria, deseja testá-las em um site potencial, que também pode ser usado em dispositivos móveis. Mais adiante no livro (veja o Capítulo 3.2), discutimos com mais detalhes como uma boa proposição de valor é definida e por que Lilly enfoca por enquanto, principalmente, a usabilidade do site.

De volta ao protótipo: Lilly descreve cada página de seu site no papel. Ela não pode fazer nada de errado ao construir seu protótipo — a menos que queira fazer tudo certo de primeira, o que é impossível —, mas pode aprender muito com os testes subsequentes com usuários em potencial. Lilly pensa em variantes: qual seria uma alternativa para "isto ou aquilo"? Ela se afasta de uma variante e experimenta algo completamente diferente mais uma vez — a primeira ideia nem sempre tem que ser a melhor!

Três questões-chave surgem ao se produzir o protótipo:

- Quais são as funções básicas para o usuário?
- O que ainda não foi levado em consideração?
- Como ninguém nunca fez isso antes?

Agora, Lilly testa e repete a versão móvel de seu site com clientes em potencial até que eles gostem e fiquem satisfeitos com sua navegação e o escopo de seu conteúdo. Ela refina o protótipo até o design definitivo, que é programado apenas no final.

Comumente, vale a seguinte ideia: quanto mais simples o protótipo de uma oferta puder ser operado, melhor.

Lilly testa a versão móvel de seu site com usuários em uma versão superdimensionada. Ela fez o protótipo no papel.

Seja o que for que queiramos desenvolver — um produto, serviço, organização, sistema, espaço ou ambiente, uma startup, uma criação ou um site —, podemos usar diferentes tipos de protótipos no processo. Nosso panorama apresenta tipos comuns de protótipos e nos encoraja, como equipe de projetos, a experimentar situações distintas. O baixo, médio ou alto grau de resolução (ou seja, o nível de detalhe de um protótipo) ajuda-nos a descobrir o que é adequado em que momento ao longo do desenvolvimento.

Graus de resolução:

baixo = fase inicial
médio = primeiras abordagens de soluções
alto = mais soluções finais

Tipo	Descrição	Graus de resolução (baixo, médio, alto)	Aplicação/exemplos
Rascunho	Em papel ou digital, esboçado ou rabiscado, em um cavalete ou em tamanhos menores de papel, como DIN A3 ou A4 (11x17 ou 8,5x11pol). Ou até mesmo em um post-it.	X (baixo)	Praticamente tudo
Mock-up [modelo]	Exibe a impressão geral de um sistema sem necessariamente ter que funcionar.	X (médio)	Produtos digitais ou físicos
Wire frame	Projeto conceitual de um sistema. Exibe os aspectos funcionais e a disposição dos elementos.	X (médio)	Sites
Gráfico	Exibe correlações. Ele permite que você verifique como as ideias se associam e como a experiência muda com o tempo.	X (baixo), X (médio)	Espaços, processos, estruturas
Papel	Construção ou modernização de objetos e produtos com papel ou papelão.	X (médio)	Produtos digitais ou físicos. Móveis, objetos
Storytelling e story writing	Comunicação ou apresentação de sequências e histórias.	X X X (baixo, médio, alto)	Experiências
Storyboards	Mostra toda a jornada do cliente com uma série de imagens ou rascunhos. Pode ser base para um vídeo, para contar histórias, ou de um jeito divertido, como uma história em quadrinhos.	X X (baixo, médio)	Experiências
Vídeo	Gravação e apresentação até de cenários complexos.	X X (baixo, médio)	Experiências
Plataformas abertas de hardware	Interfaces analógicas e digitais para a combinação com motores e sensores.	X X (médio, alto)	Sistemas eletromecânicos
Foto	Montagem de fotos para a representação simulada de uma situação, usando um software de edição de fotos.	X (médio)	Produtos digitais ou físicos. Experiências
Modelo físico	Exibe uma ideia bidimensional em três dimensões. Pode ser uma impressão 3D ou usar outros materiais, por exemplo, peças de Lego.	X (médio)	Produtos, espaços, ambientes

111

Tipo	Descrição	Graus de resolução baixo / médio / alto	Aplicação/ exemplos
Service blueprinting	Descrição estruturada de serviços para o design abrangente da experiência de ponta a ponta da jornada do cliente.	X X X	Produtos, serviços digitais e físicos
Modelo de negócios	Descrição sistemática de contextos e relações de negócios, por exemplo, com o canvas de modelo de negócios ou o lean canvas.	X X X	Modelos de negócios
Dramatização	Experiência emocional do cliente com um produto ou serviço, representada pelos membros da equipe do projeto.	X X	Experiências
Bodystorming	Reprodução de situações específicas, com atuação física dos membros da equipe do projeto.	X	Experiências físicas
Pinocchio [boneco]	Versão rudimentar e não funcional de um produto.	X	PalmPilot (personal digital assistant)
Produto viável mínimo (MVP)	Versão executável de um produto ou sistema, equipado apenas com as funções fundamentais.	X X X	Produtos digitais, software
Porta falsa	Acesso falso e deliberado a um produto que ainda não existe.	X X	Zynga, Dollar Shave Club
Ostentação	Fingir que você possui (espaço, produto, oferta etc.); no entanto, ele é adquirido em algum outro lugar, foi alugado ou arrendado antes que você tenha investido em grande escala.	X X X	Zappos, Tesla
Marca Própria	Outro produto equipado com marca e embalagem próprias.	X	Produtos, serviços
O Mágico de Oz (também conhecido como "turco mecânico")	O usuário interage com a interface de uma aplicação que não existe. As reações do sistema são simuladas pelas pessoas que atuam.	X X	Experimento da IBM de conversão de fala em texto
Ecossistema viável mínimo (MVE)	Trabalho colaborativo baseado em uma funcionalidade-chave entre os primeiros parceiros no ecossistema.	X X	Aplicações blockchain, soluções de plataforma (por exemplo, WeChat)

Graus de resolução:

baixo = fase inicial
médio = primeiras abordagens de soluções
alto = mais soluções finais

COMO PODEMOS...
discutir melhor nossas ideias e considerações sobre o portfólio com "caixas & prateleiras"

Durante a fase de prototipagem, é importante tornar os serviços, soluções e produtos passíveis de ser experimentados. Dois métodos nos ajudam a perceber isso: o "princípio das caixas" faz analogia a embalagens para ilustrar as informações mais importantes. As "prateleiras" objetivam discutir todo um portfólio de produtos e organizar as "caixas".

Princípio das caixas:

A ideia básica por trás da "caixa" é criar uma caixa física, que pode ser usada, por exemplo, para a comercialização do produto. Vamos imaginar uma caixa de cereal.

Cada lado da caixa contém informações que resumem os benefícios e características do mix de cereais e da marca. O nome, o logotipo e o slogan estão na frente, bem como alguns pontos que destacam os principais benefícios da marca. Na parte de trás você encontrará informações mais detalhadas sobre os ingredientes e atributos do produto e algumas informações sobre a empresa.

Questões centrais do princípio das caixas:

- Frente: **quais** são o nome, imagem, slogan e duas ou três promessas do produto?
- Verso: **quais** detalhes sobre recursos, aplicação e conteúdo são importantes?

Para os demais lados, as 6 perguntas são respondidas por meio de texto ou demonstrações:

- **Quem** é o cliente ou usuário-alvo?
- **Quais** metas devem ser alcançadas? Quais problemas são resolvidos?
- **Quando** o produto estará disponível e como podemos obtê-lo?
- **Onde** e em que circunstâncias o produto é usado?
- **Por que** o usuário deve usar o produto?

O princípio das caixas pode ser usado de outras maneiras além da caixa do produto, conforme descrito. O valor que acrescenta é possibilitar que a situação seja vista de diferentes perspectivas. Semelhante à caixa do produto, uma caixa de problema, de solução, de projeto (por exemplo, por projeto ou pacote de trabalho) ou de processo (por exemplo, por etapa do processo) pode ser criada.

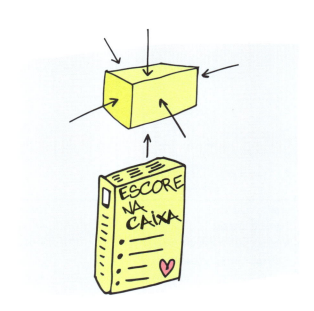

113

Princípio das prateleiras:

Quando se trata de descrever um portfólio completo, muitas vezes falta a estrutura para a discussão. Uma possibilidade é classificar todos os produtos, serviços e soluções em três prateleiras respectivas.

Tivemos uma experiência muito boa classificando as ofertas desta forma. Acima das prateleiras, escrevemos as categorias que o cliente provavelmente procuraria. Baseados nisso, organizamos produtos, serviços e soluções.

A vantagem desse método é que as lacunas e sinergias no portfólio de ofertas são rapidamente detectadas. Novas ideias podem ser descritas como caixas, conforme explicado (veja "caixas"), e, depois, classificadas nas prateleiras. A discussão se relacionará a atributos como atratividade, novidade, contribuição estratégica, diferenciação etc.

Como seria nossa oferta para a cozinha perfeita?

O portfólio da IKEA para cozinhas é bem explicado com três portfólios de prateleiras.

O benefício mais importante dessa técnica é que força a equipe a construir o próprio entendimento do produto de forma direta e visual.

Esse exercício fornece um método lúdico, mas perspicaz, para transmitir uma compreensão mais profunda da visão do produto, ao mesmo tempo em que promove discussão e colaboração entre os stakeholders.

1) Portfólio de soluções	2) Portfólio de produtos	3) Portfólio de serviços
Pouco espaço > Urbana/Moderna > De luxo > — Famílias, Solteiros, Donos de casa	Armários > Tampos de mesa > Eletrônicos > — Famílias, Solteiros, Donos de casa	Planejamento > Entrega > Montagem > — Famílias, Solteiros, Donos de casa
Oferecemos cozinhas... • Em estilo country • Urbanas, para solteiros e famílias • Projetadas para pequenos espaços	Nossos produtos vão desde... • Armários e mesas • Produtos disponíveis em pedra, madeira e acabamento laminado • Geladeiras, placas de aquecimento e equipamentos de ventilação complementam a oferta	Nossos serviços incluem... • Planejamento, entrega e instalação • Execução por parceiros de instalação qualificados ou automontagem

COMO PODEMOS...
projetar um workshop de prototipagem?

Como já fizemos grande parte do trabalho preliminar, presumimos que desenvolvemos uma sólida compreensão da declaração do problema, verificamos certas suposições e pensamos em possíveis soluções. Agora, o foco deve ser transferido do mundo das ideias para o mundo real.

Etapas prováveis em um workshop de prototipagem

Etapa 1

No começo, temos várias funções ou cenários de solução que gostaríamos de testar. Na equipe, ponderamos quais funções são absolutamente essenciais para um usuário, porque são as que gostaríamos de integrar na solução e testar no mundo real. Como discutido nos capítulos anteriores, os protótipos existem sob diferentes formas e podem ser processados de maneiras distintas. O importante é que implementemos algo tangível e que venha a existir uma interação com um usuário em potencial.

Etapa 2

A equipe pensa em qual variante deve ser produzida.

Etapa 3

Agora, a equipe produz um ou vários protótipos. Nesse ponto, é importante fornecer material suficiente para construí-lo.

Etapa 4

Realizar a prototipagem em vários grupos já nos permite obter feedback. Uma boa maneira de consegui-lo é através do feedback "verde" ou "vermelho". Ele é dado na forma de "O que gosto no protótipo é..." (feedback verde) ou "Gostaria que o protótipo..." (feedback vermelho), ajudando a manter um padrão de clima positivo e a cultivar melhorias.

Etapa 5

Com base no feedback inicial, os protótipos e a maneira de apresentá-los são aprimorados e, neste momento, é importante se concentrar nas características e soluções essenciais.

Etapa 6

Antes de sairmos e confrontarmos os usuários reais com nosso protótipo revisado, preparamos os testes cuidadosamente (veja o Capítulo 1.10). Um método bem-sucedido é sair em pares para o teste. Um membro da equipe faz as perguntas e o outro, as observações. Depois de retornar dos testes, todos os membros da equipe documentam e compartilham suas descobertas.

Etapa 7

Com base nos resultados, os protótipos são melhorados e/ou algumas variantes, descartadas. Se nenhum dos protótipos funcionar, é útil levantar mais fatos e necessidades dos clientes, e adaptá-los em consonância. As novas variantes dos protótipos, por sua vez, servem para realizar testes com usuários em potencial.

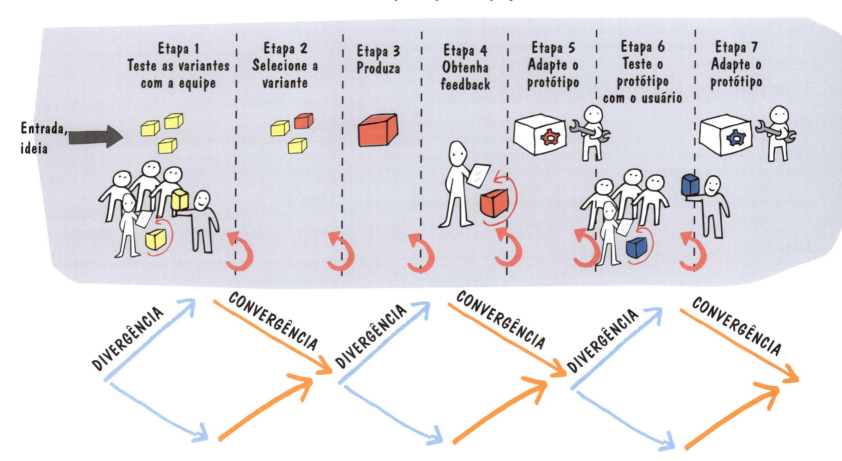

QUESTÕES-CHAVE
Ao construir protótipos

- Ao prototipar, comece com a necessidade da persona e uma tendência do mercado;
- Sempre produza protótipos com base no que deve ser testado;
- Tenha em mente que nenhuma oferta tem qualquer valor intrínseco. O valor que os clientes atribuem a ela é o que conta;
- Certifique-se de que o maior número possível de clientes atribua valor à oferta;
- Teste o protótipo o mais cedo possível no mundo real, pois são suposições que devem ser avaliadas;
- Use o material que está disponível para produzir protótipos;
- Crie protótipos sob pressão. Mais tempo não produz mais resultados. Prazos aumentam a pressão para obter resultados;
- Certifique-se de que o objetivo e a maturidade do protótipo sejam correspondentes;
- Sempre programe tempo suficiente para protótipos e testes durante toda a duração do projeto;
- Envolva em um estágio inicial os membros da equipe do projeto que implementarão o protótipo no final;
- Aplique o princípios das "caixas & prateleiras" para testar um portfólio em potencial durante a criação de protótipos.

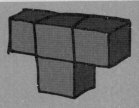

1.10 Como testar com eficácia

Sempre recebemos um feedback valioso quando testamos protótipos com clientes no mundo real, ou seja, usuários em potencial, ou no ambiente dos usuários. Peter sabe da importância dos testes de usuários e clientes e tenta sair de seu laboratório de inovação e cocriação com seus protótipos o mais cedo e mais frequentemente possível. Seu teste atual de protótipos — uma aplicação para monitoramento de doenças metabólicas com a opção de receber ajuda de uma equipe de médicos online — envolve estar em uma rua na Bahnhofstrasse, em Zurique. Onde mais ele encontraria a clientela para um serviço gerenciado tão luxuoso e caro?

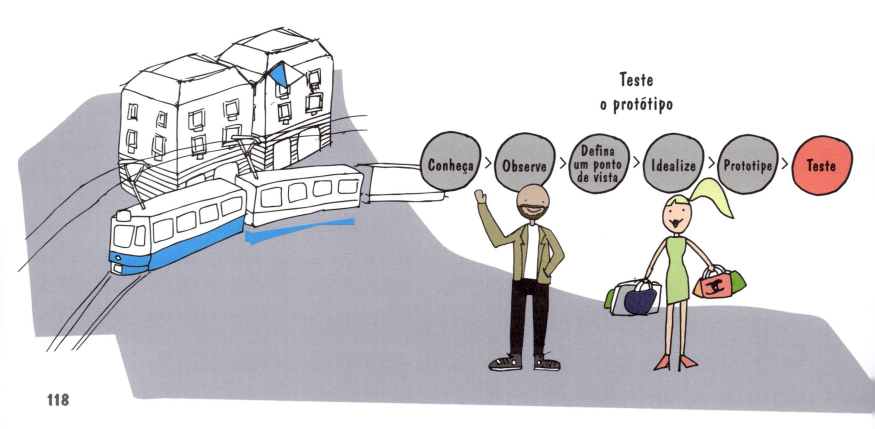

Determinado, Peter chega a uma mulher, vestida bela e elegantemente, de seus trinta e poucos anos, com o protótipo na mão. Ela está saindo de uma loja exclusiva de carteiras e chapéus, carregada de sacolas, para seu Bentley. Não parece doente nem nada, mas Peter não quer começar o teste com falsas suposições. Para ele, a situação é clara: primeiro ofereça ajuda, seja simpático e desenvolva empatia. Ele fica feliz em carregar as grandes sacolas de compras para a bela mulher, pergunta se ela gostaria de participar da próxima grande inovação, e, dois minutos depois, os dois estão desfrutando de uma taça de champanhe para o "teste do usuário", no barzinho daquela loja requintada.

A jovem senhora gosta das perguntas ingênuas que Peter faz com a atitude e o comportamento de alguém "inexperiente", então fala muito sobre si mesma, mas ainda mais sobre as doenças dos cavalheiros mais velhos com quem costuma passar as noites quentes de verão em Monte Carlo. Depois de uma garrafa e meia de champanhe — o clima está realmente alvoroçado —, Priya passa pelo bar. Pelo menos agora sabemos o que desencadeou sua pequena crise conjugal com Peter. No entanto, ele aprendeu muito sobre a aplicação de seu protótipo, especialmente que não há cobertura Wi-Fi em iates em alto-mar, então conseguir suporte online de médicos é impossível.

Por que o teste é tão importante?

Em testes com usuários, é importante perguntar "por que" para aprender a motivação real, mesmo que presumamos a resposta. Nosso principal objetivo em uma entrevista de teste é aprender, não justificar ou vender o protótipo. É por isso que não explicamos (cedo demais) como funciona. Perguntamos por histórias e situações em que nossos clientes potenciais possam precisar do protótipo. Sempre que possível, coletamos e analisamos dados quantitativos para validar os resultados qualitativos. Essa abordagem permitiu que Peter aprendesse muito sobre a vida em Monte Carlo e em alto-mar.

O teste é um passo essencial no processo do design thinking. Não é raro que, durante essa fase, surjam propostas decisivas de mudança que possam melhorar substancialmente a qualidade do resultado final. Em particular, as novas visões de pessoas que não estavam envolvidas no desenvolvimento do protótipo e, portanto, são muito mais livres em sua avaliação, rendem muito bem no final. Elas podem observar os protótipos através dos olhos de um cliente ou usuário.

COMO PODEMOS...
projetar a sequência de teste?

Um teste pode ser dividido em quatro etapas:

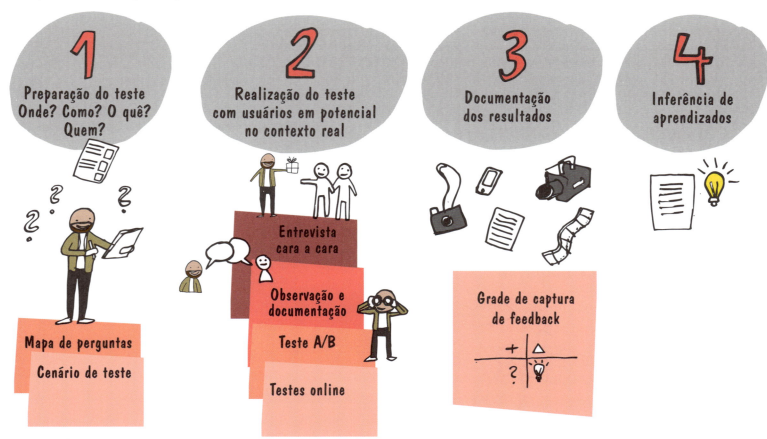

1. Preparação do teste

A melhor maneira de começar é definir metas ou hipóteses claras de aprendizado que queremos testar:

- O que queremos aprender?
- O que queremos testar?
- Com quem e onde queremos realizar o teste?

No final, o teste deve mostrar quais partes de uma ideia devemos manter, o que devemos transformar e o que esquecer. Nas fases iniciais, o objetivo também pode ser entender o problema. Antes de embarcar na série de testes real com vários usuários, deve ser realizado um teste inicial com uma pessoa para excluir quaisquer erros. Deixamos tempo suficiente para implementar melhorias após o primeiro teste, antes de realizar mais.

Defina mapas de perguntas
Formulamos questões simples, claras e abertas, que podemos explorar com mais profundidade ao final. Elas não devem ser hipotéticas, mas vinculadas à situação real do participante. Não fazemos muitas perguntas, mas nos concentramos no ponto fundamental sobre o qual queremos obter insights. Coragem e foco são importantes. Detalhes irrelevantes podem ser omitidos, por isso não sobrecarregamos os testes. Deixamos o usuário falar sobre sua experiência. Como moderador, podemos pedir follow-ups quando adequado; por exemplo: "Conte-nos o que você pensa enquanto faz isso."

Determine o cenário de teste
Refletimos sobre a sequência exata do teste e a situação do participante e as descrevemos. Explicamos tanto do contexto quanto necessário, da maneira mais simples possível. Deixamos o usuário experimentar nosso protótipo e deliberadamente evitamos esmiuçar os pensamentos e considerações que o respaldam. Particularmente nas fases do processo de design thinking em que ainda existem muitas iterações, a questão não é, por exemplo, descobrir quanto o cliente está disposto a pagar por um produto. Em vez disso, tentamos descobrir se nossa ideia corresponde ao contexto e à vida de nosso usuário, e, em caso afirmativo, como se encaixa.

2. Realização do teste

De acordo com nossa experiência, alcançamos os melhores resultados quando testamos múltiplas ideias ou variantes de uma ideia que descrevemos como cenário de antemão. Desta forma, o feedback será diferenciado. Se tivermos apenas uma solução pronta, a resposta do usuário tende a ser bastante vaga, o que geralmente não nos leva muito longe em termos de esclarecimentos. Quando o usuário precisa passar por vários testes diferentes, faz comparações, avalia e formula seu feedback com muito mais precisão, pesando o que ele acha melhor ou pior em um protótipo em detrimento de outro. Tornou-se uma segunda natureza testarmos o protótipo em um contexto, ou seja, em seu ambiente natural.

Como mencionado, é melhor incluir mais pessoas para observação e documentação no teste, conforme o lema: "Nunca vá caçar sozinho." Os envolvidos assumem diferentes papéis. Por exemplo:

O moderador:
Como moderadores, ajudamos o usuário a entender o contexto do protótipo e o explicamos, para que tenha uma melhor compreensão do cenário. Além disso, é nossa tarefa como moderador colocar as questões.

O agente:
Como agentes, assumimos determinados papéis no cenário para criar a experiência de protótipo correta — geralmente uma experiência de serviço.

O observador:
A tarefa importante para os observadores é concentrar-se em tudo o que o usuário faz na situação. Se tivermos apenas um observador na equipe, é melhor filmar tudo para que vejamos a interação juntos posteriormente, com riqueza de detalhes.

Ferramentas online também podem ser usadas para a testagem.

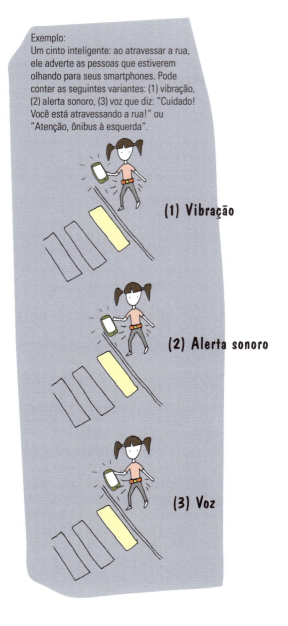

Exemplo:
Um cinto inteligente: ao atravessar a rua, ele adverte as pessoas que estiverem olhando para seus smartphones. Pode conter as seguintes variantes: (1) vibração, (2) alerta sonoro, (3) voz que diz: "Cuidado! Você está atravessando a rua!" ou "Atenção, ônibus à esquerda".

(1) Vibração

(2) Alerta sonoro

(3) Voz

3. Documentação dos resultados

Em nossa experiência, é de vital importância documentar os resultados. Ao fazê-lo, observamos ativamente como os usuários usam (e abusam!) do que lhes demos. Não corrigimos imediatamente o que o participante do teste estiver fazendo. Fotos e gravações de vídeo são adequadas para documentação. Sempre pedimos permissão aos usuários. As ferramentas digitais facilitam a documentação, mas tenha cuidado para não se esquecer de usá-las. Para elucidar respostas mais ricas, investigamos com outras questões, que são importantes e, muitas vezes, constituem a parte mais valiosa dos testes. As perguntas podem ser, por exemplo: "Você pode falar mais sobre suas impressões?", "Por quê?" e "Mostre-nos por que isso (não) funcionaria para você". Idealmente, respondemos a perguntas com perguntas: "Qual você acha que é a utilidade desse botão?" Resista à tentação de realizar uma pesquisa de marketing ou de voz do cliente!

O uso de uma grade de captura de feedback se mostrou bastante útil. Facilita a documentação do feedback em tempo real posterior a apresentações e protótipos. Usamos a grade sistemática e deliberadamente em quatro áreas principais.

- Quais os pontos positivos?
- Quais desejos temos?
- Quais questões surgiram?
- Quais ideias e soluções iniciais descobrimos?

Preencher os quatro quadrantes é muito fácil: escrevemos cada feedback do usuário na categoria adequada.

GRADE DE CAPTURA DE FEEDBACK

Pontos positivos — Detalhes que alguém gosta ou que valem a pena mencionar

Desejos — Críticas construtivas

Questões — surgidas durante a experiência

Ideias — geradas durante a experiência ou apresentação

Como alternativa, podemos escolher as seguintes áreas para os quatro quadrantes: "Gosto de...", "Desejo...", "E se..." e "Qual é o benefício?".

Esse método é facilmente aplicável a grupos de duas a mais de 100 pessoas, e sua estrutura simples ajuda a formular feedback construtivo.

Dar feedback é uma situação; receber, outra. Quando recebemos feedback, devemos vê-lo como um presente e expressar nossa gratidão. Nós ouvimos o feedback e não precisamos responder de nenhuma maneira. Além disso, devemos evitar nos justificar, e simplesmente ouvir bem. No final, perguntamos novamente se há algo que a pessoa não entendeu ou se alguma coisa ainda não está clara para nós.

4. Inferência de aprendizados

Os insights se destinam a melhorar nossos protótipos e adaptar a persona. Passar pelas iterações é crucial aqui; contribui para a aprendizagem constante.

O objetivo do teste é entender melhor as necessidades e criar empatia. A aproximação e a melhoria constantes — bem como, novamente, falhas e erros — formam o aprendizado. Todos sabemos que a expressão "falhar rápido, falhar com frequência" soa banal. No entanto, o fracasso precoce e frequente é de fato um elemento importante do design thinking e contribui significativamente para perceber oportunidades de mercado. No final do teste, é importante documentar bem os resultados e o teste e compartilhar ambos com a equipe.

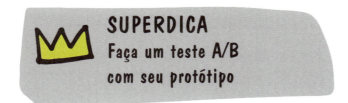

SUPERDICA
Faça um teste A/B com seu protótipo

Uma possibilidade de teste quantitativo é realizar uma comparação A/B, especialmente indicada para protótipos simples e que permite testar duas versões diferentes de uma página de destino, por exemplo, ou até duas versões de um elemento, como uma proposição de valor ou um botão de teste. No caso de um site, os títulos e descrições das ofertas, o volume de texto, o estilo, as promoções, o comprimento dos formulários e as caixas podem ser examinados em um teste A/B.

Para obter resultados relevantes, é importante que as duas versões sejam testadas concorrentemente ou em conjunto e dentro de um período de tempo predefinido. A medição final e a avaliação de qual versão foi mais bem-sucedida e qual será usada no mundo real deve ser feita com base em critérios claramente definidos.

Em um estágio inicial de prototipagem, o participante experimenta a variante A. Então, descobrimos do que ele gostou e o que gostaria que mudasse. Em seguida, repetimos o procedimento com a variante B. Dependendo da situação, podemos observar e questionar um grupo de teste sobre a variante A e outro sobre a B.

Usando uma landing page, podemos verificar a taxa de conversão diretamente em um teste A/B, observando as reações; simplesmente distribuímos as visualizações da página para as versões A e B por meio de uma ferramenta de teste A/B. Apenas uma variável deve ser alterada por vez para descobrir por que uma variante é preferida. Esse teste A/B mostra claramente qual site recebe mais inscrições. Calculadoras estão disponíveis para verificar a relevância estatística. Se um site já existe e queremos testar uma versão B, garantimos que os visitantes regulares não se confundam, disponibilizando a versão B apenas para novos visitantes.

O teste pode mostrar um resultado a favor de A ou B, ou então nenhuma preferência estatisticamente relevante. Talvez as possibilidades sejam inferidas do teste sobre como combinar o melhor das duas variantes.

Quais ferramentas digitais usar para testar protótipos rapidamente?

Uma maneira extremamente simples e eficaz de levar em consideração o feedback de muitos usuários é o uso de uma ferramenta baseada na web. Recentemente, várias soluções de Software-as-a-Service evoluíram, com as quais um feedback acessível, eficiente e baseado na web pode ser obtido.

Com o auxílio dessa ferramenta, Peter rapidamente formou uma comunidade interna de feedback composta por colaboradores de sua empresa e clientes externos selecionados. "Friendly user test", um termo comumente usado em países de língua alemã, não chega a ser perfeito. Afinal, o objetivo específico do teste é identificar pontos fracos no design e obter sugestões de melhoria — que não são necessariamente "friendly" [amigáveis]. O termo "customer trial" [avaliação do cliente], como usado nas regiões de língua inglesa, é um pouco melhor.

Peter já usou tal ferramenta várias vezes para avaliação do cliente e lhe serviu bem. Ela lhe possibilita obter feedback em relação a:

- variantes de protótipo,
- procedimentos e
- imagens ou links por meio de URLs

e para realizar testes A/B. O número de protótipos é ilimitado. Uma grande vantagem de tal ferramenta é que perguntas adicionais podem ser feitas e há muita liberdade em termos de formação da comunidade pesquisada. A segmentação garante que o feedback corresponda a suas necessidades de forma otimizada.

No mesmo dia em que configura a ferramenta, Peter já recebe feedback inicial. Em apenas dois dias, consegue uma avaliação válida das variantes do protótipo, com base nas quais pode desenvolver uma nova função do produto.

Uma abordagem baseada em ferramentas para testar o feedback permite obter um feedback estruturado de maneira rápida e fácil. Ao selecionar a ferramenta certa, os seguintes critérios devem ser considerados:

A. A ferramenta oferece a possibilidade de fazer upload de vários tipos de protótipo?

Exemplo:

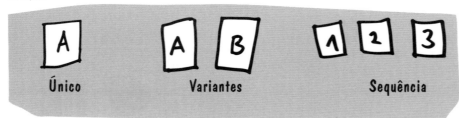

B. Existe a possibilidade de elaborar um cenário? Isto dará aos usuários a oportunidade de ver e entender a situação.

C. A ferramenta nos permite fazer perguntas predefinidas e abertas? Vale a pena reservar bastante tempo para a formulação da pergunta, porque ela afeta diretamente o feedback e sua qualidade.

Exemplos de perguntas:

1. Avalie o protótipo com 1 estrela (ruim) a 5 estrelas (realmente impressionante).
2. Do que você gosta nele?
3. O que mudaria?
4. ...

D. Outro fator importante de sucesso é a seleção da comunidade de feedback. Idealmente, não se deve limitar a uma organização própria (universidade, empresa etc.), mas incluir a possibilidade de convidar respondentes adicionais e aleatórios para uma pesquisa.

Exemplo:

É útil quando os especialistas de uma comunidade existente têm a possibilidade de selecionar seu campo de especialização (por exemplo, marketing de canal, análise de big data, contabilidade). Isto torna mais fácil, na prática, obter feedback rápido dos especialistas em relação à sua área de atuação.

A seleção empenhada de participantes especializados aumenta a qualidade do feedback, mas você deve sempre considerar o feedback de não especialistas também; como são amadores, geralmente têm um ponto de vista diverso.

SUPERDICA
Como visualizamos protótipos para testes em ferramentas digitais?

Um protótipo é a demonstração de uma ideia. Pode ser um esboço, foto, storyboard ou gráfico. Qualquer oferta pode ser demonstrada como um protótipo e disponibilizada para uma comunidade de teste dar feedback:

COMO PODEMOS...
realizar e documentar experimentos de forma estruturada?

Durante as fases iniciais do processo de inovação, testamos várias suposições simultaneamente e aprendemos em vários níveis. No entanto, recomendamos que você reflita antes de cada teste sobre o que exatamente gostaria de aprender e qual é a pergunta-chave. Também nos perguntamos quais suposições gostaríamos de testar e como projetar o cenário de teste de forma que o usuário o experimente.

Ao longo do desenvolvimento do produto ou serviço, testamos nossas premissas e realizamos experimentos repetidas vezes. Nas fases iniciais do processo de inovação, os protótipos são muito simples. Muitas vezes, inúmeras variáveis são testadas ao mesmo tempo. Para o teste em fases posteriores, outros tipos de experimentos com clientes (por exemplo, testes online, testes A/B etc.) podem ser feitos. Aqui, normalmente, concentramo-nos em uma única variável ou suposição de teste.

É crucial que todos os testes/experimentos sejam bem definidos. A documentação traça decisões posteriores e mostra ao investidor o sucesso de um MVP. Uma simples grade experimental estrutura os experimentos e serve para documentar o progresso do aprendizado.

Queremos aprender da maneira mais rápida e econômica possível; é por isso que pensamos em como o teste (ou experimento) poderia ser feito na metade do tempo e com metade dos recursos. Nós nos perguntamos se existem variantes que nos permitem aprender de forma mais rápida e econômica.

A "grade experimental" define e documenta os testes/experimentos:

Na primeira etapa, descrevemos a hipótese que gostaríamos de testar.

Na segunda etapa, a experiência real é explicada. O experimento pode ser um protótipo que queremos testar com clientes/usuários, uma entrevista, pesquisa e assim por diante.

Na terceira etapa, definimos o que queremos avaliar e quais dados devem ser coletados. Pode ser uma certa quantidade de feedback positivo ou apenas um valor específico.

Na quarta etapa, determinamos o critério que mostra se estamos no caminho certo (ou errado).

Na etapa seguinte, realizamos o experimento e documentamos nosso aprendizado, com fotos ou vídeos. **Por fim,** notamos os insights obtidos, as conclusões tiradas e as medidas que tomaremos. Os testes/experimentos devem ser bem documentados.

Experimento 1	Aprendizado 1
Etapa 1: Hipóteses Acreditamos que...	Aprendemos o seguinte:
Etapa 2: Testes Para verificar isto, vamos...	
Etapa 3: Métricas E avaliar...	Registros do teste (ex., fotos)
Etapa 4: Critérios Estamos no caminho certo se...	

QUESTÕES-CHAVE
Ao testar o protótipo

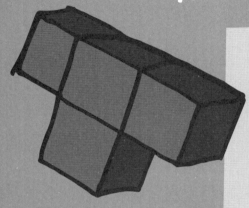

- Defina cenários e um objetivo claro antes do teste;
- Envolva pessoas neutras ao conduzir o teste; ou seja, pessoas que não produziram o protótipo;
- Faça perguntas simples e abertas nos testes; nunca sugestivas. Sempre pergunte "por que" para descobrir a motivação subjacente;
- Não projete o teste para levar muito tempo. Concentre-se no que é essencial;
- Leve grupos de outros interessados para o teste (por exemplo, desenvolvedores) para que tenham o feedback do usuário em primeira mão;
- Deixe as pessoas no teste pensarem em voz alta e não as interrompa. Não as tente influenciar direcionando-as ou vendendo o protótipo como uma ótima solução;
- Evite a armadilha de relatar rápida ou excessivamente como o protótipo funciona;
- Documente os testes e sempre reserve tempo suficiente após eles para integrar as descobertas a um novo protótipo;
- Use ferramentas baseadas na web para protótipos simples.

2. TRANSFORME ORGANIZAÇÕES

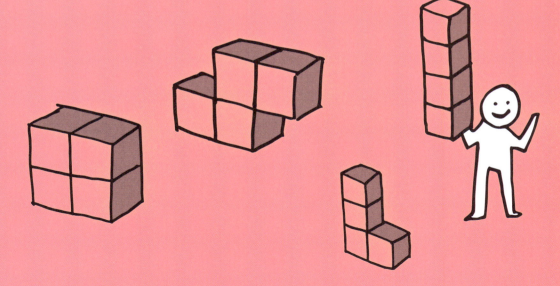

2.1 Como projetar um espaço e ambiente criativos

Nossas personas sempre são confrontadas com a dúvida de como devem praticar o design thinking na universidade ou empresa. As instalações da maioria das empresas e universidades não foram pensadas nem estruturadas como espaços criativos, nem são adequadas para tal uso. A maioria delas está cheia de móveis volumosos bloqueando qualquer energia criativa, e as mesas, em particular, levam as pessoas a trabalhar individualmente ou em seu notebook. Na melhor das hipóteses, colaboradores ou estudantes sentam-se em torno de uma mesa, o que incentiva, no máximo, uma troca de ideias, mas não gera qualquer criatividade compartilhada comum.

A boa notícia para Peter, Lilly e Marc é que quase todas as salas com muita luz natural e espaço (de preferência cerca de 5m² por participante) podem ser rapidamente transformadas em um ambiente criativo. O objetivo é ganhar o máximo de liberdade possível para que a criatividade flua. O melhor a se fazer de início é reprojetar o ambiente e implementar o primeiro protótipo de um espaço criativo.

SUPERDICA
O primeiro protótipo de um ambiente criativo

No banco em que trabalha, Jonny se depara com inúmeras salas de reunião, mas poucas têm a dinâmica necessária para estimular a criatividade. Ele já levantou a necessidade de um espaço assim várias vezes. Por fim, conseguiu convencer seu chefe, enquanto almoçavam, a se aventurar no experimento de um espaço criativo. A sala que conseguiu não é a ideal, mas as antigas máquinas de codificação lá armazenadas teriam mesmo que ser descartadas mais cedo ou mais tarde.

Como a sala deve ser? De que móveis precisamos?

Primeiro esvazie a sala, porque menos é mais nesse caso. Algo novo só pode surgir em um espaço vazio. Consideramos quantas pessoas criativas se juntarão e colocamos uma ou duas cadeiras adicionais, se possível, empilháveis. O material flexível e empilhável é mais adequado que o rígido e inflexível, porque o mobiliário empilhável permite que você crie ainda mais espaço se a situação exigir.

O design do espaço criativo deve levar em consideração se deve acomodar uma equipe de 4 a 12 membros trabalhando em um projeto por semanas ou meses, ou de 8 a 25 participantes que se ocupam de um tópico apenas por um ou dois dias.

Para quem oferece feedback, o espaço pode conter bancos ou pufes adicionais. Os pufes também podem ser usados como pilhas de assentos esteticamente organizados. Sessões de feedback duram apenas algumas horas, não dias, por isso as acomodações simples são bastante razoáveis.

De que materiais precisamos para o workshop e a prototipagem?

O próximo e importante passo é pensar no material a ser usado para produzir protótipos. Você pode utilizar um pequeno móvel com rodas, enchendo-o com numerosos marcadores de quadro branco multicoloridos e post-its de várias cores e tamanhos, bem como pequenos adesivos. Outra opção é deixar tudo em caixas transparentes, que são particularmente aconselháveis se você quiser viajar com o material de seu protótipo ou trocar de sala com frequência.

Descobrimos que é útil fornecer materiais para a produção dos protótipos bem no início do workshop (por exemplo, massa de modelar, peças de Lego, barbante, folhas coloridas de papel, algodão, bastonetes de plástico etc.) e deixá-los na mesa da sala. Fita adesiva para pendurar cavaletes é sempre útil — assim como outros materiais de prototipagem, ela é encontrada em qualquer armarinho.

Dependendo do tamanho do local, precisaremos de vários rolos para cavaletes. Se não houver um disponível, podemos prender as folhas soltas na parede com pregos ou mesmo fita adesiva.

Grandes rolos de papel podem ser utilizados como alternativa ao papel de cavalete. As peças podem ser cortadas à mão, rasgadas com algum dispositivo, ou podem então ser coladas na parede com fita adesiva. Pela nossa experiência, é sempre bom ter um papel extra no cavalete porque nada é mais irritante e inibidor do fluxo criativo do que ficar sem material básico — isto inclui marcadores de quadro branco.

Em geral, qualquer parede lisa é adequada para trabalhar com papel de cavalete e pendurá-lo. Se as paredes forem muito irregulares, várias folhas em cima umas das outras podem ser usadas para que se possa escrever de maneira legível. Como opção, você pode trabalhar com post-its, e pode escrever neles antes de colocá-los nos cavaletes.

Se grandes superfícies de papel forem necessárias e não houver folhas grandes disponíveis, unimos folhas de qualquer tamanho com fita adesiva, por trás, para formar superfícies criativas enormes. Esses espaços criativos vazios, mesmo que se refiram "somente" ao papel, são importantes, porque a energia criativa precisa de espaço para fluir. É desnecessário dizer que o papel de cavalete deve ser usado no lado dos quadrados.

Como utilizar elementos espaciais de forma dinâmica?

Paredes lousa e vidraças são excelentes para escrever e pintar com marcadores de quadro branco.

Se, por algum motivo, não houver espaço suficiente nas paredes, quadros brancos e talvez cortiças, que podem ser movidos pela sala, são a escolha certa. Os profissionais de design thinking usam paredes de quadro branco flexíveis (no design HPI) em rolos para trabalhar.

Se desejar uma mesa no espaço criativo, é extremamente prático usar móveis leves, que podem ser facilmente movidos. Se tiverem rodas são um bônus.

Em relação às mesas, escolha uma forma mais orgânica e estimulante, em vez de uma retangular rígida. A mesa não deve ser fixa no espaço, porque, como descrito, todas as superfícies da parede serão incluídas no trabalho criativo; portanto, certifique-se de que haja folga suficiente para trabalhar e se movimentar pela sala.

Podemos simplesmente colocar o material necessário em cadeiras ou bancos, em vez de sobre a mesa, o que usa menos espaço e libera o caminho para locomoção. Para o processo criativo, não organizamos as cadeiras em volta de uma mesa, mas as distribuímos livremente na sala. Quando não se sentam rigidamente na mesa, os participantes ficam mais ágeis, tanto física como mentalmente, o que tem uma enorme influência no processo criativo e nos resultados.

Se um cabideiro for necessário, é melhor usar um suporte que possa ser rapidamente movido para diferentes posições e não brigue com os objetos no espaço. Como alternativa, você pode colocá-lo fora da sala. Também é importante que as bolsas e os pertences dos participantes não sejam colocados no chão ladeando as paredes, mas em cima ou debaixo das cadeiras desocupadas. Essa é a única maneira de trabalhar nas paredes, livres de obstáculos, e de os resultados serem apresentados e vistos posteriormente.

COMO PODEMOS...
melhorar ainda mais o espaço criativo?

Depois da experiência inicial com o protótipo de um espaço criativo, precisamos desenvolvê-lo e aperfeiçoá-lo com base no que aprendemos.

1) O que funcionou bem na aplicação? Do que precisamos mais?

O próximo nível para um espaço criativo profissional conta com quadros brancos presos às paredes, que são bons para demonstrações. Importantes entradas e papéis podem ser anexados a eles com ímãs (extragrandes, para cartazes e papel mais pesado). Cadeiras ficam disponíveis em cores diferentes, e a versão empilhável é a preferida. As mesas devem ter roletes, se possível, e devem ser dobráveis, para que nunca fiquem no caminho. Disposições diferentes no trabalho possibilitam o fluxo criativo. Como complemento, mesas com rodas podem ser muito inspiradoras dependendo do tipo de workshop. Um formato quadrado provou ser útil; as mesas usadas no Design Space, da Stanford d.school são assim. Quatro participantes do workshop podem agrupar-se em torno dessas mesas e há espaço suficiente para esboçar algo e para prototipagem.

Materiais prosaicos são úteis para protótipos (isopor, lã colorida, madeira, balões, tecidos, papelão e a boa e antiga coleção de peças de Lego, todos encontram um novo lar). Tudo o que os armarinhos têm a oferecer e que pode ser colocado em um protótipo tem sua funcionalidade. O material de prototipagem favorito da Lilly é o papel alumínio. Qualquer forma pode ser rapidamente criada a partir dele, e as peças são facilmente cortadas sem precisar de uma tesoura. Não há limites para a imaginação — com o tempo, você perceberá que materiais simples, em particular, têm potencial para se tornar excelentes protótipos.

2) Como queremos trabalhar no futuro e o que faz nossos desejos se tornarem reais?

Com um orçamento mais amplo, as paredes podem ser pintadas em cores que criam imediatamente um ambiente inspirador. Cores como laranja, azul ou vermelho são bem-vindas; por exemplo, laranja significa criatividade, flexibilidade e agilidade; e azul, para comunicação, inspiração e clareza. Cores e padrões em pisos geralmente áridos são excelentes para estimular a criatividade. Tapetes de todos os tipos, PVC, madeira caseira ou tinta podem ser usados, dependendo da adequação do assoalho.

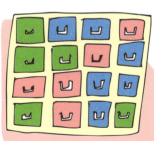

Arca do tesouro para os materiais

3) Como encontro o espaço criativo ideal para minha empresa?

Embora não se devam estabelecer limites para a criatividade, você deve considerar a área, o tipo de empresa e a cultura corporativa vigente. O espaço pode ser enriquecido de forma lúdica com objetos improváveis e estranhos ao ambiente, como barcos de borracha, redes ou cortinas de chuveiro usadas como divisória. Tais objetos têm um efeito inspirador ou conscientemente perturbador. Essa função "disruptiva" de um espaço criativo que dissolve ou destrói o preexistente é bastante satisfatória para colocar as ideais em movimento. Cabe a nós e à nossa sensibilidade em relação às outras equipes, ao nosso patrocinador ou aos tomadores de decisão escolher a configuração correta. Nossa dica: comece de forma discreta e observe atentamente as reações do ambiente antes de ir longe demais com sua criatividade.

Não podemos enfrentar o desafio sem uma dose de coragem. Não é fácil alterar um ambiente de trabalho com sucesso. Como acontece com qualquer inovação, você provavelmente encontrará resistência. Às vezes, ela aponta para fraquezas reais de um conceito; às vezes, as pessoas simplesmente ficam desconfiadas. Toda resistência deve ser levada a sério e explicada no processo de implementação.

Um espaço criativo pode ser projetado como parte de um processo de desenvolvimento da equipe. Afinal, os participantes devem se sentir confortáveis e se identificar com seu espaço. Aliás, é por isso que os funcionários muitas vezes não se sentem à vontade em salas sofisticadas: porque seus desejos e necessidades não foram nem minimamente levados em consideração.

"Detalhes" simples, como alto-falantes ativos para ouvir um pouco de música, também são bem recebidos, porque a música colabora com o fluxo criativo (por exemplo, uma música suave tocando em segundo plano durante as sessões de design). O carrinho de mão pode conter uma cafeteira e uma chaleira elétrica. Garrafas de água, xícaras e alimentos bons para o cérebro, como nozes e frutas secas, devem estar disponíveis na sala.

Como alternativa às telas pequenas e projetores, as equipes podem trabalhar com telas ligeiramente maiores, se o espaço disponível permitir. Mais uma vez, recomenda-se uma versão com rodas, de modo que possa ser deixada de lado quando não for necessária.

COMO PODEMOS...
estruturar um workshop de prototipagem para o design de um espaço criativo?

Como exatamente devemos proceder agora? Primeiro, desenvolvemos uma compreensão comum da ideia, ou do objetivo, e do cliente. Não é preciso dizer que consideramos o escopo, as possíveis condições de estrutura e quaisquer restrições. Desta forma, chegamos a um desafio de projeto inicial, formulado de forma aproximada, que é aberto o suficiente e não contém nenhuma solução em sua descrição.

Estimamos um dia e meio para o workshop da seguinte forma:

1. Como entrada, usamos o resumo do projeto e imagens de outros espaços criativos;
2. O procedimento prevê um aquecimento pela manhã, seguido por brainstorming individual e várias sessões conjuntas em conexão com a rápida materialização em protótipos. O teste é feito com funcionários na cafeteria e nas salinhas de café. Por fim, apresenta-se o protótipo definitivo aos tomadores de decisão;
3. Como resultado, temos de dois a três modelos de protótipo, que continuaremos a aprimorar ou mandar implementar;
4. Como a abordagem contém muitos elementos do ciclo de design thinking, os participantes se familiarizam com ela.

Briefing — espaço criativo

O ritmo das transformações nos negócios e os desafios envolvidos tornaram-se extremamente complexos. Para lidar com esses desenvolvimentos, muitas empresas e organizações passaram a dominar tarefas com abordagens mais colaborativas sobre inovação.

Quanto ao trabalho criativo, o design do espaço de trabalho é decisivo para promover a comunicação e a criatividade. Google, Apple e Procter & Gamble foram alguns dos pioneiros na criação de ambientes inovadores e inspiradores para colaboração flexível e independente.

O espaço é geralmente caracterizado por um mobiliário específico: móveis flexíveis, muito espaço nas paredes, ferramentas e materiais necessários para visualizar impressões sobre pesquisa e novas ideias, e locais adequados para se refugiar, nos quais as ideias podem surgir.

Como um banco tradicional, queremos seguir esses desenvolvimentos como parte de nossos esforços para nos tornar digitais. Na primeira tentativa, começamos com um espaço criativo para nossos workshops de cocriação nos departamentos da FinTech, no escritório de Cingapura. Em particular, os modelos de negócios, os novos ecossistemas corporativos e os primeiros protótipos junto com tecnologias como blockchain devem emergir desses workshops.

Desafio de design: Como seria um espaço criativo que nos dê flexibilidade para iniciar um processo cooperativo de inovação com vários dos envolvidos (internos/externos), levando em conta nossos valores e nossa marca como uma filial de uma instituição financeira tradicional francesa no sudeste asiático?

138

Como seria a programação para dois dias de workshop?

Workshop de prototipagem, modelo de espaço criativo		
<ul><li>Propósito</li><li>Compreensão comum</li><li>Desenvolvimento dos primeiros protótipos</li><li>Obtenção de feedback dos envolvidos</li></ul>		
Entrada	**Sequência**	**Saída**
<ul><li>Organização</li><li>Condições de estrutura</li><li>Desafio de design</li><li>Fotos de espaços criativos</li><li>Material para protótipos</li></ul>	<ul><li>Aquecimento</li><li>Compreensão comum</li><li>Brainstorming: "E se?"</li><li>Entrevistas</li><li>Ideação</li><li>Criação de protótipos</li><li>Testagem + feedback</li><li>Maior desenvolvimento do protótipo</li><li>Ajustes antes do parecer</li><li>Próximas etapas</li></ul>	<ul><li>Desafio de design refinado</li><li>2 ou 3 protótipos (modelos) de espaço criativo</li></ul>
Recursos		
Alimentação, mesas, cadeiras, cortiças, cavaletes, paredes em branco...	Temporizador, material de prototipagem, post-its, canetas...	Equipe, facilitador, pareceristas...

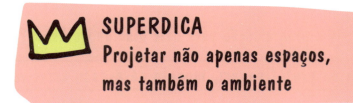

SUPERDICA
Projetar não apenas espaços, mas também o ambiente

Precisamos de um ambiente familiar com o qual nos identifiquemos e nos sintamos confortáveis. Sua concepção relaciona-se essencialmente a quatro elementos: **lugar**, **pessoas**, **processo** e **sentido** do trabalho. O **ambiente corporativo** tornou-se um dos instrumentos mais importantes para uma empresa reter os melhores talentos e mais altos desempenhos. Quem hoje gostaria de trabalhar em um escritório que irradia o esmaecido charme do passado e provavelmente foi espremido em um último metro quadrado?

Empresas como Google ou IDEO são bons exemplos de ambientes de trabalho projetados; a nova sede da Apple, em Cupertino, Califórnia, fundada por Steve Jobs em 2011, é muito inspiradora. O edifício foi conscientemente planejado em um ambiente natural, cercado por uma floresta. A visão de Jobs era criar o melhor edifício da empresa no mundo. Ele representa o futuro e se assemelha a uma nave espacial. A nova sede deveria levar em conta todo tipo de aspiração das pessoas.

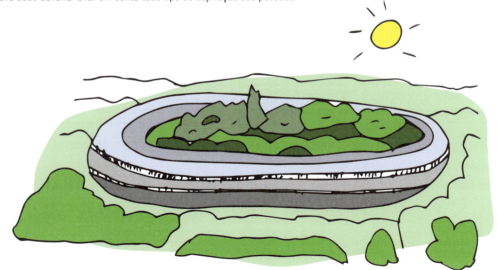

O processo e a maneira como o trabalho é feito também têm um grande impacto nos resultados. Primeiro, o foco está no tipo de atividade que devemos realizar; segundo, nas interações das pessoas e em sua influência no andamento do projeto. Tenha em mente que o próprio processo de trabalho está em constante interação com o ambiente e as pessoas envolvidas.

O significado do que fazemos como motivadores é frequentemente subestimado. As empresas muitas vezes não têm uma estratégia clara para as equipes deduzirem se suas atividades visam a algo maior. Surpreendentemente, a maioria das empresas tem dificuldade em definir o "porquê". Especialmente para a muito citada geração millennial, a relevância é um critério-chave para escolher um empregador. Não há dúvida de que uma atividade significativa aumenta a motivação e isto se aplica a todos nós. Voltaremos ao tema no Capítulo 2.6.

Em muitos casos, a administração de uma empresa é incapaz de lidar com condições de estrutura que mudam rapidamente (por exemplo, a digitalização). Essa insegurança leva a ações despropositadas na empresa, e pouco trabalho é feito visando a um objetivo específico ou a uma posição de mercado definida.

No Capítulo 3.6, discutimos como lidar com tais incertezas e apresentamos abordagens e métodos úteis para, por exemplo, iniciar e implementar com sucesso a transformação digital.

QUESTÕES-CHAVE
Ao projetar uma atmosfera criativa

- Certifique-se de que o ambiente não esteja sobrecarregado. Menos é mais: a criatividade exige principalmente muita liberdade e espaço;
- Use materiais rolantes e empilháveis porque oferecem maior flexibilidade para o uso versátil de um espaço criativo;
- Empilhe as mesas de forma eficiente colocando uma sobre a outra, com o tampo na frente, para que se possa pregar entradas e resultados nele;
- Experimente o máximo possível de espaços criativos diferentes com as equipes para descobrir o que melhora a colaboração e os resultados;
- Realize um workshop inicial com os membros da gerência em um espaço criativo externo, de modo a induzir o entusiasmo pelo impacto positivo de um ambiente inspirador;
- Altere o espaço, a localização e o ambiente com frequência. Evite espaços repletos de memórias tediosas;
- Projete não apenas o espaço, mas também o ambiente de trabalho, o que inclui os processos e o sentido do trabalho.

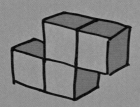

2.2 Quais são os benefícios das equipes interdisciplinares?

Peter colabora com diferentes equipes em seus projetos. Para ser bem-sucedido, ele enfatiza duas dimensões: os integrantes devem ter profundo conhecimento técnico, bem como amplo conhecimento geral. Os alunos de Lilly tiveram uma sensação maravilhosa quando finalmente avançaram um passo com a própria pergunta e saíram do impasse, o que geralmente ocorre quando se pedem conselhos a outras pessoas. Encarar o mesmo problema de uma perspectiva diferente muitas vezes ajuda a encontrar a luz em um beco sem saída.

Muitas declarações de problemas limitam o quanto suas próprias habilidades podem contribuir para a solução. A razão para isso é geralmente falta de conhecimento e experiência em uma área específica. Até esse ponto, a equipe de design deve consultar um especialista para seguir em frente. Frequentemente, acontece de o especialista iniciar seu próprio trabalho bem antes que o tópico corrente seja discutido e apresenta questões críticas, em vez de simplesmente ater-se à sua área de especialização. Como consequência, o que foi desenvolvido até então assume uma nova qualidade, porque foi subitamente avaliado por uma abordagem holística, e não por uma perspectiva limitada.

O princípio da iteração é, como você já deve saber, um elemento crucial do design thinking. Dê um passo para trás, dê outra volta; ele o ajuda a conseguir um produto cada vez melhor, que corresponde e atende às necessidades dos clientes. No entanto, o mais importante é que aprendamos e façamos iterações em ritmo acelerado. Isso, por sua vez, só funciona quando as perguntas são feitas — e contestadas — o mais cedo possível, e tudo o que foi desenvolvido até então passa a ser visto de uma perspectiva diferente. A maneira mais promissora de conseguir isso é fazendo o intercâmbio com usuários em potencial e com a equipe, que consiste de diferentes especialistas com conhecimento profundo e amplo.

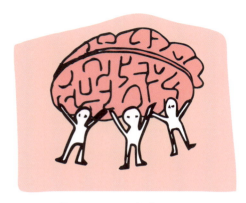

Pensamento holístico

O princípio da iteração

144

O que caracteriza uma
equipe interdisciplinar?

Em termos bem amplos, **interdisciplinar** significa abarcar várias disciplinas. Em equipes interdisciplinares, as ideias são produzidas coletivamente. No final, todos se sentem responsáveis pela solução geral. No percurso até a solução geral, ocorre uma troca metodológica e conceitual de ideias.

Em comparação com as equipes **multidisciplinares**, elas têm a vantagem de, no final, todos estarem por trás do produto ou serviço criado de forma conjunta — um fator de sucesso que as equipes multidisciplinares, por exemplo, desconhecem. Em uma equipe multidisciplinar, cada membro é um especialista que defende sua especialização. A solução é frequentemente um compromisso.

Como mencionado, Peter quer confiar no conhecimento profundo e amplo de suas equipes. Essa ideia é baseada no princípio das chamadas pessoas T — que possuem habilidades e conhecimentos profundos e amplos. A demonstração das habilidades é como um "T", conceito desenvolvido por Dorothy Leonard-Barton.

A barra vertical do "T" representa as respectivas habilidades especializadas que alguém adquiriu em seu treinamento e que são necessárias para cada etapa dos processos de design thinking e de implementação. Um psicólogo, por exemplo, tem a experiência e o conhecimento metodológico para a fase "Conheça".

A barra horizontal é definida por duas características. Uma é a empatia: essa pessoa é capaz de assumir a perspectiva de outra ao olhar além da própria. A outra é a capacidade de colaborar, bem como saber se relacionar: pessoas T são receptivas; interessadas em outras perspectivas e assuntos; e curiosas sobre outras pessoas, culturas e áreas. Quanto mais compreensão houver da maneira como os outros pensam e trabalham, mais rápidos e amplos serão o progresso e o sucesso comuns do processo de design thinking.

SUPERDICA
Recrute uma equipe interdisciplinar com perfis T

Lilly ainda flerta com a ideia de fundar uma empresa de consultoria em design thinking. Ela precisaria recrutar seus futuros colegas com um perfil T para lidarem com os desafios profissionais e serem capazes de trabalhar em equipe, na qual todos têm as mesmas habilidades sociais. É provavelmente mais fácil encontrar pessoas com habilidades especializadas para as etapas isoladas do processo — correspondentes ao perfil I — do que aquelas que possuem ambas as formas de conhecimento.

Um bom sinal para a capacidade de colaborar, a partir da barra horizontal, é quando as pessoas durante a entrevista falam não apenas sobre si mesmas, mas também enfatizam o que aprenderam com os outros e quão valiosa a colaboração foi para o projeto compartilhado.

Especificamente, isso ajuda os candidatos em potencial a criarem o próprio **perfil T**. A maneira como alguém preenche o perfil fornece muitas informações sobre sua forma de pensar e de se expressar e, ao mesmo tempo, mostra como alguém interpreta os requisitos para colaboração e se posiciona a esse respeito.

Se quiser aproveitar o tempo e testar os membros em potencial da equipe na prática, você pode realizar algo como um **treinamento de campo de design thinking**. Isto serve a vários propósitos: por um lado, é uma maneira rápida e fácil para os candidatos experimentarem o design thinking e suas etapas isoladas na prática e julgarem por si mesmos se querem colaborar dessa maneira. Em segundo lugar, aqueles que montam a equipe rapidamente têm uma ideia das habilidades especializadas e sociais dos futuros membros da equipe.

Equipes interdisciplinares têm muitas vantagens, que, entre outros motivos, levam a um resultado de melhor qualidade em menos tempo. Simultaneamente, a complexidade da colaboração aumenta com essa abordagem em comparação a uma maneira independente de trabalhar, sem acordos iterativos. A complexidade pode ser reduzida usando algumas regras simples, com as quais toda a equipe deve concordar desde o início para que a colaboração seja bem-sucedida. Mesmo que alguns integrantes já estejam de acordo com os princípios do design thinking, refletir sobre eles de novo provou ser valioso para a equipe.

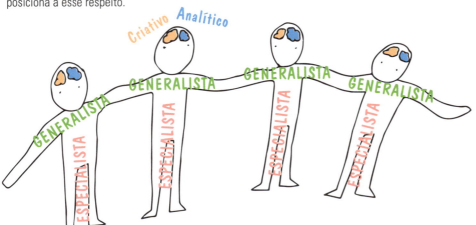

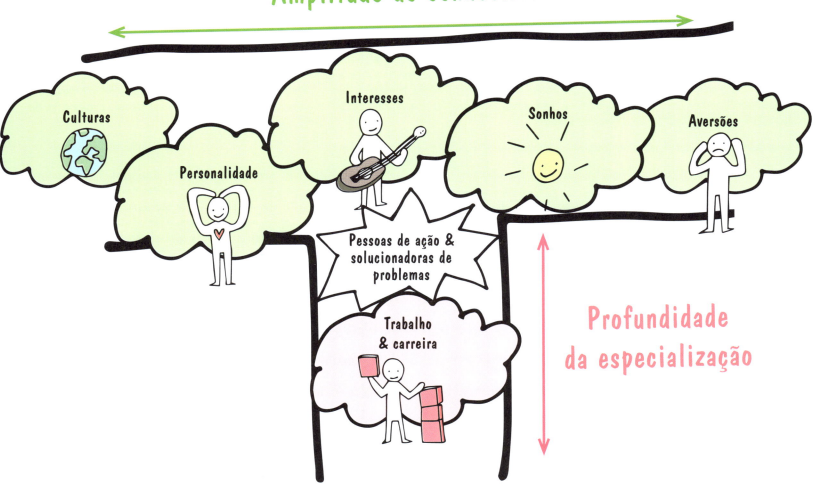

COMO PODEMOS...
formular regras simples para colaboração em equipes interdisciplinares?

Quanto mais cedo os pontos fortes de cada integrante vierem à tona, mais as equipes interdisciplinares se beneficiarão das habilidades dos outros para alcançar o objetivo comum. Formar equipes com pessoas não apenas de várias áreas e departamentos, mas também de diferentes níveis hierárquicos, provou ser uma ajuda particular na prática. Além do intercâmbio de conhecimentos especializados e perícia metodológica, também dá à equipe acesso a um amplo conhecimento e às habilidades necessárias para resolver problemas. Como um subproduto, a nova abordagem interdisciplinar se espalhará mais rápida e transversalmente por toda a empresa, para que esse tipo de colaboração seja melhor compreendido em todos os níveis.

Seis regras simples para uma equipe interdisciplinar de sucesso são:

1. A equipe tem uma visão comum que deve ser materializada. Na melhor das hipóteses, será uma resposta para a pergunta: "Como podemos..."

2. Cada etapa do processo de design thinking é liderada pelo respectivo especialista (barra vertical no perfil T) da equipe, que indica uma direção clara e métodos experimentados e testados, oferecendo suporte na implementação.

3. A equipe adota valores comuns. Ela os desenvolve unida, e ficam visíveis para todos, em todos os momentos. As regras do brainstorming, por exemplo, são uma boa base para a ideia de colaboração da equipe ser adaptada e expandida.

4. Há uma atmosfera de confiança, sob a qual todos respeitam e aceitam a experiência do próximo — pelo menos quando o papel do especialista é assumido.

5. Somente quem conhece as expectativas, e até que ponto podem ser atendidas, pode melhorar. Quanto mais compreensível for o feedback da equipe, mais específica será a maneira como seus integrantes e o conjunto se refinam, e, em última análise, mais unida agirá.

6. Processos comuns compartilhados e padrões de qualidade são determinados para que todos conheçam sempre o procedimento e os requisitos necessários para o resultado desejado, e se concentrem neles.

SUPERDICA
Perfil π

Em relação à fundação de sua empresa, Lilly já pensa no futuro, e não está satisfeita em ter "apenas" pessoas T em sua equipe; também pensa em como os funcionários devem se desenvolver. Sua ideia para o tamanho ideal da empresa é a de uma equipe de 15 a 25 funcionários, na qual as habilidades técnicas são representadas várias vezes, o que lhe permitiria tocar vários projetos ao mesmo tempo. Para ser capaz de misturar funcionários e formar constantemente novas equipes que se inspiram, a base profissional e humana que acabamos de descrever é decisiva. Dentro da estrutura de uma organização voltada ao aprendizado contínuo, Lilly acha importante que seus funcionários se desenvolvam constantemente: desde pessoas T até pessoas Pi.

Isto corresponde ao perfil de um colaborador adaptativo, que se desenvolve além de sua especialização. Tal colaborador não só é capaz, como no perfil T, de dialogar com a área de seus colegas e a entendê-la; também tem a capacidade de responder aos desafios do cotidiano e se educar adequadamente. Desta forma, ele assume vários papéis, que geralmente estão ligados em termos de conteúdo: por exemplo, analista de negócios e designer de UX ou desenvolvedor de software e funcionário de suporte. Dentro da empresa, esse perfil contribui para aumentar a flexibilidade na composição das equipes, algo especialmente relevante para empresas menores, com recursos limitados e uma organização extremamente instável.

Dois fatores são vitais para uma transformação bem-sucedida:

1. Identifique lacunas na equipe e no potencial de desenvolvimento dos colaboradores;
2. Elabore um cronograma de treinamento para preencher as lacunas e promover os colaboradores.

Na etapa 1, a gerência da empresa e os líderes de equipe identificam lacunas e potenciais, e discutem os interesses pessoais e os caminhos de desenvolvimento associados aos funcionários. Posteriormente, Lilly deve criar um cronograma de treinamento com seus funcionários, e os líderes de equipe, que esteja sintonizado com metas corporativas e pessoais, verificáveis por meio de marcos definidos.

Amplitude do conhecimento

Profundidade da especialização

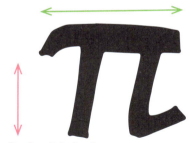

Amplitude do conhecimento

Profundidade de especialização na própria competência principal

Profundidade da especialização em liderança

Além das habilidades profissionais e humanas básicas e dos cronogramas de desenvolvimento, um componente é de particular importância para Lilly: união harmoniosa, uma equipe na qual todos confiem uns nos outros. O importante para Lilly é que seus funcionários gostem de ir trabalhar, sintam-se aceitos e seguros, e que, se falharem, lidem bem com isso. Perícia técnica e profissional, reiteradas na equipe, uma organização voltada ao aprendizado e funcionários empáticos constituem uma boa base para a chamada **"equipe U"**. Este estilo de equipe também é crucial para um alto nível de eficácia, porque segurança e certeza significam produtividade.

O nome é oriundo de uma analogia com os sistemas estabelecidos que, após uma ruptura, retornam ao equilíbrio e ficam mais estáveis do que antes. Sistemas que se rompem ao primeiro sinal de atrito são o oposto.

Equipes U se ajudam, estão presentes para as outras, mesmo que um membro tenha um dia ruim e não consiga atingir seu desempenho habitual; são equipes nas quais você pode errar sem ter medo de perder o emprego.

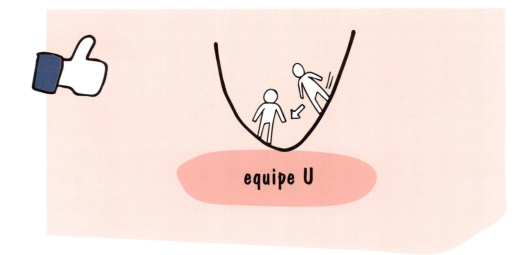

O lema de Lilly é: as pessoas que se sentem seguras, confiantes e confortáveis, que são apoiadas e apreciadas — com todas as suas imperfeições, defeitos e tudo mais —, ficam altamente motivadas a ter um ótimo desempenho.

A implementação da filosofia do design thinking e os métodos associados a uma equipe interdisciplinar são fatores-chave de sucesso. Do ponto de vista corporativo, os princípios de pessoas T que se desenvolvem em pessoas Pi devem sempre ser lembrados — por meio de uma equipe U.

Na seção sobre o ambiente de trabalho, já discutimos o fator-chave de sucesso para as equipes que precisam da convicção de que sua tarefa e meta são significativas e úteis. A ideia de uma "equipe de equipes" é examinada no Capítulo 3.4, que destaca a implementação bem-sucedida de oportunidades de mercado. Gostaríamos de observar, a essa altura, que as relações pessoais e o trabalho em rede, envolvendo pessoas e equipes, são decisivos para o sucesso das equipes.

o oposto de uma equipe U

SUPERDICA
Recrute uma equipe interdisciplinar com perfis T

O ideal é formar nossas equipes com pessoas que tenham diferentes alinhamentos de pensamento; é assim que conseguimos equipes de alto desempenho. O mito de que o hemisfério esquerdo do cérebro é responsável pelo pensamento analítico, e o direito, pelo holístico é amplamente aceito. Mas, como nosso cérebro é tudo menos organizado, uma divisão tão simples em duas metades é completamente equivocada. Tendências podem, de fato, ser identificadas. Nossa compreensão de números, por exemplo, ou nossa capacidade de pensar espacialmente e reconhecer rostos, está mais localizada na metade direita do cérebro. Outras capacidades, como reconhecer detalhes ou capturar pequenos intervalos de tempo, localizam-se mais na metade esquerda.

Existem modelos que tentam capturar o cérebro como um todo e determinar preferências na forma de pensar. Um exemplo é o modelo Whole Brain® (HBDI®), que divide nosso cérebro em quatro estruturas cerebrais fisiológicas. O modelo engloba não só o hemisfério esquerdo e direito, mas também os modos cerebral e límbico. Esta teoria nos permite diferenciar mais estilos de pensamento, como cognitivos e intelectuais, que são atribuídos aos hemisférios cerebrais, e estruturados e emocionais, que descrevem as preferências límbicas. Em nossa experiência, pode ser muito valioso trocar os alinhamentos de pensamento da equipe; tarefas individuais são atribuídas às respectivas pessoas nas fases relevantes durante o processo de design. Em última análise, melhores soluções são alcançadas dessa maneira, que também nos ajuda a comunicar ideias e conceitos para os tomadores de decisão, e contar a história de novos produtos e serviços que queremos lançar no mercado.

Se tivermos pouco tempo e quisermos aprender algo rapidamente sobre os participantes de um workshop, ainda usaremos o modelo dos dois hemisférios cerebrais, que ajuda a classificar os participantes por alto nas categorias de "analítico/sistemático" versus "intuitivo/iterativo". Aprendemos que a combinação dos vários modelos e alinhamentos de pensamento é essencial para um projeto de design thinking bem-sucedido.

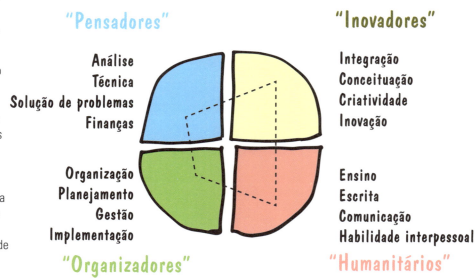

Marc e sua equipe já estão muito bem preparados para sua startup: inovadores, como Marc; "cérebros" com tino comercial, como Beatrice; influenciadores, como Vadim; e integrantes como Stephan e Alex, que controlam ativamente o desenvolvimento dos negócios.

Em nossa experiência, as equipes são mais eficazes quando contêm integrantes de cada um dos quadrantes do modelo metafórico.

Marc gostaria de dar forma ao futuro. Ele tem uma ótima visão para o sistema de saúde do futuro, no qual os pacientes decidem de forma autônoma quais informações entram em seu registro eletrônico. Na primeira etapa, ele se concentra em algumas funções da ideia que implementará no blockchain com os agentes relevantes no ecossistema. O perfil HBDI® de Marc é caracterizado pelo foco nos quadrantes amarelo e azul.

Para a fase de criação e crescimento de sua startup, outras habilidades que Marc e sua equipe já possuem são necessárias, além da grande visão de Marc e suas habilidades de programação. Por exemplo, podemos colocar os respectivos perfis HBDI® em uma curva S e colocar os membros da equipe de Marc em toda a fase de crescimento da empresa.

Decisões racionais devem ser tomadas e medidas, definidas para a próxima etapa de dimensionamento e para a transformação da empresa de uma startup em uma organização de médio porte. Acima de tudo, os membros da equipe com fortes características organizacionais ("verdes") e interpessoais ("vermelhos") são necessários para isso. Ambos estão atualmente sub-representados na equipe da startup de Marc, portanto, ao expandí-la, ele deve se certificar de que essa experiência em falta e esses recursos sejam incluídos.

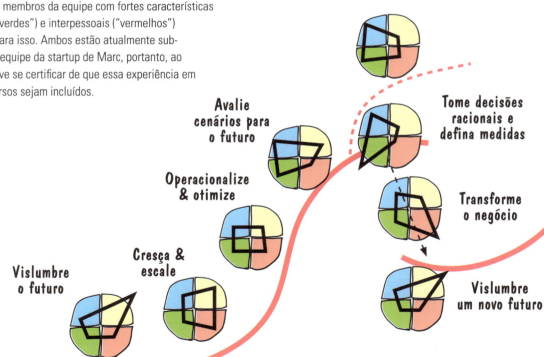

Usando o conceito de equipes de equipes, as respectivas habilidades são utilizadas em organizações maiores para todos os desafios de projeto. Isto valerá a pena quando a empresa de Marc crescer, e as equipes individuais trabalharem com diferentes funcionalidades para os pacientes e envolverem outros agentes no ecossistema.

Marc trabalha com os seis princípios da estrutura "Connect 2 Value" (Lewrick & Link) para desenvolver sua startup com sucesso.

A estrutura "Connect 2 Value" baseia-se em **três níveis:**
- **Conecte conhecimento a valor**
- **Conecte talento a valor**
- **Conecte sistemas a valor**

Ele combina a filosofia do design thinking com os aspectos centrais de uma abordagem baseada no ser humano, cocriação e criação de valor, bem como com visão estratégica para a definição de uma perspectiva clara para a empresa.

Também combina os talentos das pessoas na empresa para que seus conhecimentos e habilidades sejam esmiuçados em todo seu potencial por meio das conexões no ecossistema de negócios, e garante que os talentos mais importantes sejam implementados onde criarão o maior valor para a empresa. As necessidades internas e externas relevantes são satisfeitas pela cultura centrada no homem e em sua energia positiva. Equipes internas e aquelas expandidas do ecossistema corporativo criam valor juntas.

Como Marc vive a estrutura "Connect 2 Value"?

1. Pessoas: Atraia os talentos certos

Marc não considera apenas as habilidades, o perfil T e o modelo HBDI®, mas também convida potenciais candidatos diretamente para seus workshops para descobrir se eles fomentam uma energia positiva e bom humor na equipe e se vivem a filosofia do design thinking.

2. Perceba os esforços da equipe e das redes

A composição das equipes e uma colaboração orientada por objetivos, com colaboradores internos e externos, como no ecossistema corporativo, são fatores-chave para o sucesso. Marc também enxerga os seres humanos por trás das empresas no ecossistema corporativo como membros da equipe.

3. Vislumbre o crescimento & o escalonamento

Desde o início, Marc cocria o ecossistema corporativo. Ele cria uma situação ganha-ganha para todos os agentes. Ele usa tecnologias e plataformas para o escalonamento, o que também possibilita a realização de inovações e a implementação de modelos de negócios orientados a dados.

4. Crie a magia

Para Marc, liderança significa levar a magia e tornar o impossível possível para a equipe. Inclui a criação e comunicação de uma visão de negócios que incentiva as equipes a cumprir sua missão e agir de forma empreendedora.

5. Crie uma nova filosofia

Marc está ciente de que a energia positiva é o elixir e o gatilho de conquistas e motivação excepcionais. Uma cultura de feedback aberto, por exemplo, permite que os principais talentos contribuam com suas habilidades de forma otimizada. Ideias e conceitos são implementados rapidamente, e a falha faz parte de um efeito positivo do aprendizado.

6. Faça acontecer

Com o apoio dos principais talentos, o ecossistema corporativo, a filosofia ideal e os processos corretos, Marc implementa os conceitos de forma fácil e rápida e, ao fazê-lo, atribui os melhores talentos e recursos às atividades que geram o maior valor. Ele usa intencionalmente habilidades externas e plataformas de agentes no ecossistema para atingir a realização.

ESTRUTURA CONNECT 2 VALUE

Faça acontecer...
... fácil e rápido!

QUESTÕES-CHAVE
Ao reunir equipes interdisciplinares

- Reúna equipes interdisciplinares com membros T e Pi;
- Deixe os membros da equipe desenharem os próprios perfis T e apresentá-los uns aos outros;
- Desenvolva uma visão comum de colaboração e adote valores e regras compartilhadas;
- Crie uma atmosfera de confiança e respeito na equipe;
- Envolva todas as disciplinas no trabalho do projeto. Certifique-se de que as perspectivas tecnicamente relevantes e as visões relacionadas à personalidade sejam representadas em igual medida;
- Visualize as diferentes preferências de pensamento, como com a HBDI® — isto melhora a compreensão coletiva;
- Aproveite a heterogeneidade das equipes sob a forma de diferentes abordagens, preferências de pensamento e conhecimento de fundo de maneira direcionada para promover a criatividade;
- Identifique os pontos fracos da equipe. Defina medidas e desenvolva suas habilidades de colaboração aos poucos;
- Use a estrutura "Connect 2 Value" para implementar seus projetos — de forma rápida e ágil.

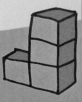

2.3 Como visualizar ideias e histórias

"Mas não sabemos desenhar!" Essa é uma contestação que Lilly costuma ouvir de seus alunos e de participantes de seus workshops de design thinking. Visualizar não é o mesmo que desenhar, Lilly tenta explicar enquanto encoraja os alunos a pensar com a caneta. A visualização é uma ferramenta poderosa para conferir uma forma gráfica (isto é, visual) a informações e interconexões abstratas, bem como dados, processos e estratégias. No design thinking e na moderação de workshops, usamos visualizações em várias fases do processo, porque elas transmitem temas e problemas de forma abrangente para nossas equipes e usuários. Processamos o conteúdo visualizado mais rapidamente, entendemos melhor e lembramos por mais tempo.

Com a ajuda de esboços e visualizações rápidas, podemos buscar objetivos diferentes:

- Descrever muitas ideias como parte de uma sessão de brainstorming;
- Desenvolver um entendimento comum;
- Tornar as abstrações tangíveis;
- Criar um diálogo por desenho colaborativo;
- Encontrar soluções surpreendentes com esboços;
- Desenhar a função de um protótipo;
- Esboçar uma cadeia de experiência do cliente e dar vida a ela;
- Amenizar o clima e tornar o conteúdo mais interessante;
- Criar a história de uma forma animada, como fazemos aqui neste livro.

QUAL CANETA VOCÊ É??

"A coragem para desenhar"

Quando nos lembramos de nossas infâncias, desenhar era algo que fazíamos todos os dias. Então, um dia, todos fomos corajosos. Quando observamos os desenhos infantis, reconhecemos que são reduzidos ao essencial. Geralmente são simples e usam elementos repetidos. Podemos adotar essa ideia básica para visualizações, porque elas não são arte nem um desenho artístico, e também não precisam ser bonitas. A ideia é comunicar de forma simples e passar conteúdos rapidamente.

Alguns exemplos de desenhos infantis que todos entendemos:

Reconhecemos uma casa, uma vaca, um rato, uma representação do Natal, um peixe e um cachorro. Se desenhávamos quando crianças, ainda podemos fazer isso hoje!

Qual é a diferença entre uma visualização e um desenho artístico?

Se quisermos visualizar a função do coração, por exemplo, não precisamos retratar sua anatomia exata, de forma fotorrealista. Basta mostrarmos esquematicamente os elementos mais importantes: onde está localizado e qual é sua função. As visualizações devem ser rápidas de fazer e irem direto ao ponto.

Apresentamos um exemplo de circulação sanguínea com uma representação muito simples, por isso, é fácil de entender o conteúdo.

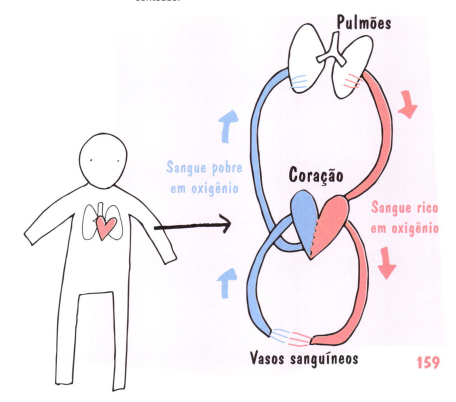

O que torna uma visualização boa?

Boas visualizações chamam a atenção para o que é essencial. O truque é deixar o que não é fundamental de fora. Isso significa que não há arte no sentido de embelezar, decorar ou projetar com um propósito estético. Nosso objetivo é ser o mais claro, realista e específico possível.

Quatro propriedades são cruciais na criação de visualizações:

- Concentramo-nos no que é importante e deixamos de lado tudo o que é desnecessário;
- Somos específicos — não fazemos desenhos vagos;
- Produzimos imagens compreensíveis e relacionadas ao conteúdo;
- Despertamos interesse — olhar para as fotos é agradável.

Lilly motiva os estudantes a usarem visualizações para desafios específicos de design. Como seria um abridor de latas próprio para crianças, por exemplo? Um grande número de rascunhos identifica rapidamente os alinhamentos e mostra qual simbologia é clara ou tediosa. Outro exercício é transformar o que falamos com alguém no telefone em imagem. Quadrinhos são ideais se você busca inspiração para expressões faciais (por exemplo, Calvin & Haroldo, ou similares). Competições na web são motivadoras se quisermos nos aprimorar. Comumente, elas são para visualizações de conceitos isolados, que são então publicados no Facebook ou no Instagram.

Outras aplicações de visualizações incluem:

1. **Pensamento criativo:** Definimos nossas ideias e mostramos interconexões (pensamento visual);
2. **Apresentações:** Compartilhamos nossos conhecimentos de forma compreensível (explanação);
3. **Documentação:** Documentamos o conhecimento do grupo (registro gráfico);
4. **Exploração:** Aprendemos juntos ao apresentar e documentar (facilitação visual).

Na nossa experiência, o clima fica mais empolgante quando todos no grupo começam a visualizar e descrever o que pensam em imagens; assim, uma imagem compartilhada ou uma visão comum pode surgir.

1 Pensamento criativo

2 Apresentações

3 Documentação

4 Exploração

COMO PODEMOS...
usar os elementos-chave do design para a visualização?

A princípio, como mencionado, vários elementos de conteúdo são necessários para uma visualização. O registro gráfico é geralmente a união de diferentes elementos de design, que incluem:

texto (1), elementos gráficos (2), ícones e símbolos (3), figuras e emoções (4) e cor (5).

Podemos descrever tudo com esses elementos: ideias, histórias, processos, diagramas e assim por diante.

Texto (1)
Ao usarmos texto, devemos ter alguns fatores em mente:

- Atentamos para a legibilidade e escolhemos fontes básicas!
- Escrevemos da esquerda para a direita, a partir do canto superior esquerdo;
- Deixamos espaço suficiente entre letras e linhas;
- Formulamos frases curtas e simples e usamos palavras familiares;
- Segmentamos o texto com títulos e blocos visuais;
- Criamos estímulo, como diferentes estilos e cores.

A caligrafia de Peter é terrível, mas ele encontrou a própria técnica para escrever de maneira legível em post-its e adicioná-los à visualização. De início, ele pensou, se ninguém consegue entender o que a escrita sugere, é melhor que a ideia seja compartilhada incluindo o esboço. Peter fez um curso de escrita, no qual aprendeu que você não precisa ser um bom artista com uma escrita impecável para criar boas visualizações.

Elementos gráficos (2)

Elementos gráficos simples são formas geométricas, balões, faixas e setas.

Eles estabelecem conexão e ordem. Escreva primeiro o texto, depois o delimite ou conecte ao elemento gráfico.

Ícones e símbolos (3)

O uso de ícones e símbolos torna a visualização mais interessante. Eles são como abreviações visuais. O ícone é uma imagem reduzida de um objeto. A regra para ícones é: **o trivial é ideal!** Sua função não é substituir ou decorar o texto.

Símbolos são sinais que não têm semelhança com o objeto real, mas o representam.

Figuras e emoções (4)

Como o design thinking baseia-se em pessoas, é útil desenhar bonecos palito, carinhas e estrelas. Se conseguir desenhar elementos metafóricos, suas demonstrações terão mais personalidade e emoção.

Podemos facilmente descrever figuras e suas emoções. Novamente, é importante desenhar apenas o que for absolutamente necessário.

Cor (5)

Para uma composição, recomendamos usar poucas cores diferentes. Elas realçam ou ilustram conexões. Usar muitas cores causa dispersão.

A visualização funciona melhor quando elementos importantes são destacados com cores, bordas, sublinhados ou riscados. Nós usamos o espaço de forma generosa. Mais uma vez, o lema é: menos é mais!

Com os elementos de design apresentados, podemos criar composições ou até mesmo gráficos.

Os gráficos nos ajudam a comparar números, sequências, proporções de tamanho, processos e estruturas. Junto dos principais traços e conexões, eles são bastante atraentes.

Ao usar gráficos, é importante manter estes pontos em mente:

- Usamos gráficos de barras ou de pizza para representar números e figuras;
- Para representar estruturas e processos, usamos organogramas (por exemplo, setas);
- Os gráficos de portfólio nos ajudam a representar tamanhos relativos e a posicionar os objetos entre eles.

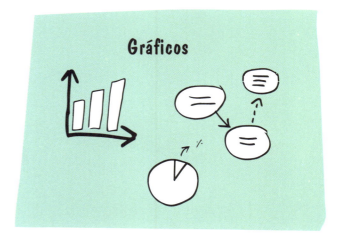

163

Como preparar uma visualização de forma otimizada?

Após nos familiarizarmos com os elementos de design, podemos pensar em planejar uma visualização.

Para os novatos, muitas vezes é difícil criar uma boa visualização de forma espontânea. Preocupar-se primeiro com as mensagens centrais a serem transmitidas ajuda. Pense em quais símbolos são importantes e quais ícones se adéquam.

Quatro das 6 perguntas na fase de preparação são:

- Conteúdo — O que queremos descrever?
- Objetivo — Qual é o propósito da representação?
- Público-alvo — A quem queremos informar?
- Meio — Quais ferramentas usamos?

Onde mostramos as visualizações?

Fazemos visualizações em todas as mídias: do cavalete ao post-it, no iPad, ou simplesmente no nosso notebook. Uma boa caneta representa metade da batalha. As canetas muito básicas produzirão resultados ruins, o que nos frustrará logo de início.

164

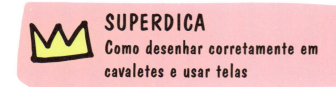

SUPERDICA
Como desenhar corretamente em cavaletes e usar telas

Temos várias possibilidades para desenhar em um cavalete. Dependendo da motivação e do objetivo, o desenho pode ficar no topo ou no centro.

O uso de canetas de alta qualidade e a verificação de que todas funcionem bem compensará. Precisamos escrever com letras grandes, de pelo menos 3cm. Tenha o cuidado de segurar a caneta corretamente: apoie-a de maneira adequada e escreva com o lado mais largo.

Além disso, usamos quadros, caracteres gráficos e símbolos simples. Se o giz estiver à mão, podemos adicionar cor depois.

O objetivo é estruturar o cavalete de maneira relevante e criar uma composição atraente:

No design thinking, diversas vezes temos paredes muito grandes com muitas demonstrações, como personas em tamanho natural, insights de entrevistas com clientes, imagens de pesquisas com esboços de ideias e cadeias da experiência do cliente. No fim das contas, cada equipe estrutura o espaço à sua maneira. O facilitador pode dar dicas, de modo que a "jornada" seja compreensível até para pessoas externas. Frequentemente, grandes post-its são suficientes para mostrar onde os participantes estão no processo. Nossa experiência tem sido boa com conectores e grades de estruturação, que, junto com linhas e setas, oferecem um bom panorama.

165

SUPERDICA
Faça acontecer! Agora.

Se quiser aprender a fazer uma visualização, encontrará muitas ofertas de livros e cursos de treinamento dedicados à apresentação de uma abordagem específica como se fosse a única válida. Nós, pelo contrário, confiamos em nossa filosofia de design thinking. Nosso lema é: faça acontecer! Agora.

O que isso significa?

Temos a coragem de traçar nossas linhas e círculos, mesmo que pareçam terrivelmente tortos às vezes; porque, assim que tivermos praticado um pouco, conseguiremos pegar o jeito para que isso seja nossa marca registrada. Somos criativos em relação aos nossos símbolos e ícones; não usamos aleatoriamente uma biblioteca geral deles. Isso se assemelha à linguagem: "Não se indague qual é o significado de uma palavra; indague-se qual é o seu uso", disse Ludwig Wittgenstein. O mesmo acontece com os símbolos e ícones — o contexto e a cultura em que nossas demonstrações se inserem desempenham um papel importante.

Então faça isso e comece imediatamente a esboçar e visualizar — em todos os lugares e todos os dias, porque essa é a única maneira de nos imergirmos na nova linguagem. Embora vivamos em um mundo de imagens, é difícil imaginar até coisas muito simples, sem falar em histórias e temas complexos. É por isso que não devemos apenas treinar a visualização, mas também nossa imaginação de modo visual! Todos os dias!

166

QUESTÕES-CHAVE
Ao visualizar ideias

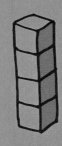

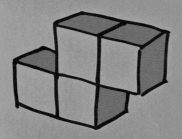

- Estabeleça uma cultura propícia e que parabenize a coragem de desenhar;
- Crie desenhos simples e claros. Visualização não é arte, mas um meio para um fim;
- Substitua sistematicamente os principais conceitos ou frases por imagens, ícones e figuras;
- Aproveite o impacto das imagens em nosso cérebro: elas são marcantes;
- Resolva problemas de comunicação em equipes interdisciplinares com desenhos; assim, você supera as barreiras linguísticas e culturais;
- Use desenhos e histórias visuais para comunicar conhecimento em reuniões;
- Utilize desenhos e gráficos simples;
- Como é mais rápido, esboce algo em vez de anotar;
- Visualização é uma linguagem: você tem que praticar e aplicar. Faça acontecer! Agora.

2.4 Como projetar uma boa história

Boas histórias têm acompanhado a humanidade por milhares de anos. Na antiguidade, contar histórias era uma atividade profissional. Hoje, livros e novas mídias digitais substituíram essa profissão, mas ainda gostamos de boas histórias. Demorou muito para se descobrir — e usar — que produtos e objetos também contam grandes histórias. Arquitetos como Gaetano Pesce, um dos ícones da Pop Art, já comentaram que nos separamos dos objetos quando entendemos que consumi-los é a razão primária de sua existência. Por que tomamos Pesce como exemplo? Peter nos contou sobre sua admiração entusiasmada por Pesce. Ele é particularmente atraído pela cadeira UP 5 "La Mamma", de 1960. Deixaremos em aberto se a cadeira tem alguma relação com Priya nesse momento; liberte sua imaginação. Discutiremos mais tarde por que a imaginação é importante e o que tudo isso tem a ver com a narrativa. Em primeiro lugar, algumas informações sobre a cadeira UP 5: ela tem formato de mulher — daí o nome "La Mamma" — e foi inspirada em deusas pré-históricas da fertilidade. Para implementar sua ideia, Pesce usou uma tecnologia inovadora que permite a criação de grandes peças moldadas em espuma sem uma estrutura interna de suporte de carga. Graças a uma câmara de vácuo, a peça de mobiliário pode ter 10% de seu volume reduzido e, assim, ser envolvida por película hermética, facilitando para o comprador levar o móvel para casa. Somente quando o filme é removido, "La Mamma" volta a seu tamanho e forma originais.

LA MAMMA, PESCE, 1969

Até a década de 1960, o design era definido pela sua funcionalidade. Muitos designers entendiam a relação entre o consumidor e seus produtos principalmente por meio do uso. Foi somente na década de 1970 que alguns designers desafiaram esse paradigma ao acrescentar "recursos não funcionais" e elementos artísticos e ornamentos a seus objetos. Isto mostrou que o relacionamento com um objeto não consistia somente em sua funcionalidade principal. Desde então, a funcionalidade perdeu o protagonismo. Uma relação mais holística com o objeto surgiu, com um significado mais profundo para o consumidor. Sem esse significado, um produto não parece aperfeiçoado aos olhos do consumidor, o que significa que os consumidores se tornaram os verdadeiros designers, no sentido de criarem o significado de um objeto através do relacionamento que estabelecem com ele. Lilly observa esse comportamento frequente em seus alunos mais jovens, cuja relação tão próxima com seus smartphones os faz dar a eles nomes de animais de estimação.

CARLTON, SOTTSASS, 1981

Como a imaginação influencia o processo de compra e em que momento as narrativas são usadas?

Uma matéria da revista *Forbes* afirmou que uma boa narrativa [storytelling] aumenta a aquisição de clientes em até 400%. Agora todos vemos o sinal de $ cintilando na frente dos olhos, o que deve nos fazer sentar e prestar atenção. A arte suprema de todos os serviços e produtos é a criação do desejo, o que se baseia principalmente em sua relação com os consumidores. No entanto, desejo é precisamente uma característica que o objeto ou produto não tem. Na verdade, é a relação presumida com o objeto que o satisfaz. Com seu carro dos sonhos, um veículo elétrico norte-americano, Peter é um desses consumidores modernos que "cultivam" seus desejos. Qualquer produto com características até então desconhecidas tem potencial para nos encher de entusiasmo além dos limites da realidade. Podemos comparar esse estado com o devaneio ou a fusão de sentimentos de felicidade da fantasia e da realidade. Em geral, todos somos confrontados com um dilema que se manifesta no desejo de possuir o objeto e o fato de não o termos.

O que acontece depois de comprarmos o produto? Por que o queremos? Já não experimentamos um sentimento de felicidade com o produto em nossa imaginação?

Parece que encontramos a experiência perfeita com novos produtos, em detrimento dos bens que já possuímos, que perderam a capacidade de incorporá-la. Com o uso real de um produto, temos a oportunidade de experimentar nossas fantasias e sonhos, que construímos de antemão e que giram em torno dele. Isso não significa que um produto se tornará intercambiável assim que o tivermos comprado e usado. Os consumidores têm o poder de transformar seus objetos pessoais em algo especial.

170

Como as histórias dos produtos são inseridas no contexto ideal?

As histórias são um excelente meio de descrever as várias relações entre consumidores e produtos. Para alguns produtos, especialmente quando se trata de moda, uma boa história é de maior valor do que a função ou qualidade das roupas. Com a ajuda de histórias, os consumidores se identificam com as roupas que compraram e ostentam seu estilo para o mundo. Contar histórias tem o potencial de falar para o público: **"Ei, essa é sua identidade!"**

Em geral, distinguimos **três tipos de história**, que são importantes na percepção dos produtos:

1. **Histórias comerciais de fabricantes** como a Coca-Cola, que as utilizam com grande habilidade e espertaza em seu marketing. Todos conhecemos os famosos slogans da Coca-Cola, como "Abra a felicidade", ou suas histórias de Natal, que por gerações se tornaram parte integrante do clima natalino. Embora a Coca-Cola hoje tenha se voltado mais para uma abordagem pessoal — por meio de promoções como "Compartilhe sua foto de família", "Seu nome na garrafa" ou a série atual de "Beber uma Coca-Cola com seus amigos" —, armazenamos essas imagens em nosso inconsciente.

2. **Histórias de estilo de vida sobre os usuários**. Estas histórias são frequentemente associadas a bens que têm um apelo emocional, como carros, motocicletas, relógios e itens de luxo. Os consumidores os compram para buscar um estilo de vida específico. Os comerciais "Maddie" e "Romance" da Chevrolet são bons exemplos disso, porque contam histórias profundas e inesquecíveis, que constroem uma relação próxima com o consumidor muito além do produto em si. Muitas vezes, as histórias são fomentadas pelos chamados fã-clubes.

3. **Histórias com caráter de memória**. Estas histórias se baseiam em memórias pessoais do passado e variam de indivíduo para indivíduo.

SUPERDICA
Como a empatia pode ser entendida como um paradigma do design?

Uma boa história, ou uma contada com perfeição, sempre segue uma narrativa típica. Ao fazê-lo, cria-se um arco de suspense para que os ouvintes permaneçam atentos.

Este arco de suspense é essencial e é construído continuamente desde o primeiro momento — até o final.

Uma boa história, que funciona, geralmente inclui cinco elementos:

- uma situação inicial emocionalmente significativa;
- um protagonista (carismático);
- conflitos e obstáculos que o personagem principal deve superar;
- desenvolvimento e mudança reconhecíveis (efeito "antes e depois"); e
- um clímax, incluindo a conclusão ou a moral da história.

Boas histórias induzem emoções no espectador e transmitem uma mensagem. Para contar uma boa história, devemos conhecer nosso público-alvo muito bem. Mais uma vez, é de grande importância ter construído empatia de antemão. O tópico da empatia já foi amplamente discutido, portanto, nesta seção, colocamos o design empático no contexto de outras abordagens de design.

Muitas abordagens contribuíram para o desenvolvimento do design empático ou se baseiam em ideias afins.

O design empático fundamenta-se no desenvolvimento de produtos e serviços voltados para as necessidades não ditas dos clientes. Novas ferramentas foram adicionadas nos últimos anos para permitir que as empresas entendessem o estado de espírito do cliente, possibilitando a vivência de uma situação de seu ponto de vista. Essa experiência costuma gerar informações importantes sobre o produto que não são descobertas por meio de análises típicas de mercado e ferramentas de empatia bem conhecidas.

Em muitas empresas, essas abordagens tornaram-se parte integrante do desenvolvimento de produtos. O uso dos chamados ternos de terceira idade é um bom exemplo, pois eles permitem que designers e gerentes de produto sintam no próprio corpo as limitações físicas dos idosos. Existem também métodos que exigem menos tecnologia e se concentram em sentidos específicos. O objetivo do treinamento de sensibilidade geriátrica é tornar certos estados físicos palpáveis. Os óculos que simulam o turvamento da córnea ou a degeneração macular relacionada à idade ajudam os usuários a experimentar como essas deficiências afetam o cotidiano. Ao lado dos óculos, há luvas que limitam a sensibilidade e fones de ouvido que reproduzem deficiência auditiva. Essas experiências propiciam o desenvolvimento de produtos, serviços e processos.

171

COMO PODEMOS...
nos comunicar como os melhores do mundo? Comece com POR QUÊ

Para todos nós, é mais fácil ter motivação quando sabemos o propósito de nossas ações. Assim, a crença de que podemos alcançar uma meta definida é fortalecida. Por isso, é sempre aconselhável começar com Por quê. No **modelo do Círculo Dourado**, o Por que está no centro. O sistema límbico (**Por que**) localiza-se no centro do cérebro e é guiado por emoções e imagens. Aqui, lidamos com comportamento, confiança, emoções e decisões.

As empresas de sucesso destacam o Por que com uma visão clara. Em tais empresas, os colaboradores sabem a razão pela qual acordam e vão trabalhar. O Spotify, por exemplo, tem a missão de levar música ao mundo.

O **Como** descreve o jeito de fazer o trabalho e quais particularidades envolvidas resultam do Por quê. A Apple é outro exemplo muito citado a esse respeito.

A mente que pensa logicamente (**O que**) localiza-se fora do modelo do Círculo Dourado. Ela engloba racionalidade, lógica e linguagem. O Como conecta os dois elementos e explica como algo é feito.

O inventor do Círculo Dourado, Simon Sinek, expressa isso da seguinte forma: as pessoas não compram o que produzimos — mas o motivo de o produzirmos. É por isso que devemos sempre começar com o Por quê. O mesmo modelo se aplica à comunicação interna (por exemplo, à transformação digital). Líderes corporativos bem-sucedidos se comunicam de dentro para fora no modelo do Círculo Dourado. Os colaboradores sabem por que, como e o que fazem.

172

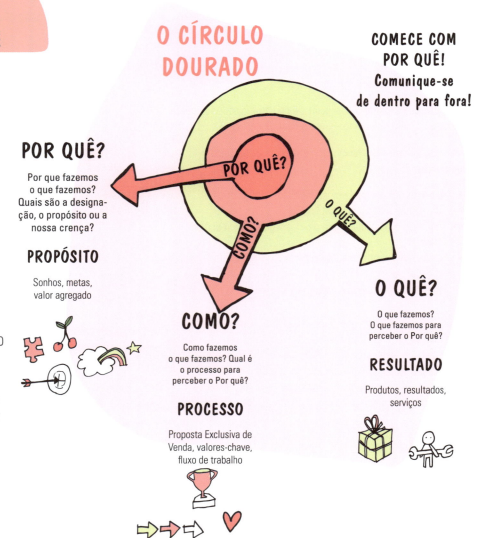

SUPERDICA
Como a empatia pode ser entendida como um paradigma do design?

Uma ferramenta testada e comprovada para gerar histórias emocionais é a mala de Minsky.

Sabemos onde nossa mala está no momento?

A maioria de nós provavelmente não está pensando em nossa mala agora. Ela está em algum lugar no porão ou guardada no armário. Nada incomum aqui. Uma vez que a vida retorna à rotina após as férias, as lembranças de jantares requintados na Riviera Francesa ou as praias de areia branca das Maldivas rapidamente começam a desaparecer. A última lembrança das férias consiste em alguns grãos de areia escondidos nos bolsos interiores da mala. Por um certo tempo, nossa mala era sinônimo de um estilo de vida diferente, uma vida melhor, a vida como deveria ser: com prazer, relaxamento, horários descomplicados e livres.

Talvez nunca tenhamos pensado nisso, mas os itens de uma mala têm basicamente quatro tipos de uso:

1. itens do cotidiano (escova de dentes, meias, mudas de roupas);
2. itens importantes que não ocupam muito espaço (fotografia, amuleto da sorte, diário);
3. itens para impressionar as pessoas (joias, cachecol da moda, óculos escuros); e
4. espaço livre para o que queremos comprar em nossa viagem.

Uma mala cheia é a versão resumida de nossa personalidade:

É ordenada, caótica, uma imitação, uma original, carrega vestígios de aventuras passadas e assim por diante. Quando viajamos, cada um de nós tem exatamente a mala que mais nos agrada, e ela é, portanto, uma imagem espelhada de nossas vidas.

Para contar histórias com apelo emocional, uma mala é um ponto de partida inspirador. Encontramos malas velhas no sótão ou compramos uma nova na loja. Em um segundo momento, construímos um relacionamento com a mala e seu conteúdo. Por que ela foi esquecida? Qual seria sua história? Levamos algum tempo e escrevemos uma pequena história fictícia sobre o objeto e sua possível relação com o antigo proprietário.

Suponhamos que haja um casaco velho e pesado na mala, e nosso desafio de design seja criar um sabonete. Nenhuma restrição é imposta à equipe em termos de forma, cheiro, cor — mas não é apenas o sabonete que deve ser criado; a embalagem e o conceito, também. A seguinte história pode ter surgido da estrutura inspiradora do casaco:

"Uma senhora está olhando pela janela durante o inverno. Ela vê a estrada coberta de gelo enquanto se prepara para um jantar com os netos. Ela está realmente ansiosa para vê-los e gostaria de ser a melhor anfitriã possível. No entanto, de repente, percebe que esqueceu um ingrediente importante. Ela fica estressada porque terá que sair no frio para comprá-lo..."

Dois exemplos de um possível produto são o "Savon 1890", um sabonete artesanal muito simples, à moda antiga, em embalagem trivial, e "Soap Crystals", baseados na experiência com uma bengala antiga.

173

SUPERDICA
Histórias que produzem necessidades com apelo emocional

Todos sabemos como os entrevistados em uma pesquisa direta com usuários descrevem o próprio comportamento como um tipo ideal, mas não mostram o verdadeiro eu. Perguntamos sobre seus objetivos e desejos, mas a resposta consiste apenas em insights mais óbvios. Uma maneira de alcançar os usuários em um nível mais profundo é perguntar as histórias de seus sonhos, que nos dão a oportunidade de apreender detalhes profundos que revelam suas verdadeiras necessidades e desejos.

Um projeto chamado "wearable dreams" ["sonhos para vestir", em tradução livre] é um bom exemplo de como essas histórias sobre sonhos fornecem uma estrutura inspiradora para o design thinking. Nesse projeto, os entrevistados foram inicialmente solicitados a imaginar que sua peça de roupa favorita era uma pessoa. Então foram convidados a descrever a personalidade dessa pessoa:

- Qual é o nome da peça de roupa favorita?
- Quantos anos tem e o que faz para viver?
- É muito tímida ou bastante extrovertida?
- Onde nasceu e qual é seu estado civil?

Essa abordagem do produto ajudou o entrevistado a pensar em sua peça de roupa favorita e, assim, transportar o objeto para um contexto social e emocional. A entrevista restante foi construída sobre esses sonhos. Os entrevistados foram convidados a imaginar a pessoa representada pela peça de roupa em uma situação difícil. Felizmente, a pessoa tinha superpoderes que a tiraram da situação.

Inicialmente, solicitou-se ao entrevistado descrever uma situação em que ele não queria estar. Além disso, a pessoa deveria escolher uma função específica e assumi-la. As perguntas foram, por exemplo:

- Como é o ambiente?
- Existem outras pessoas?
- Quem está mentindo?

Nos casos ideais, os respondentes criaram uma pequena história sobre como a pessoa saiu da situação difícil. Foi solicitado que eles não refletissem muito criticamente sobre o que é possível ou impossível. Idealmente, tudo foi animado com desenhos. Duração, conteúdo e profundidade da história eram irrelevantes.

O processo de design baseia-se nessas informações. A ideia subjacente é que os objetos satisfaçam nossas demandas de ordem emocional, por exemplo. Além disso, nossas histórias racionais são a melhor maneira de transportar essas necessidades.

SUPERDICA
Conte histórias para comunicar uma visão futura

Tendências em design, como um estilo popular e combinações descoladas ou cores, não são as tendências reais, mas sim a ponta do iceberg. Para identificar as verdadeiras tendências, você precisa ir mais fundo. Esta é a única maneira de revelar as estruturas. Mudanças de comportamento, crenças e influências sociais geram tendências.

Conhecemos cenários como descrições de possibilidades, com base nas quais as decisões de amanhã são tomadas hoje. Não são previsões ou estratégias, são mais como hipóteses sobre vários mapas do futuro. São descritos de tal forma que somos capazes de identificar os riscos e as oportunidades em termos de certas realidades estratégicas. Se quisermos usar os cenários como uma ferramenta eficaz de planejamento, devemos projetá-los como histórias atraentes e, ao mesmo tempo, convincentes. Estas histórias descrevem, por exemplo, uma série de cenários futuros que levarão a organização ao sucesso. Descrições bem pensadas e críveis ajudam os tomadores de decisão a mergulhar nos cenários e até mesmo a compreender como sua organização pode dominar possíveis mudanças com base nessa experiência. Quanto mais tomadores de decisão apresentarmos aos cenários, mais reconhecerão sua importância. Além disso, cenários com conteúdo facilmente compreensível podem ser levados rapidamente para a organização como um todo. Essas mensagens fixam-se na memória de funcionários e gerentes em todos os níveis.

O uso de cenários futuros em projetos visionários difere do trabalho cotidiano no gerenciamento de projetos ou produtos. Os cenários constituem um guia inspirador para um futuro possível. Os projetos visionários não servem apenas para inspirar toda a organização e desafiar as tecnologias existentes; também ajudam a incentivar os funcionários. Assim, os cenários parecem influenciar grandemente a organização; no entanto, são mais difíceis de conduzir, pois lidam com o desconhecido. As organizações, com frequência, são incapazes de iniciar uma transformação e caem de volta em suas rotinas — até porque as mudanças não foram suficientemente preparadas. Para evitar essa recaída, empresas como a Siemens publicam "Imagens do Futuro" em intervalos regulares.

COMO PODEMOS...
utilizar Imagens do Futuro?

Imagens do Futuro (Siemens) ligam tendências atuais realistas a cenários futuros distantes para alinhar e direcionar atividades de negócios. Por um lado, os cenários criados podem ser usados para formular ou redefinir a questão inicial do design thinking e podem impulsionar o processo de resolução criativa de problemas na equipe.

Etapa 1: Extrapolamos o mundo de hoje

Começamos com os negócios diários de nossa empresa e observamos as tendências, das quais extrapolamos como se parece o futuro próximo de nossa empresa. Dados e informações de diferentes fontes, como relatórios setoriais e entrevistas com especialistas, são analisados. O caminho mais rápido para atingir nosso objetivo é recair sobre as tendências conhecidas em uma indústria setor de atividade, como relatórios internos de tendências e análises de mercado, que estão disponíveis gratuitamente na internet. Por exemplo, consideramos o Ciclo Geral da Tecnologia da Gartner como ponto de partida. Nosso melhor caminho é, primeiro, compilar uma lista provisória de tendências; discuti-las brevemente entre a equipe; e observar a importância estimada, a força do impacto e o grau de maturidade do setor de mercado envolvido.

Etapa 2: Aplicamos visão estratégica

Nós nos desapegamos completamente do próprio foco nos negócios e da própria cegueira profissional e projetamos vários cenários distantes a partir de uma perspectiva externa, independentemente da nossa empresa (no exemplo, quatro cenários acabaram sendo ideais). Por lidarmos com cenários distantes, estudos elaborados geralmente são realizados com a inclusão de pesquisas mundiais. Felizmente, a Siemens já fez esse trabalho para muitas áreas com suas Imagens do Futuro e disponibilizou os resultados gratuitamente. (Entre outros, dos setores de energia, digitalização, indústria, automação, mobilidade, saúde, finanças etc.) Escolhemos um cenário positivo, construtivo e lucrativo e nos perguntamos: "Como nossa empresa pode contribuir ao máximo para este cenário? O que teríamos que fazer e oferecer?" Permanecemos no futuro em nossos pensamentos e não permitimos que os processos e estruturas atuais de nossa empresa nos influenciem.

Etapa 3: Nós nos "retroextrapolamos" do mundo de amanhã

Fazemos uma retroextrapolação dos cenários. O ponto aqui é tirar conclusões para o presente a partir dos fatos "conhecidos" do cenário futuro. Justapomos os resultados da etapa 1 com os da etapa 2, combinamos e inferimos a partir deles o que significa, em termos muito específicos, alinhar e orientar nossa empresa hoje. Em quais direções devemos inovar e fazer pesquisas? Quais habilidades devem ser desenvolvidas? Que pessoas deve ser contratadas? E como os processos devem ser redesenhados para que estejamos preparados para os próximos desafios e oportunidades?

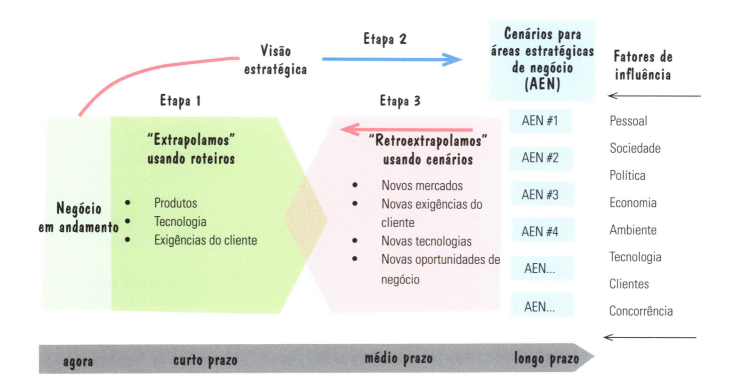

SUPERDICA
Storytelling digital

Uma narrativa digital bem elaborada se torna cada vez mais importante. Afinal de contas, usamos ferramentas digitais diferentes todos os dias e consumimos uma quantidade correspondentemente alta de palavras por meio delas. O storytelling digital nos dá a oportunidade de representar as perspectivas de nossa empresa com mais detalhes e usar as emoções para atrair mais pessoas.

O storytelling consiste em duas palavras: "story" [história] e "telling" [narrar] — conteúdo e forma. Conhecemos sua forma tradicional com um narrador que se apresenta diante do público. Reações não verbais o ajudam a avaliar o quanto os ouvintes estão entretidos, para que reajam espontaneamente. No mundo digital, não há nenhuma dessas reações não verbais. Devemos usar outras ferramentas para estabelecer empatia com um público potencial digital.

Existe uma ampla gama de mídias que podemos utilizar, desde filmes multimídia e broadcasts até webinários. Para selecionar o conteúdo e a mídia corretos, é importante entender bem o grupo-alvo. Recomendamos criar as personas do comprador e obter informações de clientes em potencial:

- Por que comprar conosco?
- Como os clientes podem nos encontrar?
- Quais perguntas são feitas durante o processo de vendas?
- O que motivou os clientes a buscar uma solução?

Como todos somos abordados em diversas esferas, os elementos emocionais e intelectuais associados à nossa marca são igualmente importantes. Nesse contexto, ajuda detalhar a narrativa com dados e fatos. Também temos a opção de incentivar os usuários a gerar conteúdo.

A Lego é um exemplo interessante de história digital:

Problema:	Dar um novo perfil a um brinquedo velho
Descrição:	"Filme do Lego" com 90 minutos de duração
Agência:	Warner Bros., Hollywood, CA
Solução:	Um bom filme para todas as idades com a mensagem de que podemos ser construtores criativos a qualquer momento

Filosofia Storytelling digital:

1
Resuma a história!

2
Certifique-se de que o conteúdo da história é linear e de que a narrativa é clara.

3
Não apenas conte, mostre! Use imagens para dar mais vida à história!

QUESTÕES-CHAVE
Ao narrar histórias

- Não se concentre apenas na forma e no material; transforme o produto em uma experiência. O objetivo é estimular a imaginação dos consumidores;
- Dialogue com os vários sentidos para criar uma experiência sinestésica para o usuário;
- Utilize fatores de sucesso, como foco, simplicidade, interatividade e branding, para obter uma boa narrativa;
- Projete cenários futuros para uma estrutura inspiradora. Eles transmitem e consolidam a visão;
- Estabeleça empatia com o usuário. Ela é a base de toda história, pois os consumidores querem satisfazer suas necessidades. Desperte fantasias e desejos;
- Narre uma história vívida e estimulante, dinamizando-a ao relacionar outras pessoas do contexto do usuário;
- Inspire-se em ferramentas como a mala de Minsky, o que ajuda a obter novos insights e, portanto, a criar narrativas;
- Milhares de palavras passam todos os dias por vias eletrônicas. Transforme narrativas digitais em um meio essencial para fazer com que o usuário fique mais focado.

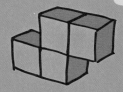

2.5 Como desencadear mudanças como facilitador

Todos assumimos o papel de facilitador às vezes. Por exemplo, nesta função, Jonny convidou Lilly para um workshop de design thinking para desenvolver um espaço criativo; Marc encontrou uma equipe adequada para a startup na d.school dessa maneira. Assim, o trabalho de um facilitador é muito útil em muitas empresas e programas de empreendedorismo. Essa tendência também é reforçada pelo fato de Peter atualmente receber um grande volume de ofertas para treinamento adicional na área. As ofertas vão desde cursos sobre Teoria U até a arte de hospedar acampamentos. Quanto ao último, o facilitador é chamado também de anfitrião, pois garante que todos os envolvidos se sintam bem e seguros no que tange à mudança.

Esses novos conceitos soam bastante exóticos para os ouvidos de Peter, mas ele já pensou o mesmo do design thinking, e agora defende sua filosofia com total convicção.

Existe uma atitude típica de facilitador vital e importante para a transformação?

Peter está ciente de que, como gerente de cocriação e em seu papel de facilitador, ele é a "centelha" de novas ideias, possibilitando diálogo, clareza, envolvimento na declaração do problema e promoção da participação ativa. Ele também apoia a equipe na canalização de uma ampla variedade de opiniões, o que, no final, leva a soluções excepcionais.

A facilitação resulta em decisões mais sustentáveis, apoiadas por muitos. Isso significa que o maior valor agregado que um facilitador fornece consiste em criar as necessárias estrutura e cultura de diálogo, para que a equipe se concentre em encontrar a melhor decisão para sua declaração de problema.

Discussões e troca de ideias podem ser subdivididas em duas categorias. Na primeira, há aquelas em que as decisões são o centro das atenções. As discussões que se concentram na troca de ideias e informações são diferentes e se enquadram na segunda categoria.

A implementação das mudanças é bem-sucedida quando os funcionários se envolvem de maneira substancial e coerente. O segredo para o sucesso de uma empresa não está apenas em novos produtos e serviços, mas em como as organizações integram o capital intelectual dos envolvidos nos processos de mudança.

É por isso que uma atitude facilitadora e os métodos e abordagens correspondentes são vistos hoje como um fator crítico para o sucesso de organizações e empresas.

Todos temos ideias diferentes de como um processo de tomada de decisão seria no mundo ideal. Alguns de nós têm a noção de que as decisões devem ser tomadas por meio de uma cadeia lógica de ideias, opiniões e análises. Segundo esse raciocínio, todos nós, em um grupo, pensamos na mesma velocidade, avançamos linearmente e começamos com uma pergunta para chegar a uma solução, ao mesmo tempo.

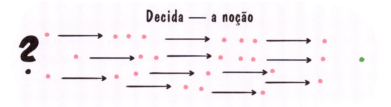

Outra atitude mental segue o princípio da esperança, e consiste na ideia de que os membros do grupo têm opiniões diferentes, no entanto, podem chegar a um denominador comum. Uma solução é encontrada sem muita divergência e com pouco esforço.

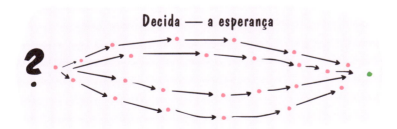

Em muitas situações, somos confrontados com enormes problemas, para os quais não há soluções fáceis. Essas questões são complexas, exigem muita resistência, e suas soluções são baseadas em uma infinidade de ideias e opiniões. Peter sempre passou por essa situação ao apresentar memorandos de decisão à alta gerência para a solução de um problema ultra complexo, como a redução do tráfego nas grandes cidades por meio de extensas soluções de digitalização ou novas tecnologias. Muitas vezes, a resposta é uma expressão matadora, como: "Nunca vai dar certo!" ou "O mercado é muito pequeno para tantos envolvidos". Isso acontece sempre que os tomadores de decisão são incapazes de adentrar mentalmente na solução, não estão dispostos a fazê-lo ou são movidos pelo medo de que as mudanças vão mais fundo do que o desejado. Inter-relações complexas são extenuantes e muitas vezes difíceis de entender!

Em reuniões gerenciais, Peter observa que, apesar de uma questão ser discutida, a decisão é adiada indefinidamente por conta de um clima emocional bastante complexo; ou é tomada uma decisão que nem sequer foi discutida. Muitas vezes, o chefe toma uma decisão sem que a multiplicidade de ideias vindas da fase divergente tenha sido posta na mesa.

O fator problemático é que as energias e ideias divergentes retardam todo o processo. As ideias divergentes que não foram discutidas são desenterradas em todas as fases do projeto e levadas para o processo.

Durante essas decisões, a equipe muitas vezes ainda está ocupada gerando ideias — a suposta solução estava, na verdade, bem distante. No Capítulo 1.2, "Por que o processo é o segredo?", já falamos sobre a zona de ruído. Mais uma vez, devemos enfatizar que não é fácil para equipes e grupos aceitarem e se envolverem com ideias novas e contraditórias. Você quer tocar um projeto, mas percebe que as energias da equipe vão em todas as direções e estão dispersas.

No momento da ideação, geralmente os membros do grupo não têm nenhuma pista de para onde vão. Especialmente com questões complexas, essa situação é percebida como desagradável, difícil e simplesmente trágica. Os grupos geralmente experimentam essa situação como disfuncional. Mas não é algo definitivo. Cada grupo e cada equipe passam por esse período de emergência. O facilitador ajuda a todos a suportar qualquer irritação, confusão e interrupções.

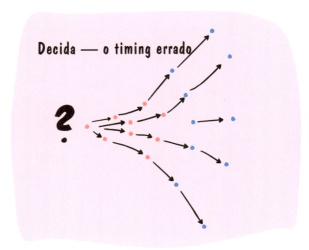

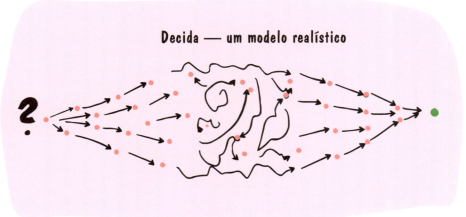

COMO PODEMOS...
apoiar o processo de facilitação?

Os nove princípios da facilitação

Os facilitadores usam abordagens e métodos distintos, baseados em nove princípios. Eles são entendidos como o fio condutor do facilitador:

1. Suposições e conclusões
Continuamente fazemos suposições, usamos atributos, tiramos conclusões ou estamos sujeitos a preconceitos cristalizados. Esse não é o problema. O que complica esse quadro é que não estamos cientes disso ou acreditamos que nossas suposições são a verdade. Em grupos eficazes, essas suposições são revisitadas e questionadas repetidas vezes.

2. Compartilhamento de informações relevantes
Isso diz respeito não apenas aos dados e informações diretamente relacionados à pergunta, mas a todas as informações que influenciam um processo.

3. Uso de exemplos específicos
Em muitos projetos, informações e dados surgem de maneira aleatória, excluindo informações como histórico, autor da informação, localização da ação e muito mais.

4. Explicação da intenção e das conclusões
Nossas intenções indicam o propósito que buscamos. Quando explicamos a intenção e as conclusões, compartilhamos com o grupo nossas ideias sobre como chegamos a uma certa informação e como extraímos as conclusões. Desta forma, os grupos se tornam mais abertos a diferentes perspectivas.

5. Concentre-se em interesses, não em posições
Os interesses se relacionam a nossos desejos e necessidades. Assim, referimo-nos ao relacionamento que temos com determinada situação, enquanto as posições devem ser vistas como opiniões inflexíveis sobre ela. Grupos efetivos partilham seus interesses para desenvolver interesses comuns.

6. Combinação de defesa e inclusão
Em grupos, as contribuições para discussões muitas vezes se transformam em uma série de monólogos, em vez de terminarem em uma troca verdadeira. Defender algo ao criar uma referência para as outras contribuições permite uma aprendizagem eficaz e comum, e a compreensão da questão em nível mais elevado.

7. Encontrando um design para as etapas seguintes e testando as diferenças
Os grupos decidem quais temas centrais devem ser discutidos, quando e como isso será feito, e de que maneira diferentes perspectivas serão postas próximas umas das outras sem prejudicar o processo cognitivo.

8. Discussão de tópicos que não podem ser discutidos
Os grupos sempre têm temas centrais que os atormentam e que aparentemente não podem discutir porque temem perder o rendimento. Grupos podem confrontar até tópicos que parecem completamente impossíveis.

9. Apoio aos processos de tomada de decisão baseado em um nível de comprometimento adequado
Conhecemos diferentes percursos e tipos de processos de tomada de decisão (por exemplo, delegação, consenso, democracia, consulta, processo consultivo). O grau de aceitação vai desde a resistência ao descumprimento até a conformidade e o comprometimento interno.

A facilitação é útil para todos os tipos de transformação e para todas as questões envolvidas em organizações — desde o desenvolvimento de uma cultura corporativa até a definição da estratégia.

SUPERDICA
Adéque o sistema para o diálogo

Como reunimos a equipe para promover o diálogo?

O processo sempre ocupa o palco principal para o facilitador. Em termos de conteúdo, ele permanece neutro. A facilitação sempre pressupõe que perícia, conhecimento e insights detalhados estejam disponíveis na própria empresa. Um facilitador cria o espaço para trocarmos ideias em um sistema propício, e esta troca objetiva permitir uma colaboração consistente, precisa, eficaz e bem-sucedida.

De acordo com a fórmula ARE IN, um sistema adequado consiste em participantes representando o seguinte:

Autoridade — quem tem o poder de iniciar a mudança?
Recursos — quem contribui com os recursos necessários?
Excelência — quem tem experiência e uma extensa gama de conhecimentos?
Informação — quem oferece informações, incluindo as não oficiais?
Necessidade — quem conhece as necessidades de nossos clientes e usuários?

A tarefa do facilitador é fazer um melhor uso dos recursos e potenciais existentes na equipe ou empresa. Por isso, ele orienta desenvolvimentos baseados em pontos fortes, não na prevenção de fraquezas. O princípio da facilitação é, portanto, voltado aos recursos, não ao deficit. A facilitação é o oposto de quase todas as abordagens de consultoria renomadas, mais ou menos baseadas no deficit. Praticamente todas as consultorias se dedicam a compensar deficits na empresa, e não a explorar os recursos disponíveis.

Além disso, a facilitação baseia-se em algumas suposições muito específicas sobre a empresa e a natureza das mudanças:

- Confie no processo;
- O conhecimento da mudança está no sistema;
- Tenha um perfil tranquilo como facilitador e não se enalteça;
- Construa uma comunidade antes que as decisões sejam tomadas;
- Controle o que pode controlar; caso contrário, abandone;
- Se um método ou intervenção não ajudar o grupo, esqueça;
- Aquilo em que focalizarmos nossa atenção se tornará realidade;
- As pessoas querem assumir responsabilidades e fazer algo significativo;
- Todos estão fazendo seu melhor.

Com base nessas premissas, os facilitadores desenvolvem abordagens específicas para iniciar processos de participação e apoiar equipes.

SUPERDICA
Habilidades do facilitador

Quais habilidades um bom facilitador deve ter?

A facilitação é baseada em seis habilidades fundamentais:

1. **Criação de relacionamentos**
Envolve a formação de uma colaboração construtiva: o desenvolvimento de um consenso sobre propósito, metas, papéis e responsabilidades — em outras palavras, deixar claro quais valores são importantes para a colaboração.

2. **Processos e métodos adequados**
O planejamento de processos de grupo adequados e a seleção dos métodos corretos permitem a participação aberta. É de fundamental importância compreender como as pessoas envolvidas se integram ao processo, a fim de apoiar diferentes estilos de aprendizagem e pensamento.

3. **Ambiente voltado à participação**
Em variados processos participativos, promove-se o intercâmbio e a colaboração entre todos os envolvidos, incluindo o uso de habilidades comunicativas efetivas, bem como o feedback sobre comprometimento e comportamento. A diversidade é recompensada, e os conflitos são ativamente monitorados.

4. **Resultados significativos**
Resultados significativos surgem através do uso de métodos adequados e etapas de processo adaptadas. Pode ser útil levar a equipe ou o grupo de volta à pergunta original. A autoconsciência do grupo também é muito propícia à reflexão sobre os próprios experimentos e soluções.

5. **Amplitude do conhecimento**
Facilitadores podem aproveitar uma grande fonte de conhecimento em termos de métodos; conhecem processos de solução e de tomada de decisão; e são especialistas em diferenciar entre processo, tarefa e conteúdo. Eles desenvolvem novos processos, métodos e modelos para atender ainda melhor às necessidades e praticar a reflexão contínua e o aprendizado constante.

6. **Atitude positiva**
A facilitação refere-se a uma atitude positiva, exemplificada pelo próprio comportamento do facilitador, como um alto nível de coerência entre ações e valores pessoais, bem como a capacidade de refletir sobre as necessidades do grupo. O facilitador percebe no momento certo se está ou não ignorando as necessidades do grupo.

COMO PODEMOS...
preparar workshops melhores como facilitador?

O que deve ficar claro antes de se iniciar um workshop?

Antes de selecionarmos um workshop, uma intervenção ou método de facilitação específicos, devemos descobrir exatamente o propósito que deve ser alcançado, como e por quê. Quanto mais claras as especificações, mais bem-sucedida a implementação.

Antes de uma moderação na frente de grandes grupos, devemos coletar informações sobre por que um grupo tão grande de pessoas é necessário. O objetivo deve ser atraente e significativo para todas as partes envolvidas. Não deve ser formulado e estruturado dentro de limites muito estreitos e deve dar margem para exploração e descoberta. Se tudo permanecer igual depois, a facilitação falhou em seu propósito.

As seguintes palavras-chave esclarecem o propósito de uma intervenção. Trata-se de:

- Desenvolver consciência?
- Encontrar soluções para problemas?
- Fomentar o desenvolvimento de relacionamentos?
- Iniciar a troca de conhecimento?
- Apoiar a inovação?
- Desenvolver uma visão e compartilhá-la?
- Esclarecer o desenvolvimento de capacidades?
- Construir o desenvolvimento da liderança?
- Resolver conflitos?
- Elaborar e promover estratégias ou ações?
- Agilizar a tomada de decisão?

Em geral, os seguintes critérios de sucesso devem ser considerados:

- Existe um alto grau de troca;
- O estabelecimento e aprofundamento dos relacionamentos é elementar;
- Todo mundo se vê como aprendiz e colaborador;
- Todo mundo está envolvido (discutindo, desenhando, ouvindo, falando);
- Todo mundo será ouvido;
- Diferentes perspectivas são percebidas como tal;
- As descobertas compartilhadas serão fundidas;
- Todo mundo sabe o que acontecerá depois do workshop.

Como prosseguir no workshop e quais perguntas devem ser respondidas?

As perguntas Como, O que, Quando, Por que e Para quem focam:

- Qual é a mudança?
- Em que campo jogaremos?
- Quais mudanças são possíveis e quais devem ser as metas?
- O que significa sucesso?
- Como a empresa cuidará do processo?
- O que é "hoje"?
- Como é a realidade?
- Quais pontos fortes são identificadas? E os fracos?
- Quais são os benefícios a serem desenvolvidos a partir do processo?
- Quais necessidades devem ser abordadas?
- Quem se beneficia dos resultados? Quais são os riscos do projeto?
- O que foi bom? O que podemos fazer diferente da próxima vez?
- O que faremos a seguir? Como queremos proceder?

Quais métodos usar enquanto facilitadores?

Existem inúmeras abordagens, métodos e variantes associadas que podem ser usadas. No final, temos nosso próprio arcabouço de métodos e devemos usá-los de maneira focada.

Uma possibilidade é a facilitação visual e o registro gráfico. Como o nome sugere, a questão é visualizar informações e dialogar em tempo real e diretamente no local. A visualização serve principalmente para transformar a complexidade em uma imagem estruturada. Particularmente, recomendamos esse método para grandes projetos com uma forte necessidade de gestão de mudanças e em um diálogo difícil, que se concentre em documentar o turning point [o ponto de inflexão, o momento propício para mudar para melhor uma situação].

Todos sabemos que o fenômeno do maior potencial de otimização se esconde em processos que acreditamos funcionar perfeitamente. Ainda assim, hesitamos em mudar sistemas que parecem estar dando certo.

Um modo de pensar e agir que nos ajuda a romper com nossos hábitos é a investigação apreciativa. Concentramo-nos em examinar os fatos; isto é, tudo o que funciona perfeitamente em um sistema.

Em workshops, todos já participamos de world cafés, espaços abertos ou de eventos sobre arte de hosting [todos eles métodos de troca de ideias]. O que todos esses conceitos têm em comum é a ideia de promover o diálogo em círculos (o circle way). A vantagem de um arranjo circular: os participantes colaboram mais ativamente e ficam mais inclinados a assumir um papel de liderança em relação a um tópico ou argumento. Recomendamos essa disposição para todo trabalho em grupo e, em particular, para projetos de desenvolvimento organizacional com grande intensidade de mudanças.

Um método que nos permite proceder de uma forma mais guiada por impulso do que linearmente é a facilitação dinâmica. Essa abordagem conscientemente aprecia saltos mentais por parte dos participantes, que são anotados ad hoc em listas.

Normalmente, a documentação é feita em quatro listas, com os blocos temáticos:

1. Perguntas e desafios;
2. Ideias iniciais e soluções;
3. Preocupações e objeções;
4. Informações e pontos de vista.

O desafio para nós, como facilitadores, é o fato de coletarmos informações rapidamente em tal cenário e sermos forçados a dar espaço à reflexão constantemente.

Com frequência, observamos que os melhores diálogos ocorrem durante as pausas para o café ou para um aperitivo depois de um longo e tedioso workshop. A tecnologia do espaço aberto como disposição retoma essa ideia e projeta o workshop em si como um espaço livre, no qual encontramos soluções em comum. Recomendamos uma abordagem de espaço aberto para as apresentações finais de projetos de design thinking, por exemplo. Os visitantes podem explorar as próprias ideias e sua curiosidade permite que abordem os tópicos. Para uma sequência estruturada, é aconselhável organizar um **world café**, no qual o objetivo é compartilhar conhecimento entre diferentes grupos de pessoas. Após a rodada de discussão, os participantes se movem de uma mesa para outra, enquanto o mediador facilita a conversa com o próximo grupo. A ideia de fundo é a mesma. Novamente, a questão é acelerar uma discussão informal e intensa em pequenos círculos.

Em que temos que prestar atenção nas etapas?

Todos organizamos workshops em algum momento e assumimos o papel de moderador ou facilitador. Basicamente, existem quatro etapas no planejamento e na implementação, que resumimos da seguinte forma:

1. Determinar o contexto
2. Realizar o planejamento
3. Implementar conforme a demanda
4. Iniciar a reflexão e a aprendizagem

ESTIMULAR!
EMPODERAR!
ENCORAJAR!

No fim das contas, o importante é que alcançamos os resultados certos e criamos uma experiência "Uau!", que impulsiona mudanças ou nos ensina algo para progredirmos.

O facilitador sempre se concentra no grupo, ao qual tenta estimular, empoderar e encorajar. Estes são os três Es do facilitador.

1. CONTEXTO
- Por quê?
- O que devemos conseguir?

- Suposições
- Resultado desejado
- Objetivos

2. PLANEJAMENTO
- O que exatamente? Como?
- Quem? Quando? Onde?
- Quem faz o quê?
- Do que precisamos?

- O processo certo
- Os participantes certos
- O ambiente/espaço certo
- A informação certa

3. IMPLEMENTAÇÃO
- Como está o grupo?
- As coisas estão fluindo?
- Será que alcançaremos os objetivos dessa maneira?
- Temos que nos adaptar?

- Preparação, espaço
- Boas-vindas/aquecimento
- Sequência/métodos/facilitação
- Conclusão

4. REFLEXÃO
- Objetivos alcançados?
- Próximos passos?
- O que deu certo?
- O que seria ainda melhor?

- Reflexão e aprendizado
- Continuação

QUESTÕES-CHAVE
Ao facilitar

- Crie relacionamentos e promova a participação de todos os membros;
- Esclareça o significado e o propósito antes do workshop;
- Planeje cuidadosamente o processo, a seleção de participantes, o ambiente e as informações necessárias;
- Preste atenção a uma boa composição da equipe. Use a fórmula ARE IN;
- Use ferramentas e métodos como facilitação visual ou world café, adaptados à situação;
- Crie espaço para a diversidade: de culturas, pontos de vista, gêneros, nacionalidades, níveis hierárquicos e funções;
- Use métodos que fomentam a criatividade, como brainstorming, e guie os participantes pelas etapas complexas (zona de ruído);
- Assuma uma atitude positiva e garanta o bem-estar dos participantes;
- Sempre tenha em mente os nove princípios para os facilitadores (exemplo, que as informações relevantes sejam compartilhadas e que as metas do workshop sejam claras para todos).

2.6 Como preparar a organização para uma nova filosofia

Até agora, Peter realizou muitos projetos com design thinking, e surgiram soluções inovadoras e centradas no cliente. Seu ambiente, seus supervisores diretos e colegas também sabem que o design thinking é um ativo para a empresa, no entanto, Peter percebe cada vez mais que nem todas as equipes aderem à sua filosofia.

Em discussões com pessoas que pensam de forma semelhante, em conferências ou em fóruns, ele nota que o design thinking gera soluções relevantes; entretanto, muitas organizações têm dificuldade em disseminar a abordagem transversalmente. O ressentimento cresce, e soluções são buscadas para mudar a filosofia.

Em uma recente reunião da comunidade DTP, em Zurique, um colega de Peter, um ciclista entusiasmado, apresentou uma metáfora pertinente:

"O design thinking é como uma fantástica corrida de bicicleta e nos leva aonde nunca estivemos antes! Mas termos uma bicicleta não significa que podemos cruzar uma grande trilha íngreme. Devemos ter o preparo adequado para isso!"

Peter está convencido de que sua organização — como muitas outras — não tem o preparo necessário para viver o design thinking completamente, com todas as suas consequências.

Após uma inspeção minuciosa, Peter percebe rapidamente que há muitos departamentos na organização que não compartilham a mesma filosofia: embora tenham uma ótima bicicleta de corrida, são sedentários e não pretendem mudar.

Então, o que impede a disseminação do design thinking?

O problema que Peter compartilha com os outros responsáveis pela inovação é a forma da organização na qual trabalham. Ela é tipicamente estruturada em silos (setores fechados que não compartilham informações com os demais setores), o que se consolidou ao longo dos anos e permite que a gerência lide com a crescente complexidade e com a exigência de maior eficiência. É composto por equipes especializadas que otimizam a própria forma física. As ferramentas preferidas são melhoria de processos e excelência operacional, o que torna os silos ainda mais eficientes. A colaboração transversal para criar uma experiência consistente ao cliente fica de lado.

Para superar essa mentalidade de silos, devemos empreender medidas projetadas conscientemente e iniciar processos de mudança que possibilitem a colaboração interdepartamental. Essa é a única maneira de estabelecer uma nova filosofia em uma organização como um todo. O design thinking é sempre tão eficaz quanto a capacidade da organização de implementar o resultado de forma abrangente e uniforme.

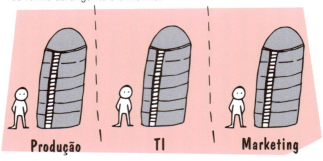

Produção   TI   Marketing

Como a mudança pode ser enfrentada e por que as empresas são reféns desse problema com tanta frequência?

Muitas empresas têm uma estrutura diversificada, na qual os setores diferem muito e cultivam os próprios processos de trabalho e subculturas. Embora essa organização ajude a orientar empresas em crescimento em canais gerenciáveis, a separação dos elementos corporativos faz o significado primordial da empresa se perder no caminho. As unidades de negócios e departamentos veem os objetivos de seu trabalho exclusivamente em relação a si mesmos. Os objetivos relevantes para todas as unidades não são universalmente vividos. Se existem, geralmente se reduzem aos principais dados financeiros — como lucro e EBIT [sigla em inglês para "lucro antes de deduzidos juros e impostos"] —, que são definidos para todos na empresa como orientação e objetivos corporativos.

Como reagimos às mudanças na criação de valor?

A experiência do cliente tem se tornado o produto primário em muitos segmentos devido à transição da manufatura industrial para a servitização (alinhamento a bens e serviços).

O sucesso econômico é determinado não pela qualidade do produto, mas pelo cumprimento de nossas necessidades em toda a cadeia de experiência do cliente. Os clientes querem uma experiência — não importa de que tipo — para compartilhar com os outros que lhes permita satisfazer seus desejos. Por essa razão, o foco no cliente tem (novamente) se tornado um dos principais problemas da gestão na economia da experiência. A filosofia do design thinking é uma contribuição crucial para o desenvolvimento de soluções centradas no cliente.

A consequência é que uma maneira integrada e coordenada de trabalhar em toda a empresa se torna bastante difícil. Além disso, relacionamentos humanos e subjetivos caem no esquecimento devido à falta de objetivos motivadores.

O que as empresas de sucesso fazem de maneira diferente?

Empresas bem-sucedidas voltam todas as suas atividade, áreas e colaboradores ao cliente. Além disso, integram intensamente o cliente e suas necessidades à estratégia, por exemplo ao ampliar a conscientização da projeção estratégica. Elas focam a interação com o cliente e o design de mundos de experiência.

Em muitas empresas, isto requer uma mudança radical no entendimento típico de liderança, para longe da doutrina de que ela é uma administração onipotente e em direção a uma cultura (e filosofia) que permite à organização superar essa estrutura de atuação funcional. A mudança no entendimento da liderança também é vista como um passo necessário em direção a uma forma organizacional integrada, na qual os funcionários desenvolvem um alto grau de motivação intrínseca, mas, ao mesmo tempo, direcionam suas atividades para uma meta primordial, compartilhada por toda a organização.

Um significado unificador e integrador que é consolidado ao se adotar a filosofia do design thinking ajuda a implementar a mudança. Como ferramenta criativa, o design thinking cumpre um papel metodológico na transformação da empresa, fornecendo ferramentas importantes. A abordagem centrada no ser humano estabelece o foco no cliente, o que inclui considerar também colegas de outros departamentos como clientes. Em nossa experiência, o design thinking eficaz se desenvolve de maneira ideal apenas em organizações integradas.

1. FASE PIONEIRA
Uma organização formada em torno de uma figura de liderança
>> família

2. FASE DE DIVERSIFICAÇÃO
Surgimento de uma estrutura acessível e gerenciável
>> máquina

3. FASE DE INTEGRAÇÃO
Um alicerce, ou sistema, holístico
>> organismo

O caminho para a fase de integração, contudo, começa na chamada fase pioneira, na qual a organização tende a ser formada em torno de uma figura de liderança. Em seguida, a empresa cresce e se diversifica para áreas distintas. No processo, diferentes culturas e silos evoluem. Essa fase se caracteriza por eficiência e eficácia. Só então pode surgir um organismo que assegure que esses sistemas sejam perfeitamente compatíveis. Por isso, as organizações devem ser reorganizadas e reconstruídas em intervalos regulares. Na natureza, uma macieira deve ser cortada e podada para produzir uma boa colheita de novo, e de novo.

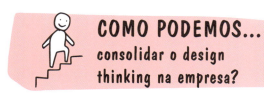

COMO PODEMOS...
consolidar o design thinking na empresa?

Para organizações que ainda não acumularam experiência em design thinking, pode ser útil examinar sua excelência (preparo!) em detalhe antes de começar. Se desenvolvermos o design thinking exclusivamente por iniciativa de uma única área, não terá um efeito duradouro. Pela nossa experiência, é promissor estabelecer a base para o design thinking eficaz por meio de uma rede de usuários e apoiadores em toda a empresa. Assim, ele é disseminado transversalmente. No entanto, o buy-in dos tomadores de decisão permanece como um imperativo. A gerência deve investir no desenvolvimento das capacidades de toda a empresa para promover a integração.

Do que precisamos para implementar uma abordagem integrada na empresa?

O ideal é que todos os colaboradores se considerem empresários e ajam de como tal, porque uma empresa integrada e centrada no cliente caracteriza-se pelo fato de, além da administração da empresa, a estrutura organizacional e os processos de implementação também serem voltados para os clientes/ecossistema. Todos os colaboradores agem de maneira autônoma e responsável, e o trabalho é significativo para todos os envolvidos.

Recomendamos prestar atenção aos seguintes elementos:

Gestão da empresa
A administração da empresa deve entender o foco no cliente como um tema estratégico e crucial na organização e comunicá-lo a todos os funcionários. Junto com uma visão clara, isso permite que todos os colaboradores se voltem totalmente para o cliente e o ecossistema. Para que eles trabalhem de forma independente e centrada no cliente, a administração cria uma base de confiança. A partir dessa atitude básica, desenvolve-se uma filosofia que direcione a estratégia para a consecução do objetivo comum: servir ao cliente/ecossistema.

Estrutura e cultura organizacionais
A organização precisa de uma estrutura e cultura abertas, caracterizadas pela colaboração. Cria-se uma atmosfera na qual o comprometimento e o foco no cliente/ecossistema são vividos e experienciados. Tal estrutura simultaneamente possibilita o trabalho em rede e um alto nível de autonomia para todos os envolvidos. Assim, surge uma cultura em que a colaboração é integral e rápida.

Implementação holística da experiência do cliente
O foco no cliente aumenta a conscientização dentro da organização para uma implementação holística da experiência do cliente. Para garantir a vantagem competitiva, e como resposta às mudanças nas necessidades dos clientes, é essencial que toda a organização atue de forma flexível — que o conhecimento do cliente seja integrado de forma rápida e iterativa a cadeias de experiência melhoradas e que essa experiência seja compartilhada com parceiros potenciais no ecossistema.

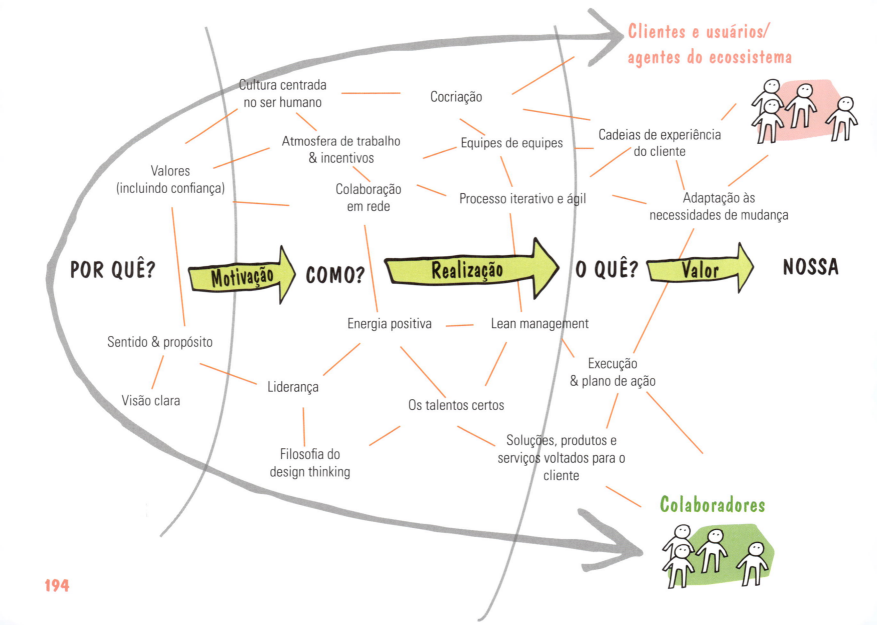

SUPERDICA
Avalie o foco no cliente

Para que o gerenciamento de mudanças resulte em uma organização integrada e centrada no cliente, podemos começar perguntando como está o foco no cliente na empresa. Se esta atitude ainda estiver pouco desenvolvida, medidas apropriadas para melhoria devem ser tomadas. Para nosso exemplo da bicicleta, isso significa: desenvolvemos intencionalmente os músculos onde precisamos de força e resistência para a trilha íngreme!

A maturidade do foco no cliente em uma organização pode ser determinada, por exemplo, por meio de autoavaliação. Como o foco no cliente é uma característica da organização como um todo, devemos incluir todos os colaboradores para determinar sua maturidade. Eles geralmente sabem melhor em que a organização pode ser aprimorada.

Os métodos predominantes para descobrir o grau de desenvolvimento de uma organização são as avaliações gerais; por exemplo, a autoavaliação da EFQM ou uma pesquisa tradicional com os colaboradores. Pela nossa experiência, abordagens como a do Customer Centricity Score™ (CCScore ™) são mais adequadas. Nela, o foco no cliente é conscientemente escolhido como ponto de partida de um método de medição. O CCScore™ mede o grau de disseminação da centralidade do cliente na empresa. A avaliação é feita em diferentes níveis de agregação de uma organização e permite uma visão diferenciada de quão forte é o foco no cliente e, portanto, como a organização está "enquadrada". Com base nisso, pode-se estabelecer como devemos começar a desenvolver a filosofia.

COMO PODEMOS...
focar mais o cliente?

O foco no cliente é verificado principalmente com o objetivo de inferir do resultado medidas específicas para impulsioná-lo. Simplesmente saber, de forma abrangente, que não estamos focados no cliente ainda não muda a filosofia!

A avaliação do foco no cliente é semelhante a uma pesquisa sobre sua satisfação. Se envolvermos apenas algumas pessoas, o resultado é parcial. Para obter informações significativas, devemos questionar uma seção transversal representativa da força de trabalho. Muito mais importante do que a avaliação em si é a dedicação que se desenvolve a partir dela. Os colaboradores devem estar ativamente envolvidos no desenvolvimento de medidas. Esta é a única maneira de desenvolver ainda mais sua filosofia.

Os resultados da avaliação constituem apenas o ponto de partida de um processo multicamadas, que leva à melhoria direcionada do foco no cliente. Em um circuito fechado, compreendendo avaliação, inventário, reflexão e desenvolvimento de medidas, bem como a subsequente implementação na organização, os efeitos e causas das medidas de melhoria podem ser rastreados e controlados.

Mais elementos da transformação digital são discutidos no Capítulo 3.6.

Etapa 1: Avalie a força
A força do foco no cliente é quantificada por uma avaliação online, que permite uma visão mais bem detalhada e diferenciada dos condutores por trás do CCScore™. Ficará bastante claro quais fatores isolados contribuem para a pontuação geral da empresa e em que há potencial para melhoria.

Etapa 2: Infira opções específicas para a ação
Em uma reflexão baseada em método, os condutores e causas dos resultados do CCScore™ são analisados, traduzidos em estratégias relevantes para melhorar a centralização no cliente e anotados. Esse procedimento, chamado U, é basicamente um processo de mudança que desenvolve muito mais do que apenas o foco no cliente; ele permite que a empresa fortaleça fundamentalmente a eficácia de sua organização e, assim, estabeleça a base para um design thinking eficaz.

Etapa 3: Defina um plano de ação e o implemente
Para implementar as estratégias que surgiram, um plano de ação é elaborado para as medidas selecionadas. Sua implementação é iniciada; o progresso é monitorado regularmente; e a concretização das metas é verificada nas medições seguintes do CCScore™. O desenvolvimento do foco no cliente é, então, monitorado e controlado.

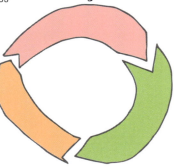

1. Avaliação
2. Opções de ação
3. Implementação

QUESTÕES-CHAVE
Ao transformar organizações

- Crie uma estrutura organizacional sem silos — a única maneira de disseminar o design thinking transversalmente na empresa;
- Estabeleça uma mentalidade focada em projetar experiências (por exemplo, experiências positivas em toda a cadeia de experiência do cliente) ou efeitos "Nossa!" ao lidar com o produto;
- Coloque o cliente e suas necessidades no centro de tudo, pois ele é a razão pela qual a empresa existe;
- Considere o foco no cliente e o design thinking como aspectos ativos e complementares do gerenciamento de mudanças. Viva o pensamento "mudar pelo design";
- Avalie a centralidade do cliente (por exemplo, por meio de um índice) e melhore-a passo a passo;
- A mudança para uma nova filosofia abrange todos os níveis: gestão, estrutura e implementação;
- Aumente a conscientização do gerenciamento da empresa para uma nova filosofia;
- Crie compromisso e confiança em toda a organização a respeito da nova maneira de trabalhar.

2.7 Por que a projeção estratégica é uma habilidade-chave

Peter, Priya, Lilly, Jonny, Linda e Marc têm algo em comum: estão no Facebook. Isso os torna seis de mais de um bilhão de usuários do site em todo o mundo. O Facebook se tornou a maior rede social em menos de uma década. Sua missão é fornecer aos usuários a possibilidade de compartilhar informações e, assim, criar um mundo aberto e compartilhado. O modo de pensar de Mark Zuckerberg em termos de implementação da estratégia é direto: "Vamos primeiro para a missão, depois nos concentramos nas peças de que precisamos e nos aprofundamos e nos comprometemos com elas." O grande sucesso do Facebook baseia-se em um pensamento de longo prazo, em particular no que tange a um planejamento estratégico com uma perspectiva que vai além de cinco anos. Assim que o processo de estratégia é concluído, Zuckerberg divide a estratégia em subprojetos (missões) pequenos e implementáveis para suas equipes.

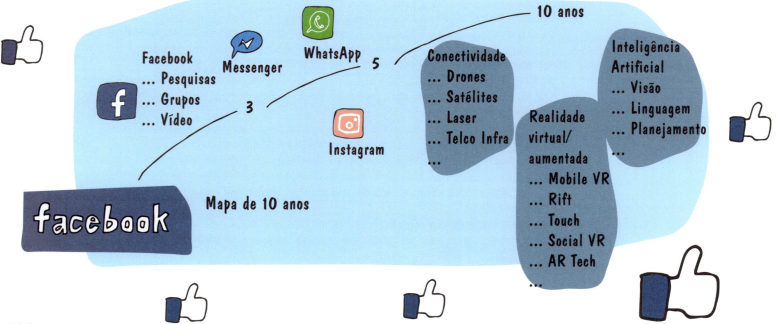

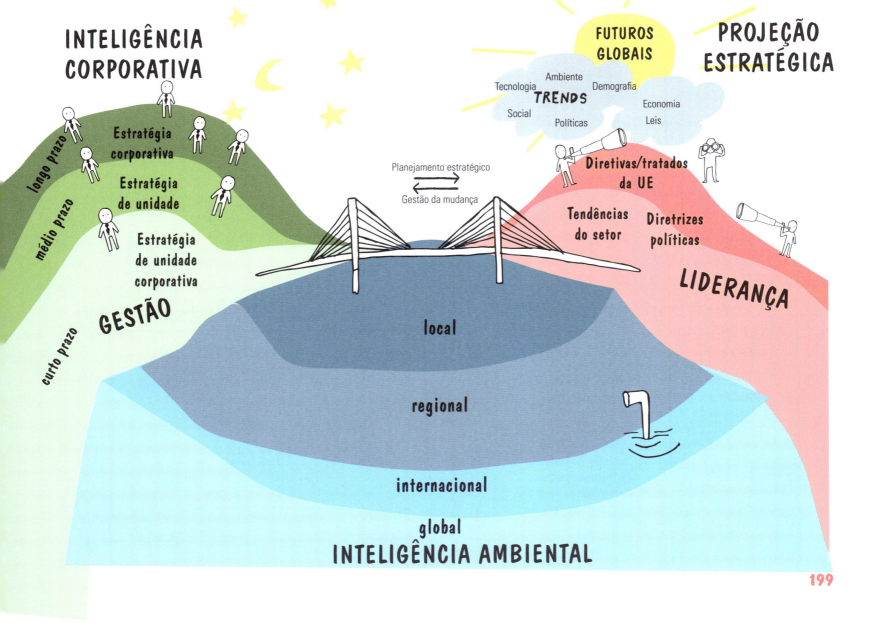

Como líderes empresariais como Zuckerberg desenvolvem produtos e serviços para os clientes do futuro?

Seu método é conhecido como "strategic foresight" [projeção estratégica], uma abordagem que se concentra em moldar o futuro desejado, e consiste em uma filosofia e uma metodologia sintonizadas. A filosofia é caracterizada por uma crença no futuro, que nós podemos moldar ao buscar novas oportunidades de mercado. A metodologia inclui várias ferramentas e técnicas para direcionar as equipes de forma sistemática para o objetivo certo.

O Strategic Foresight Framework [Estrutura de Projeção Estratégica, em tradução livre] foi desenvolvido no Stanford Center for Design Research e evoluiu para quatro escolas, representadas por Drucker, Schwartz, Jouvenel e Arnold. É claro que o Framework está embutido no design thinking.

No que tange ao desenvolvimento e à transformação da cultura, uma filosofia de trabalho — a mentalidade profissional — é primordial para perceber as oportunidades que o futuro oferece. Uma filosofia de trabalho fundamenta-se em atitudes estabelecidas, valores e opiniões, presentes recorrentemente no cotidiano profissional. Nos últimos anos, muito se tem estudado a motivação e o comportamento das pessoas. Com uma "filosofia de projeção", ficamos convencidos de que temos o futuro em nossas mãos, e este futuro se traduz em realidade, paulatinamente, com atividades direcionadas. Em uma empresa, uma filosofia de projeção forma a base para o lançamento de uma nova área de negócios ou para o desenvolvimento de um produto inovador.

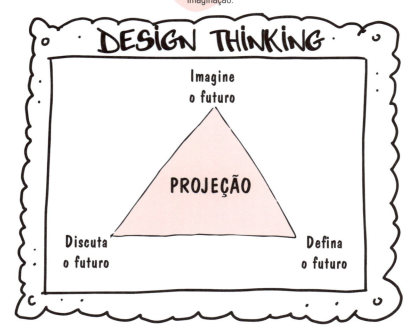

200

O que WYSIWYG significa?

A ideia de **"What you see is what you get"** [O que você vê é o que você leva] tornou-se popular no final dos anos 1960 — mais conhecida por sua abreviação WYSIWYG (pronuncia-se: WIZ-i-wig), significa que aceitamos como dado o que vemos diante de nós. Ela se compara à pré-visualização do software em que o código HTML já está visível na interface exibida. Há alguns anos, a sabedoria da **WYFIWYG** tomou conta de Stanford: **"What you foresee is what you get"** [O que você prevê é o que você leva]. Assim, descobrimos que as expectativas têm um impacto sobre o que acontecerá no futuro. O que prevemos e intuímos também influencia o resultado!

Por que é importante planejar?

Para um bom planejamento, é vital conhecer o efeito de um possível futuro, o que significa que desenvolvemos a habilidade de mudar nossa opinião e a da equipe.

Humor positivo influencia a equipe. Ao criar uma atitude positiva em relação a futuras oportunidades de mercado, ficamos mais bem preparados para realizá-las:

Nós podemos fazer melhor!
Nós somos mais eficazes!
Nós temos uma abordagem diferente para solução de problemas!

Essa filosofia pode ser aprendida e aplicada em todas as organizações, equipes e durante qualquer fase de crescimento de uma empresa. Nesse ponto, destaca-se que essa abordagem é muito diferente da dos futurólogos. Os futurólogos geralmente afirmam que são capazes de mapear o porvir através de cenários e análises de tendências, e baseiam suas projeções em dados passados ou tendências atuais, que estendem para o futuro. O modelo de projeção estratégica discutido aqui se baseia em considerações diferentes. Ele combina uma perspectiva de longo prazo com as ferramentas conhecidas de planejamento estratégico e design thinking. Esta combinação permite que as equipes lidem com campos de ação de curto prazo alinhados a oportunidades de mercado de médio e longo prazos.

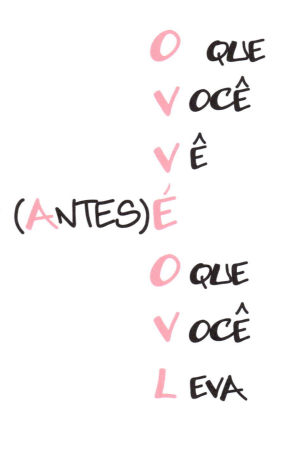

SUPERDICA
"Playbook for Strategic Foresight and Innovation"

Peter realmente gosta de uma mentalidade avançada e vê na projeção estratégica um complemento ideal para suas atividades atuais.

No entanto, ele também sabe que, nas mentes de muitos líderes corporativos, prevalece a crença de que deve existir uma espécie de receita secreta que permita às empresas lançar inovações radicais no mercado. Existe uma infinidade de rumores de vários tipos:

- O sucesso se deve ao gênio do fundador e empreendedor serial da empresa (Apple & Tesla);
- Os recursos ilimitados são o fator decisivo (Google e Facebook);
- É pura sorte (Twitter e Snapchat).

Em última análise, uma visão clara é o único ingrediente que determina o sucesso. O que estraga o sucesso são **as filosofias predominantes e os paradigmas de gestão baseados no medo**. É fácil de instigar o medo, por exemplo, com projeções financeiras negativas sobre metas perdidas, redução de custos e o anúncio de demissões de colaboradores.

A boa notícia é: existem outras saídas!

Nos últimos 50 anos, foi criada uma cultura em Stanford e no Vale do Silício que permite que uma equipe atue de maneira prospectiva e, assim, desenvolva novos produtos e até padrões do setor. Novos modelos de pesquisa em design e engenharia, além de salas de aula e laboratórios no Vale do Silício, tornaram-se ferramentas eficazes para líderes globais em inovação. Muitas dessas ferramentas foram documentadas no *Playbook for Strategic Foresight and Innovation* [Jornada para Projeção Estratégica e Inovação], que está disponível gratuitamente para todos os fãs de inovação em www.innovation.io [conteúdo em inglês]. A filosofia de projeção é disseminada de forma viral nas organizações quando as ferramentas eficazes relacionadas são aplicadas e a filosofia de longo prazo é apoiada por todos. Empresas globais como Deutsche Bank, Volvo Construction Equipment, Samsung Electronics e muitas outras estabeleceram uma nova filosofia em suas organizações com o auxílio dessas ferramentas. O Foresight Framework foi desenvolvido para proteger as equipes de um crescente "medo perturbador": de que os outros as superem. A característica distintiva do Foresight Framework é ter uma visão positiva do futuro, dos produtos e serviços, e da visão de uma empresa.

Sou eu ✗ ahá! ✗ ♥ = 🗝

Inúmeros livros foram escritos sobre o futuro sombrio das empresas que não conseguem decifrar a receita secreta. Frequentemente, elas não têm uma ideia clara do rumo a tomar. Sua desculpa é que outras empresas também não têm uma estratégia e uma visão claras, e ainda é cedo demais para formular uma estratégia.

COMO PODEMOS...
usar o Foresight Framework?

O Foresight Framework tem uma estrutura tão simples que qualquer um consegue passar por seus cinco estágios do começo ao fim.

As três primeiras fases dedicam-se a como lidamos melhor com uma declaração de problema nova ou até então desconhecida. Começamos com a famosa página de papel em branco e tentamos capturar o futuro. A declaração do problema pode direcionar-se para dentro ou para fora. Em casos extremos, pode até representar a redefinição do futuro de uma empresa inteira.

Na fase inicial (**"Perspectiva"**), o foco é entender o passado, que nos ajuda a compreender o que aconteceu até então. Com esse entendimento, é mais fácil pensar nas possíveis opções para o futuro. Em especial, a questão de por que essas opções são classificadas como altas pode levar a insights decisivos quando forem implementadas posteriormente. Muitas vezes, as equipes de projeto abordam imediatamente a solução, portanto, passar por essa fase e reconhecer o valor da reflexão sobre o passado é um componente vital do Foresight Framework.

A próxima fase (**"Oportunidade"**) trata da compreensão das necessidades dos clientes em potencial. Quando as reconhecemos, nos aproximamos desses grupos, que estão mais prontos para mudanças, e automaticamente abordamos como as inovações os beneficiariam.

A terceira fase (**"Solução"**) concentra-se na construção de protótipos como uma solução potencial para a declaração do problema. O valor da solução desenvolvida pode ser melhor avaliado quando comparado a outras opções e alternativas.

Na quarta fase (**"Equipe"**), o foco é desenvolver rotinas para os talentos que ajudarão a encontrar novas ideias e desenvolvê-las ainda mais.

A última fase concentra-se na **Visão**, indispensável para a viabilidade de uma ideia. Somente com uma visão clara, os principais envolvidos apoiarão a ideia, investirão seus esforços e, em última instância, contribuirão para ampliá-la.

As duas últimas fases ajudam a consagrar a projeção estratégica em toda a organização, um processo que leva tempo porque as empresas não aprendem da noite para o dia. É por isso que cada fase utiliza três ferramentas muito úteis (veja a p. 201). Estudos conduzidos em Stanford provaram que as pessoas as acham úteis para organizar e estruturar seus pensamentos, especialmente quando se trata de questões mentais e complexas. A projeção estratégica é baseada em ideias abstratas, com um alto nível de insegurança nos estágios iniciais de desenvolvimento. As ferramentas ajudam na análise do que já é conhecido e do que não é. Assim, o futuro se torna tangível.

Novas formas de trabalho e ferramentas para uma transição bem-sucedida são cruciais na era digital, o que acarreta grande insegurança para as empresas. A capacidade de antecipar com a projeção estratégica é de fundamental importância no século XXI para gerentes e equipes ágeis.

É O FUTURO!!!!

SUPERDICA
Integrar a projeção estratégica ao design thinking

Como desenvolver uma visão digital?

O bom design thinking adapta-se às situações, conquista as pessoas com uma filosofia sólida e ajuda-nos com a transformação digital da empresa. A projeção estratégica expande nossa visão de futuro e gera as grandes visões de que precisamos para participar das próximas oportunidades de mercado. Ela incorpora o design thinking em um contínuo infinito de produtos e serviços, que ganha vida de forma iterativa em nossos conceitos duradouros. Assim, desenvolve uma perspectiva de longo prazo e ideias substanciais. O objetivo é focar as oportunidades em potencial e os riscos por meio de abordagens integrativas e um modo de pensar em rede, e inferir conclusões apropriadas a partir dele. Através da detecção antecipada, a projeção estratégica ajuda a lidar com a alta velocidade das mudanças exteriores e com a frequente inércia interna prevalente da organização. Além disso, promove o desejo de mudar.

Como a projeção estratégica apoia o design thinking?

Quando sobrepomos ferramentas e métodos selecionados às fases de pesquisa, design conceitual e implementação, obtemos um "double diamond" [diamante duplo] com uma visão no centro.

Os métodos de detecção estratégica precoce (projeção estratégica) são muito bem utilizados para aguçar a imagem do futuro, a visão e as necessidades futuras do cliente. Isso ajuda na explicação, no design e na seleção (filtragem) de tópicos importantes no projeto de design thinking.

O conjunto de métodos da projeção estratégica nos possibilita definir a visão digital.

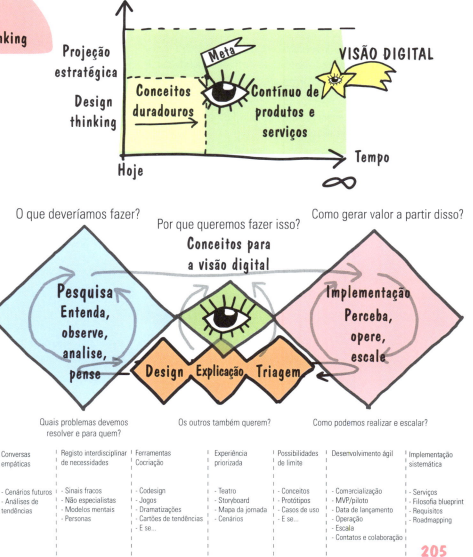

205

Quais ferramentas e métodos de projeção estratégica incrementam nossa toolbox?

As *curvas de progressão* posicionam eventos, ciclos de vida e outros desenvolvimentos no contexto certo (como no modelo de curva S).

Os *janus cones* representam eventos múltiplos, sobrepostos e intersecionados em uma estrutura.

Os *caminhos de mudança* indicam os marcos mais importantes que precisamos alcançar para realizar uma determinada ação.

A análise *white spot* fornece insights sobre oportunidades ocultas de mercado e permite uma visão mais ampla do cenário concorrente.

As *buddy checks* [verificação mútua] nos ajudam a obter uma boa correspondência em termos dos parceiros certos e membros da equipe.

Os *crowd clovers*, pessoas com habilidade para apoiar equipes com o mapeamento de redes de inovação para fazer com que uma ideia floresça.

Junto com o conceito de futuro usuário (veja o Capítulo 1.1), *arcos geracionais* são usados para ilustrar a transformação demográfica e nos possibilitar enxergar sob pontos de vista de diferentes gerações.

Um *teatro real* nos permite mergulhar no futuro e experimentar as necessidades dos usuários em ambientes realistas (veja storytelling, no Capítulo 2.4).

Uma *declaração de visão* é o resumo claro e conciso de uma ideia. Ajuda, por exemplo, a descrever o protótipo de forma breve e concentrada (veja POV, no Capítulo 1.6).

O *pathfinder* nos mostra o melhor caminho que uma ideia deve seguir por meio da organização ou de uma rede de inovação (veja análise de stakeholders, no Capítulo 3.4).

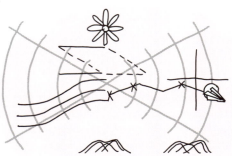

Construa sua própria toolbox!

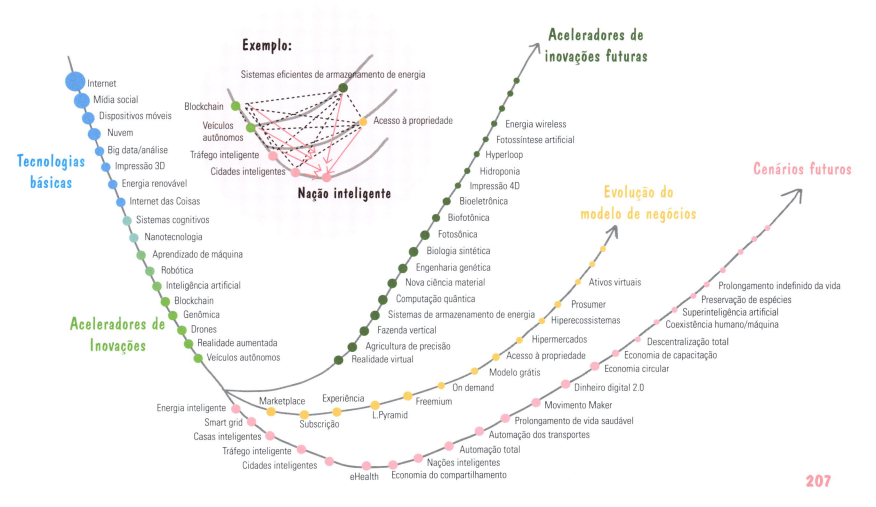

Exemplo prático: Combinar projeção e design thinking para definir uma visão do futuro da mobilidade.

Ao combinar as filosofias, desenvolvemos conceitos tangíveis do futuro, personalizados para o usuário. O sentimento de posse — que ainda é uma característica forte (por exemplo, posse de carros), mas provavelmente mudará devido a novos conceitos de mobilidade — pode ser descrito em um cenário futuro sobre mobilidade. (Através de personas, needfinding etc.) No entanto, essa transição só se materializa quando a infraestrutura das cidades se volta para os novos conceitos, oferecendo ao usuário a melhor experiência possível. Com base nos dados de movimentação (big data/análise), é possível determinar as localizações ótimas para ideias de locação de veículos, como Car2go e Bike2Go, para paradas de ônibus e conexões ponto a ponto. Zonas e pistas de direção para prestadores de serviços de mobilidade privada (por exemplo, Uber, Lyft, Didi Kuaidi etc.) e serviços de mobilidade pública (ônibus, trem, bonde etc.) também serão inferidas. Grandes estacionamentos são transformados em áreas verdes; esses antigos espaços ao longo das ruas tornam-se as novas filas de espera para veículos autônomos. Ao inaugurar as possibilidades de estacionamento nas cidades e otimizar uma série de ofertas de mobilidade ilimitada, a qualidade de vida nas cidades aumentará em médio prazo. Assim, a mobilidade inteligente será um pilar relevante de iniciativas das cidades inteligentes, que estão conectadas aos respectivos conceitos de mobilidade por meio de sensores, vigilância por vídeo inteligente e análise de vídeo, com o objetivo de controlar esses sistemas complexos. Enquanto modelos como "acesso à propriedade" fornecem apenas um fraco sinal de tendência recente, tornaram-se uma tendência macro adotada por muitas empresas e afetam diversas áreas. Uma tendência micro emergente é a "descentralização total" — como se vê nas primeiras iniciativas blockchain ou vagas de estacionamento independentes. De Cingapura a Berlim, todos falam sobre a megatendência das cidades inteligentes.

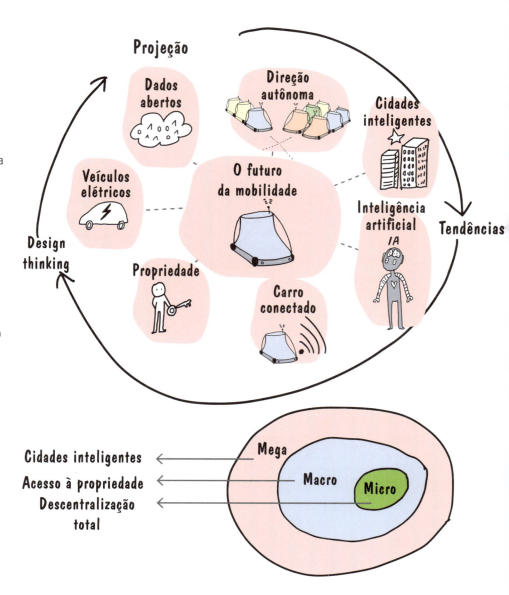

208

QUESTÕES-CHAVE
Ao usar a projeção estratégica

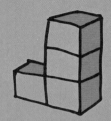

- Implemente a projeção estratégica como uma habilidade para planejar e definir o futuro desejado;
- Entenda o passado para poder projetar o futuro;
- Reconheça e extrapole as transformações nas necessidades do cliente;
- Adote uma visão positiva do futuro e use ferramentas para torná-lo realidade;
- Trabalhe com equipes interdisciplinares para disseminar de forma transversal a filosofia da empresa;
- Desenvolva uma visão clara para que todos na equipe sigam a mesma direção;
- Defina etapas claras para que a visão seja implementada de maneira direcionada;
- Para fazer isso, use as ferramentas descritas em *Playbook for Strategic Foresight and Innovation*;
- Desenvolva uma filosofia combinada de design thinking e projeção estratégica para a visão digital.

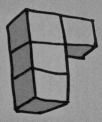

3. PROJETE O FUTURO

3.1 Por que o pensamento sistêmico ajuda a entender a complexidade

Iniciamos o capítulo sobre como projetar o futuro com o pensamento sistêmico, embora a abordagem e filosofia sejam pelo menos tão antigas quanto o paradigma do design thinking. Estamos firmemente convencidos, porém, de que as condições básicas e a interação dos sistemas devem ser levadas em conta cada vez mais ao desenvolvermos nossos futuros produtos, serviços e ecossistemas corporativos. A adoção de uma filosofia convergente de pensamento sistêmico e de design thinking será fundamental em muitas áreas.

A última vez que Peter lidou com engenharia de sistemas foi durante o período em que estudou na Universidade Técnica de Munique, e ele se lembra muito bem de uma discussão durante uma palestra no contexto da explosão do Challenger, em 28 de janeiro de 1986. Determinou-se na época que o sistema não havia sido adaptado às necessidades de segurança, e por isso ocorreu o desastre, que está frequentemente nos pensamentos de Peter. Quão complexo é colocar um carro autônomo na estrada? Quantos sistemas interagem?

Quão complexa é a direção autônoma?

Muitas coisas podem ser entendidas como sistemas: produtos, serviços, modelos de negócios, processos e até mesmo nossa família ou a empresa em que trabalhamos. Usamos o termo "sistema" para descrever a interação de vários componentes (elementos do sistema) em uma unidade maior e seu contexto. Todos esses elementos cumprem uma função ou propósito específico. A seguir, usamos os termos "pensamento sistêmico" e "engenharia de sistemas" como sinônimos.

Os sistemas projetados têm uma razão de ser: implementam uma função desejada ou requerida. Por exemplo, queremos construir um carro autônomo para uma viagem tranquila do ponto A ao B. Como alternativa, podemos integrar o veículo a um sistema de meios de transporte e nunca mais precisaremos procurar um estacionamento, porque o veículo estará permanentemente na estrada, como parte de um sistema maior. Para isso, as respostas de certos sensores e informações no veículo são importantes para comunicar os parâmetros necessários ao sistema sobre como ele deve se adaptar a seu ambiente. Um sensor de chuva e frio, por exemplo, em combinação com uma câmera ou radar, fornece informações sobre as condições da estrada e, assim, indica a velocidade a ser escolhida. Para conseguir isso, todos os componentes devem interagir. No que diz respeito aos sistemas técnicos autônomos, a complexidade é gerenciável. Mas, assim que a natureza como tal e nossos sistemas sociais entram em jogo, as projeções se tornam muito mais difíceis. O tráfego aumentará quando deixarmos de estacionar nossos veículos autônomos e os fizermos circular pelas cidades. São os nossos motivos em um sistema que são difíceis de explorar e compreender.

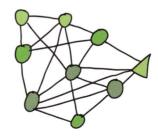

As ferramentas e métodos do pensamento sistêmico, que vão além da elaboração e criação de sistemas, nos ajudam a definir, simular e produzir sistemas complexos para um futuro relacionamento homem-máquina e máquina-máquina — especialmente se quisermos resolver problemas sinistros com o design thinking e formos forçados a enfrentar o desafio de compreender o ambiente em sua crescente complexidade. Exemplos de sistemas complexos são: recifes de corais, usinas de energia nuclear ou nosso exemplo introdutório da direção autônoma.

Como é feita a modelagem (mapeamento da realidade)?

A delimitação dos sistemas é uma tarefa central da modelagem, especialmente porque, atualmente, eficácia e eficiência são mais importantes do que nunca para o desenvolvimento de novos sistemas. É óbvio que a probabilidade de erro em sistemas complexos é maior que a de seus elementos isolados. Com o uso de módulos e subelementos, e a introdução de redundâncias, reduzimos a probabilidade de falha do sistema como um todo.

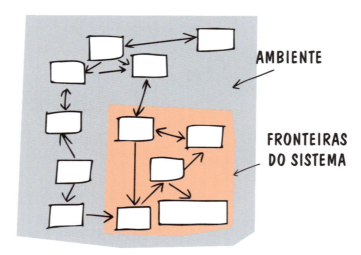

Isso se baseia na suposição de que podemos influenciar e alterar os elementos dentro dos limites do sistema, que são os pontos fortes e fracos já conhecidos. E os elementos de fora são as oportunidades e os riscos que afetam o sistema.

Um processo de pensamento sistêmico consiste de quais elementos?

Simplificando, o pensamento sistêmico é outro método de solução de problemas que utiliza uma variedade de elementos para otimizar o sistema.

Resposta e feedback são vitais. Ao contrário dos modelos lineares, que consistem em cadeias de causa/efeito (A causa B, que causa C, que causa D etc.), no pensamento sistêmico o mundo é visto como uma unidade de conexão inter-relacionada. (A causa B, que causa C, que causa A etc.)

A vantagem de um modelo com feedback é que ele não apenas mapeia o que e quando acontece, mas gera informações sobre como e por que algo acontece. Dessa forma, aprendemos como um sistema se comporta. Com o tempo, os ciclos de feedback aumentam a resposta nos dois sentidos: positivo e negativo. Por esse motivo, é importante estabilizá-los. Usar o feedback apenas para a otimização do intervalo [lacuna] entre o estado de destino e a situação real é uma boa maneira de estabilizar.

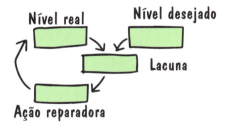

Quando lidamos com a implementação de sistemas, devemos nos fazer cinco perguntas fundamentais:

- Quais lacunas afetam nossos sistemas e em que grau?
- Conhecemos as lacunas e podemos descrevê-las?
- Como podemos monitorá-las?
- Quais possibilidades temos para fechá-las?
- Quão grande é o esforço para fechar as lacunas e quanto tempo temos para fazê-lo?

Como o pensamento sistêmico funciona?

O começo do pensamento sistêmico é marcado por um problema inicial específico do mundo real (1), o qual possui problemas complexos e geralmente é multidimensional, dinâmico e não linear. Em um primeiro momento, tentamos entender o sistema e mapear a realidade (2). Esse mapeamento, ou representação do sistema, nos ajuda a entender a situação (3). A análise da situação envolve sua compreensão passo a passo — do bruto ao detalhe. Podemos usar vários métodos aqui, como modelos matemáticos, simulações ou experimentos e protótipos. Resumimos os resultados da análise da situação em uma análise SWOT [sigla em inglês para Forças, Fraquezas, Oportunidades e Ameaças] por exemplo, com base na qual formulamos as metas (4) a serem cumpridas pela solução. Dessa forma, obtemos os critérios de decisão para a avaliação da solução.

A análise da situação é importante para descobrir onde ainda existem lacunas em relação ao estado-alvo. Nesse ponto, melhorias ainda são necessárias, ou simplesmente ainda não temos informações para preencher a lacuna.

Somente quando o problema e a situação são realmente conhecidos, começamos a busca pela solução (5). Agora é importante identificar soluções que realmente se encaixem no espaço da solução.

Nessa fase, nós nos esforçamos para encontrar várias soluções (ou seja, pensar em variantes), que são geradas por meio de síntese e análise, e as quais serão avaliadas na próxima etapa (6).

Aplicamos critérios de tomada de decisão à avaliação. Ferramentas e métodos, como matriz de avaliação, argumentação lógica, simulações, experimentos e assim por diante, provaram sua eficácia.

Com base na avaliação, uma recomendação é dada e uma decisão, tomada (7). Se a solução atender a nossos requisitos e resolver o problema, isso é bom; caso contrário, iteramos o processo até que tenhamos resolvido o problema completamente.

No pensamento sistêmico, um forte foco está na comunicação contínua com os envolvidos, indicando que seu consentimento pode ser obtido em um estágio inicial durante as fases críticas do desenvolvimento. A saída da nossa representação pode ser documentada como o conceito operacional (ref. ISO/IEC/IEEE 29148).

Quais filosofias um adepto do pensamento sistêmico vive?

O pensamento sistêmico é uma abordagem interdisciplinar cujo objetivo principal é resolver problemas complexos ou implementar sistemas técnicos interdependentes. Como mencionado, o sistema é dividido em subsistemas, os elementos individuais são especificados e processados. Ao fazê-lo, todo o problema (por exemplo, em todo o ciclo de vida) e as condições de estrutura técnica, econômica e social de todos os clientes e stakeholders [demais envolvidos] devem ser levados em consideração. O pensamento sistêmico oferece uma abordagem estruturada e orientada para que a equipe aja dessa maneira.

Um bom adepto do pensamento sistêmico, portanto, domina diferentes maneiras de pensar e concentra-se, de forma análoga, nos requisitos disponíveis. Ele muda a perspectiva de partes individuais para o todo ou de estruturas para processos.

Sempre mantemos a atenção no quadro geral.

Pensamos positivamente em maneiras de melhorar o sistema e em não reclamar quando ele não funcionar.

Verificamos os resultados e os aprimoramos a cada iteração.

Refletimos sobre nosso modo de pensar porque ele afeta o futuro.

Reservamos tempo para adentrar até mesmo em interconexões complexas.

FILOSOFIA DE UM ADEPTO DO PENSAMENTO SISTÊMICO

Procuramos a "chave" para o sistema.

Consideramos os fatos sob várias perspectivas.

Aceitamos que as mudanças ocorrem gradualmente e que as interconexões também as desencadeiam.

Identificamos os efeitos que são deflagrados por uma ação.

Onde e como o design thinking e a filosofia do pensamento sistêmico convergem?

A filosofia do design thinking e a do pensamento sistêmico têm algumas semelhanças; as diferenças são de natureza complementar, portanto, a convergência das duas abordagens é bastante estimulante.

O que ambos os paradigmas têm em comum é o objetivo de entender melhor o problema e a situação. Para atingir esse objetivo, trabalhamos em equipes interdisciplinares, utilizando diferentes métodos e ferramentas. É importante que a equipe sempre saiba onde está no processo e que atue voltada para objetivos. Visualização e modelagem são fatores de sucesso em ambas as abordagens.

As semelhanças são:
- Cobertura das mesmas áreas temáticas ou análogas;
- O propósito e o objetivo são a solução de problemas (complexos) e a definição e expansão simultâneas do espaço da solução;
- É importante esclarecer as variáveis e funcionalidades críticas no início do projeto para reduzir os riscos.

A partir dos termos usados até agora, percebe-se rapidamente que o foco do pensamento sistêmico está no sistema e o do design thinking, no ser humano, o usuário. Ambos os paradigmas usam um ciclo de solução de problemas claramente definido, mas diferentemente alinhado, bem como uma abordagem iterativa. A iteração no pensamento sistêmico visa ao refinamento gradual; no design thinking, muitas iterações nos permitem entender melhor a situação e nos aproximar de uma possível solução.

Ao combinar o pensamento sistêmico e o design thinking, a aplicação simultânea de modelos sistêmicos, analíticos e intuitivos de pensamento também é considerada — e, portanto, a descoberta de soluções holísticas.

218

Pensamento sistêmico	Filosofia complementar	Design thinking
Foco no sistema	Focos diferentes	Foco no usuário e sua necessidade
Ciclo sistemático de resolução de problemas analíticos	Processo de solução de problemas bem definido, mas diferente	Ciclo de solução de problemas circular e intuitivo
Visão "caixa branca" [técnica] com foco no espaço da solução	Design e arquitetura de sistemas	Visão "caixa-preta" [do usuário] com foco na declaração do problema
Refinamento gradual do sistema	Procedimento iterativo	Muitas iterações rapidamente

Pensamento sistêmico	Filosofia semelhante	Design thinking
Clareza considerando o sistema e mudanças diacrônicas	Promoção de clareza	Compreensão e clareza comuns
Estruturas claras e antecipação de considerações do ciclo de vida	Atenção ao processo	Atenção ao processo
Mapeamento e modelagem do sistema	Visualização	Visualização e prototipagem são importantes
Uso de métodos do pensamento sistêmico	Uso de várias ferramentas e métodos	Uso de métodos do design thinking
Colaboração e intercâmbio de informações entre os envolvidos é fundamental	Colaboração interdisciplinar na equipe	Colaboração total
Compreensão do sistema para reduzir a incerteza	Positividade perante a incerteza	Experimentos voltados ao aprendizado
Gestão de projetos voltada a objetivos	Ação é o foco	Ação orientada para implementação e solução

COMO PODEMOS...
usar o pensamento sistêmico no design thinking?

Não queremos fazer especulações filosóficas sobre uma possível sobreposição do design thinking ao pensamento sistêmico ou uma hierarquização dos processos. Pela nossa experiência, funciona melhor quando o design thinking e o pensamento sistêmico se complementam conforme a situação exige.

Se tomarmos como base um processo de desenvolvimento típico, presumiremos que o design thinking é uma boa ferramenta em fase inicial (concepção e viabilidade), o que é especialmente verdadeiro quando o problema são funcionalidades simples ou a interação com um usuário em potencial. Para a interação de componentes, a simulação de processos complexos, ou a engenharia de requisitos, o pensamento sistêmico está predestinado a muitos desenvolvimentos.

Assim, o design thinking contribui não só com as muitas fases do processo de desenvolvimento, mas também com vários fatores e atitudes mentais, que geralmente não fazem parte do pensamento sistêmico:

- Chegar a novas abordagens de solução, que são brilhantes em sua simplicidade;
- Concentrar-se em "sistemas em sistemas", alinhado a indivíduos ou grupos inteiros (360º) em termos de empatia;
- Abordar de forma iterativa a construção de protótipos simples durante a resolução de problemas;
- Agir sem perder muito tempo planejando.

A combinação das duas filosofias resulta em novas oportunidades e melhor solução de problemas!

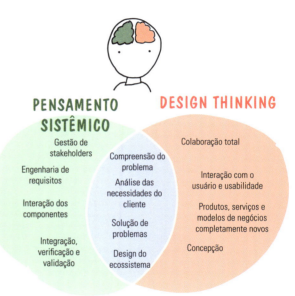

Fase de ideias → Fase de concepção → Viabilidade técnica → Definição do sistema (engenharia de requisitos) → Projeto detalhado (modelagem, simulação) → Produção → Integração, validação → Lançamento no mercado

219

Do ponto de vista de um adepto do design thinking, a maneira de pensar sobre os sistemas e seus limites em diferentes situações pode ser útil; por exemplo, não apenas para uma compreensão real, profunda e clara do espaço do problema e do espaço da solução, mas também para a identificação dos chamados pontos cegos e das relações entre os agentes ou para a produção de novas ideias.

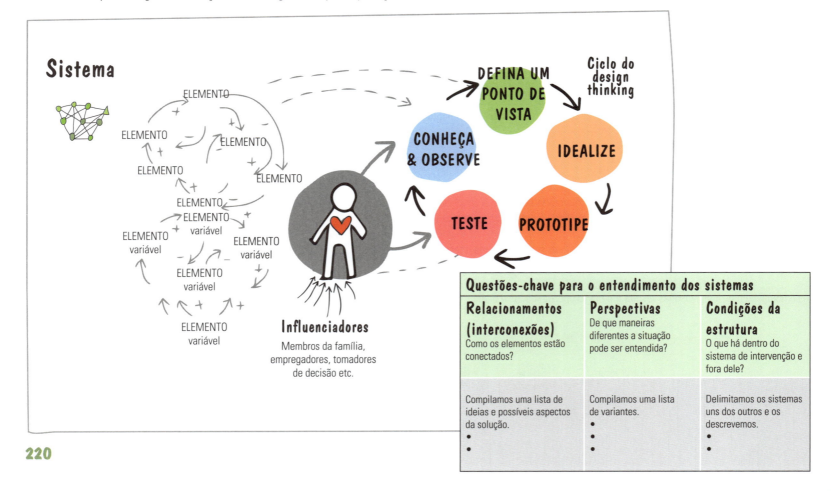

COMO PODEMOS...
unir pensamento sistêmico e design thinking na prática?

Como mencionado, a mudança do pensamento sistêmico para o design thinking e vice-versa ajuda a alterar foco e perspectiva. Com essa alteração, mudamos nossa abordagem, de centrada em produtos para centrada em pessoas.

Isso nos torna adeptos do design thinking mais conscientes de que somos parte de um sistema em seu contexto. Com nossas ações, afetamos todo o sistema; podemos interagir de forma inteligente com ele; mas também percebemos que outros envolvidos/observadores podem ter uma visão diferente do sistema como um todo. O sistema de uma família é um bom exemplo. Conhecemos os agentes da nossa família. Convivência consiste em interações complexas, e temos a possibilidade de mudar o sistema por meio de nossas ações. Além disso, as pessoas que não pertencem à nossa família têm uma percepção de nosso clã diferente da nossa.

Por que adotar o ponto de vista deles?

O pensamento sistêmico nos ajuda a identificar ações efetivas no sistema. Nossa capacidade de aprender é fortalecida, e ao projetar nossos sistemas baseamo-nos no pensamento humano. Além disso, o sistema pode ter habilidades cognitivas superiores.

As questões básicas colocadas ao ambiente do sistema são:

1. O que o sistema produz? O resultado é o desejado?
2. Como funciona a interação do sistema conosco como seres humanos? A interação corresponde às nossas necessidades?
3. O que acontece dentro do sistema? Como máquinas e sensores interagem uns com os outros? O que queremos conquistar?

Recomendamos o uso do pensamento sistêmico junto com o design thinking para problemas ultra complexos. O nível de combinação das filosofias depende dos requisitos do projeto ou das preferências pessoais, e deve ser adaptado em conformidade. Para adeptos do design thinking, como Peter, recomendamos alternar o modo de pensamento e testar o ciclo de solução de problemas orientado para o sistema, especialmente em fases de estagnação ou quando o quadro geral não estiver claro.

No caso de haver uma forte marca pessoal com a filosofia do pensamento sistêmico, é crucial confirmar as descobertas pelo menos uma vez por meio do ciclo de solução de problemas do design thinking e expandir a estrutura criativa. Na maioria dos casos, isso confere novas ideias, que só podem ser encontradas na solução do problema em um ciclo intuitivo. Em um exame mais detalhado, as duas abordagens não são tão diferentes, afinal ambas seguem o modelo do diamante duplo e alternam entre modos de pensar divergentes e convergentes.

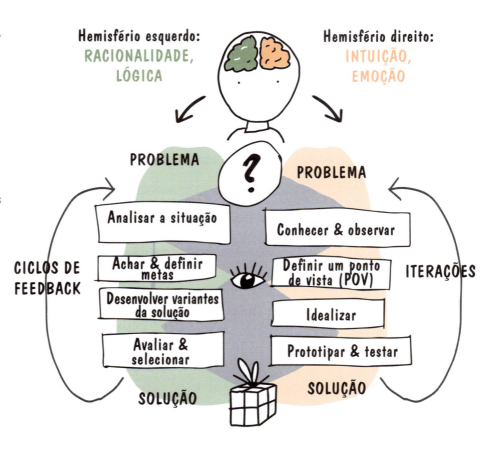

QUESTÕES-CHAVE
Ao entender a complexidade com o pensamento sistêmico

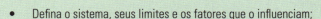

- Defina o sistema, seus limites e os fatores que o influenciam;
- Mapeie os relacionamentos — dentro e fora dos limites do sistema;
- Certifique-se de que todos os envolvidos no sistema estejam listados;
- Encare o problema de forma holística; suponha que seja complexo em si;
- Mesmo um problema complexo, multidimensional, não linear e dinâmico pode ser mapeado e definido como um sistema em uma forma simplificada;
- Inicie com as camadas simples e vá do bruto ao detalhe;
- Comece com a busca por uma solução depois de entender o problema (ou seus aspectos);
- Sempre pense em variantes ao procurar uma solução;
- Uma representação gráfica do sistema ajuda a entender o problema e a comunicar a solução;
- Considere sua primeira imagem do sistema como um protótipo que será continuamente testado e aprimorado;
- Use uma ampla gama de conceitos, métodos e ferramentas;
- Adote diferentes visões e perspectivas. Dificilmente, ao se restringir a uma única visão, terá escolhido a certa;
- Combine pensamento sistêmico e design thinking em uma filosofia comum.

3.2 Como aplicar a filosofia lean de modelo de negócio

Em um ambiente dinâmico, há pouco tempo para planejar atividades por um longo período. A filosofia lean startup é, portanto, a melhor opção para a continuação das atividades de design thinking. Ela se concentra em ciclos curtos de iteração e na consideração do feedback do cliente assim como o design thinking. No final, o ciclo de vida do produto e o desenvolvimento do modelo de negócios devem ser projetados de forma que se incorra em poucos custos.

Tivemos uma boa experiência com o lean canvas de A. Maurya (veja a parte A, na próxima página), que pode ser expandido muito bem por outros métodos de design thinking, como o perfil do cliente (veja a parte B) e os relatórios experimentais (veja a parte C), de A. Osterwalder.

O canvas é como o projeto de um arquiteto. Ele descreve os principais fatores que, em última análise, abrangem as áreas mais importantes de uma empresa: problema, solução, clientes, propostas de valor e viabilidade financeira.

Para as startups de Lilly e Marc, é crucial definir um argumento de venda único. Lilly se depara com o desafio de definir exatamente o que diferencia sua startup das inúmeras outras empresas de consultoria do mercado. Marc deve encontrar recursos que convençam os pacientes a gerenciar seu "registro de pacientes" em sua solução. Além disso, a proposta de valor é projetada para fornecer uma base sólida em longo prazo para monetizar os dados coletados.

Assim, a proposta única de venda [sigla em inglês: USP] constitui o núcleo do canvas que resolve um problema específico do cliente (por exemplo, soberania sobre os dados do paciente) ou atendimento a uma necessidade específica (por exemplo, consultoria de design thinking adaptada às práticas comerciais asiáticas).

Na parte direita do canvas, os canais de vendas e a receita são inseridos ao lado dos segmentos de clientes (divididos em segmentos-alvo e adaptadores prévios).

O lado esquerdo do canvas concentra-se em razões racionais. O foco está na declaração do problema, na sua própria solução e nas alternativas existentes, bem como na estrutura de custos. Adicionais no perfil do cliente nos ajudam a entender melhor suas necessidades. Os relatórios dos experimentos documentam nossa abordagem e mostram o progresso por iteração.

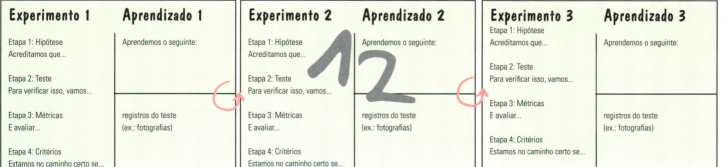

225

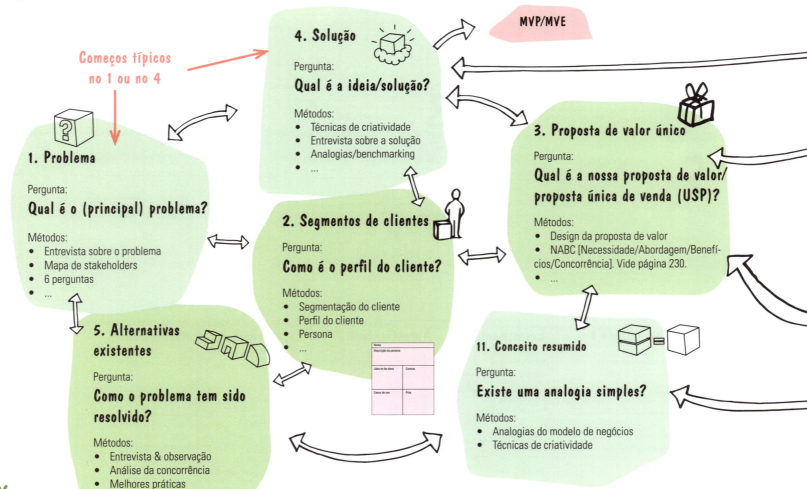

6. Canais

Pergunta:

Como alcançar nossos clientes??

Métodos:
- Cf. distribuição de marketing

Pense em:
- Direto, indireto + automatizado
- Analógico + digital
- B2C, B2B e B2B2C

10. Estrutura de custos

Pergunta:

Quais são os maiores custos?

Métodos:
- Análise da estrutura de custos
- Custos fixos + variáveis
- Fazer ou comprar parcerias

Verificação de viabilidade (reflexão)

Pergunta:

Estamos satisfeitos com a viabilidade do nosso modelo de negócios?

Outras perguntas:
- Podemos testar nosso modelo de negócios?
- Podemos aprimorá-lo ainda mais no momento?
- Existem outras/melhores variantes?

Métodos:
- Analogias do modelo de negócios

NÃO. Volte ao 1

SIM. Continue

8. Métricas-chave

Pergunta:

De quais métricas precisamos para gerenciar as atividades?

Métodos:
- KPI
- Métricas piratas
- Teste A/B
- ...

12. Relatórios de experimentos

Pergunta:

Onde está o maior risco? Como testar suposições/ hipóteses?

Métodos:
- Prototipagem + teste
- Experimentos

7. Vantagem arrebatadora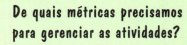

Pergunta:

O que dificultará a cópia da solução?

Pense em:
- Design de ecossistemas, black ocean
- análise SWOT, análise de equipe
- ...

9. Fluxos de renda

Pergunta:

Qual é a renda potencial? Como vamos ganhar dinheiro?

Métodos:
- Entrevista sobre a solução
- Precificação
- Análise do cliente
- ...

Volte aos campos de 1 a 11

227

SUPERDICA
Pontos de entrada no canvas para ofertas digitais

Como descrito, o ponto de entrada clássico no lean canvas em um projeto de inovação se dá por meio do problema (ou, muitas vezes, da solução); então, a proposta de valor é inferida pelos clientes (por meio do perfil do cliente) **(versão A)**.

Com modelos de negócios digitais, em particular, a entrada também funciona de outras formas:

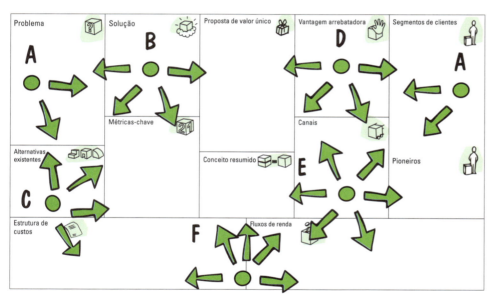

B) por meio da solução
Procuramos objetos que ainda não se tornaram digitais e criamos a mesma aplicação do cliente em formato digital, em vez do objeto físico.

Exemplo: iPod/CD -> serviços de streaming e impressão 3D de alimentos

C) por meio das alternativas faltantes
Atualmente, quase tudo se torna digital, mas muito ainda pode se tornar. Procuramos objetos que ainda não têm uma versão digital.

Exemplo: Moeda Fiduciária (ou de curso legal) -> criptomoedas

D) por meio de uma vantagem arrebatadora
Uma vantagem como a proteção contra o próprio modelo de negócios copiado também é um ponto de entrada, como a construção de todo um ecossistema corporativo.

Exemplo: WeChat (veja o Capítulo 3.3)

E) por meios digitais em vez de físicos
Empresas como a Amazon continuam expandindo o acesso a seus canais com serviços sempre novos. O acesso digital, direto ou através de parceiros, pode ser o ponto de entrada.

Exemplo: Serviços da Amazon

F) por meio de modelos de negócios existentes
Modelos de negócios que ainda não foram implementados no próprio ambiente ou em suas zonas de influência. As soluções existentes são copiadas e adaptadas ao novo contexto digital.

Exemplo: Revendedores online de óculos

SUPERDICA
Servitização e outros modelos de negócios

Muitas vezes, o modelo de negócios se torna o fator distintivo em si. Novos modelos visam à obtenção de renda em longo prazo, fidelizando o cliente ou reduzindo os custos de produção. Uma tendência que prevalece é a servitização. O termo significa que as necessidades do cliente são atendidas sem a exigência de possuir o produto físico.

Um dos exemplos mais conhecidos é o modelo "power by the hour", da Rolls-Royce, na área de motores de aeronaves. O modelo "pay per use", na indústria de software, bem como os modelos de negócios no setor têxtil, também são populares. Meias ou roupas de bebê são agora encomendadas com uma assinatura mensal. A Vigga desenvolveu um modelo que permite às mães alugarem roupas orgânicas para bebês, que depois são tratadas pela empresa para serem alugadas novamente.

Ainda no setor têxtil: para outro modelo de negócios, a reciclagem é o elemento distintivo categórico. A ideia básica é gerar valor a partir de um produto residual. A Flippa K recolhe as roupas usadas de seus clientes, por exemplo, e revende-as em suas lojas de segunda mão.

O uso eficiente de recursos é uma parte importante do modelo de negócios. Empresas como a YR são exemplos típicos. Ela possibilita que os clientes criem as próprias camisetas, que são produzidas sob demanda. Dessa forma, não há superprodução de designs que depois são difíceis de vender no mercado. Os consumidores também desenvolvem um vínculo emocional maior com o produto e a marca.

Criação circular de valor	Servitização	Simplicidade
Cria valor a partir do desperdício — fecha o ciclo	Cria valor para os clientes sem que possuam o produto (bem físico)	Promove o uso eficaz de recursos
Reciclagem e eficiência de recursos estão em foco	Modelos all-inclusive, carefree packages, "pay per use" etc.	Soluções que reduzem ativamente o consumo e a produção
Flippa K funciona com lojas de segunda mão	Rolls-Royce: modelo "power by the hour"	YR: produção sob demanda de camisas e sapatos
Circuito fechado	Empréstimo & aluguel	Cocriação

SUPERDICA
Desenvolva a proposta de valor

A análise de necessidade/abordagem/benefícios/concorrência (NABC) é outra ferramenta simples para elaborar uma proposta de valor. Se conseguir responder adequadamente às perguntas-chave das quatro áreas, a proposta de valor ficará clara.

Ao contrário do perfil do cliente, a análise NABC considera a concorrência, por isso direciona um foco adicional à exclusividade.

As necessidades e benefícios derivam do perfil do cliente. A abordagem corresponde à solução, e a concorrência se alinha às alternativas existentes no lean canvas. A proposta de valor deriva desses elementos.

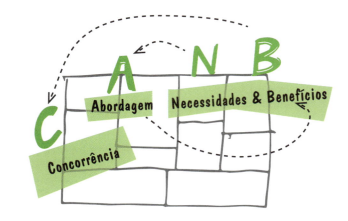

NECESSIDADE

- Quais clientes abordamos? (internos/externos)
- Qual é a principal necessidade do cliente?
- Quais problemas o cliente possui?
- Quais são as oportunidades de melhoria?
- Onde está nossa oportunidade?
- Quais são os principais problemas?

ABORDAGEM
(Solução)

- Qual é a abordagem para uma solução ou promessa de bom desempenho?
- Qual é o produto, serviço ou proposta de processo?
- Como o produto ou serviço será desenvolvido e lançado no mercado?
- Como ganhar dinheiro com ele? (modelo de negócio)
- Quais tecnologias afetam nosso modelo de negócios?

BENEFÍCIOS

- Quais são os benefícios para o cliente?
- Quais são seus benefícios qualitativos e quantitativos?
- Como posso comunicá-los na forma de storytelling [narrativa]?

CONCORRÊNCIA
(Alternativas existentes)

- Quais alternativas existem hoje e no futuro?
- Qual é o risco?
- Como os problemas foram resolvidos até agora?

O que constitui uma boa proposta de valor?

Na nossa experiência, existem dez fatores-chave de sucesso que devemos verificar durante a validação da proposta de valor:

1. Incorporar um bom modelo de negócios;
2. Concentrar-se no que é importante para a maioria dos clientes;
3. Concentrar-se em tópicos nos quais o cliente está disposto a gastar muito dinheiro;
4. Concentrar-se em problemas não resolvidos;
5. Visar apenas algumas tarefas, prós e contras, mas resolvê-los extremamente bem;
6. Paralelamente ao cumprimento da tarefa funcional, levar em consideração seus componentes emocionais e sociais;
7. Alinhar-se à avaliação do sucesso do cliente;
8. Diferenciar-se da concorrência;
9. Ser melhor do que a concorrência em pelo menos uma dimensão;
10. Ser difícil de copiar.

Como comunicamos uma proposta de valor?

A proposta de valor que comunicamos deve ser formulada da forma mais concisa possível, em uma sentença curta. Isso ajuda na comunicação e torna a ideia de negócio mais clara por meio de uma analogia, como "Sailcom" (compartilhamento de carros para barcos) ou "WatchAdvisor" (TripAdvisor para relógios). Essa analogia é descrita no lean canvas como o "conceito resumido".

Lilly ainda tem dificuldade em formular seu conceito em uma frase. Ela experimenta "Book and Fly para Design Thinking" ou "Last Minute Problem Solving". Mas ainda não está plenamente satisfeita com suas ideias.

SUPERDICA:
Design thinking de serviços para dar valor à excelência

Depois que preparamos nossa empresa para o futuro por meio da excelência operacional e de serviços, o design thinking de serviços tem a estrutura necessária para fazer a diferença. Como observado, modelos de negócios com forte foco em servitização vêm a existir, ou os clientes são segmentados por categorias que não seguem a lógica de idade, renda e status familiar. O design de serviços também inclui design de experiência, UX e interface do usuário. Por fim, as considerações básicas se fundamentam em design e pensamento sistêmico.

O setor de seguros é um exemplo da aplicação do design de serviços. A seguradora de saúde suíça Sanitas integra o portal Swissmom em seu portfólio de serviços. Assim, uma cadeia de interação com o cliente é criada com mulheres grávidas, desde a vontade de ter um filho até a gravidez, o parto e o cuidado com crianças pequenas. O seguro para recém-nascidos está incorporado aos serviços. Além disso, as mães têm acesso a uma comunidade e a outras ofertas de cuidados infantis.

A qualidade e excelência operacionais no serviço estavam em primeiro plano. Assim, mais e mais foco foi dado à experiência. Hoje e no futuro, o valor será o centro das atenções. A excelência em valor é alcançada por meio de uma forte centralidade nos clientes e colaboração próxima e proativa com eles.

As chamadas cadeias de experiência do cliente constituem a estrutura básica; os pontos de contato com o cliente, desde a interação inicial até a garantia, são mapeados nelas.

Por experiência própria, recomendamos duas ferramentas:

- **Jornada do cliente (cadeia de experiência do cliente)**
- **Service blueprint (uma extensão da cadeia de experiência do cliente como modelo)**

A cadeia de experiência do cliente, ou sua jornada, representa o processo pelo qual o cliente passa ao contatar e negociar com a empresa. A questão é projetar a jornada do cliente acompanhando nossas ofertas. Todos os pontos de contato devem ser considerados.

O service blueprint é uma extensão da cadeia de experiência do cliente e também constitui a prestação do serviço. Na página 234, abordamos seu uso.

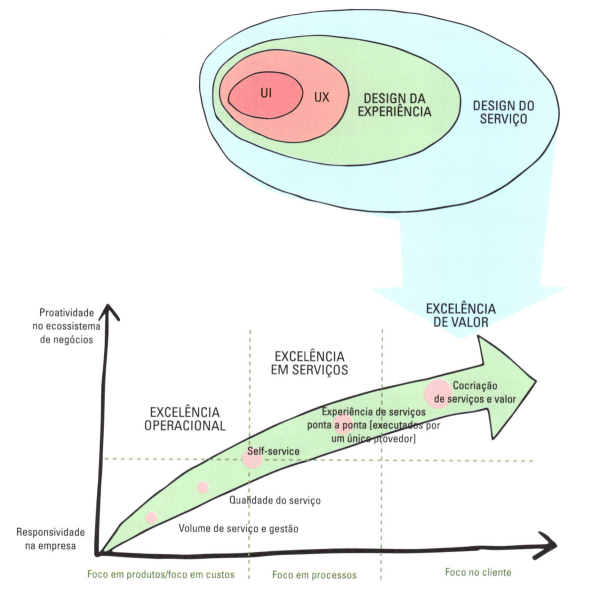

COMO PODEMOS... usar o service blueprint?

O service blueprint pode ser usado para descrever, por exemplo, um protótipo de serviço de maneira uniforme, sistemática e estruturada.

O service blueprint é um método para visualizar e estruturar processos de serviço. Vários níveis são diferenciados:

- Atividades pelas quais o cliente passa;
- Atividades visíveis do provedor em relação ao cliente;
- Atividades invisíveis do provedor, diretamente conectadas, mas invisíveis para o cliente;
- Apoio a atividades e sistemas do provedor ou seus parceiros.

A linha de interação com o cliente separa suas atividades das do provedor.

O método é fácil de entender e de aplicar, e se concentra no cliente. O blueprint pode ser iterativamente melhorado e adaptado. As iterações também identificam os pontos fracos no processo.

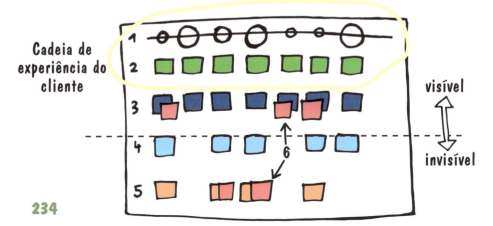

Com base em nossa experiência, as equipes podem criar facilmente um service blueprinting com post-its. Vejamos as seguintes etapas:

1. Ações e atividades do cliente no decorrer do tempo (micro e macro círculos para a atividade respectiva)
- Quais são as principais ações?
- O que acontece nesta etapa?

2. Interações com o cliente (post-its verdes)
- Quais são os pontos de contato com o cliente?

3. Atividades visíveis do provedor (post-its azuis)
- Quem são os agentes?
- Quem envolve todos?
- Quais são as ações do provedor?

4. Atividades invisíveis (post-its azul-claros)
- Quais são as atividades invisíveis para o cliente?

5. Apoio a atividades e sistemas (post-its laranja)
- O que dá apoio a tudo (software, plataforma, processos)?

6. Avaliação (post-its rosa):
- O que é crítico? Onde estão os erros possíveis?
- Onde estão os riscos e as vulnerabilidades?

Posteriormente, podemos inferir ideias para melhorias, novos processos ou inovações totais de serviço. O service blueprint também nos ajuda em entrevistas/testes com clientes/usuários para entender a situação e obter feedback.

SUPERDICA
Construa a ponte de um conceito para uma solução de escalonamento

Normalmente, nossa jornada de design thinking termina com o conceito. Já demonstramos com sucesso a conveniência e a viabilidade técnica e econômica, mas ainda estamos longe de escalonar a solução. Nas próximas fases, o design de negócios e o desenvolvimento de produtos são frequentemente feitos de forma separada. Pela nossa experiência, é lucrativo criar os caminhos de desenvolvimento para os clientes, o negócio e o produto em estreita colaboração.

O **desenvolvimento de serviços** iterativos, por exemplo, pode ser feito em contato direto com o cliente. Com as cadeias de experiência do cliente, esquemas de serviços, maquetes, sites e aplicativos de teste e assim por diante, é mais fácil do que nunca aperfeiçoar serviços de forma iterativa e em ciclos cada vez mais rápidos com o cliente. O **design de negócios** também pode ser feito em contato direto com o cliente. O modelo de negócios é testado, adaptado e refinado. Todos os outros componentes, do marketing até a proposição de valor, podem ser testados e desenvolvidos com os usuários ideais ou potenciais clientes. Um bom design de negócios caracteriza-se pelo fato de que uma oportunidade óbvia de mercado é identificada e transformada em escalonamento.

Além disso, os clientes devem ser otimizados e conquistados durante a fase de desenvolvimento, a fim de aumentar a probabilidade de um negócio de escalonamento no final. Steve Blank chama essa abordagem de **desenvolvimento do cliente**.

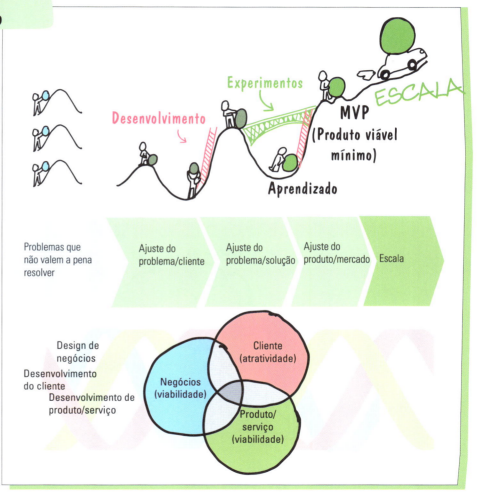

COMO PODEMOS...
proceder de forma estruturada para obter escala?

Com o design thinking, ajustamos o cliente/problema — isto é, nossa compreensão de ambos atinge a profundidade necessária. Usando lean startup, inicialmente criamos um ajuste para o problema/solução; então o refinamos em um ajuste de produto/mercado. Ao longo do processo, reduzimos o risco passo a passo por meio de experimentos; ao mesmo tempo, aumentamos o valor do projeto. A partir do protótipo básico, desenvolvemos um produto mínimo viável (MVP); a cada iteração o expandimos e o testamos com o cliente. Para lançá-lo e executá-lo com sucesso, o design do ecossistemas de negócios é de suma importância. MVE [ecossistema viável mínimo] ajuda a testar o cenário desejado do ecossistema.

Como as várias abordagens se baseiam umas nas outras, mapeamos as etapas de desenvolvimento com suas possíveis abordagens novamente, a título de exemplo. As etapas se aplicam especialmente a inovadores como Marc, pessoas que ainda estão no início de sua jornada e identificaram o problema a ser resolvido.

Desnecessário dizer que as diferentes abordagens, como lean startup, design de negócios e expansão de clientes, que têm uma filosofia semelhante ao design thinking, podem ser combinadas.

Em seguida, são descritas as etapas do problema do crescimento e obtenção de escala.

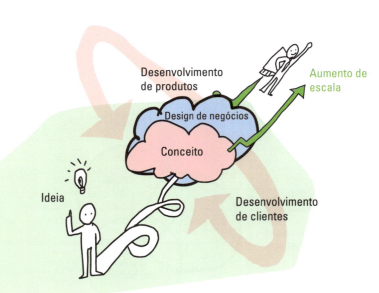

QUADRO DO CRESCIMENTO & ESCALA

1 Design thinking

- Determine seus usuários, clientes e stakeholders em potencial
- Identifique as necessidades reais do cliente com o design thinking
- Encontre soluções que sejam refinadas e simples
- Use o pensamento sistêmico e a análise de dados

3 Cocriação

- Ganhe mais clientes, usuários e usuários ideais, e os retenha
- Obtenha a ajuda externa necessária
- Trabalhe em equipe nos limites departamentais e organizacionais
- Desenvolva MVP/MVEs e crie confiança em parceiros e clientes

5 Design do ecossistema de negócios, produtos ágeis e expansão de clientes

- Mude sua busca por soluções e procure uma que encontre o modelo de negócios certo com o design do ecossistema de negócios
- Aprimore o produto e o modelo de negócios com processos ágeis (por exemplo, com métodos como o Scrum)
- Pense em variantes ao desenvolver modelos de negócios
- A consideração multidimensional dos modelos de negócios de todos os agentes no ecossistema é um fator de sucesso

2 Pesquisa

- Entenda o problema e a situação de forma holística
- Aproveite os instrumentos de pesquisa de mercado
- Valide e complemente suas descobertas

4 Lean startup

- Use a abordagem lean startup para incrementar ainda mais sua oferta com pouco capital
- Estruture a solução passo a passo
- Aprimore e valide seu modelo de negócios com iterações rápidas
- Esclareça as maiores incertezas com experimentos

6 Escalar

- Prepare a organização para o crescimento e aumento de escala
- Estabeleça processos, estruturas e plataformas escaláveis
- Verifique a filosofia e as habilidades em sua organização e não siga apenas um plano
- Leve toda a organização um passo à frente e abra novos caminhos

SUPERDICA
Expanda para o lean management

Assim que atingimos o ponto em que iniciaremos o aumento de escala, o lean management nos ajuda a manter enxutas as estruturas e aproveitar ao máximo nosso potencial. É, portanto, um elemento importante para dar vida às nossas inovações e uma espécie de combustível no processo de aumento de escala.

Com base em nossa experiência, é útil expandir a filosofia do design thinking, com seu foco no cliente, com base nos seguintes princípios para produtos e serviços existentes. Especialmente em empresas de rápido crescimento, toda a cadeia de criação de valor deve ser dominada.

- Concentramo-nos em nossos pontos fortes;
- Otimizamos nossos processos de negócios constantemente;
- Confiamos na melhoria contínua;
- Vivemos o foco no cliente interno;
- Contamos com que as equipes cumpram a missão;
- Atuamos em estruturas organizacionais descentralizadas e voltadas para o cliente;
- Oferecemos o melhor suporte na liderança de nossos funcionários;
- Comunicamo-nos de forma aberta e direta;
- Conservamos recursos e evitamos desperdícios.

O lean management possibilita a implementação das ideias no modelo de negócios em vários níveis. Por exemplo, os custos fixos podem ser reduzidos pela terceirização, ou os níveis de hierarquia podem ser reconsiderados pela expansão de competências.

As ferramentas típicas do lean management são o design do fluxo de valor, processo de melhoria contínua (continuous improvement process — CIP), 5S, TPM, kanban e Makigami.

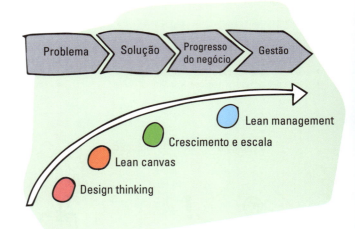

Além disso, o design thinking oferece os métodos necessários para redesenhar processos e procedimentos por meio de iterações. Pela nossa experiência, é de grande valor tornar o processo tangível, mudar suas etapas de forma concreta e examiná-las. Assim, várias atividades ao longo de toda a cadeia de criação de valor da empresa já foram aprimoradas. Em última análise, existem duas alavancas: otimizar estruturas e processos, e dimensionar a excelência das equipes. Isso requer pelo menos pessoas T, energia positiva e liderança.

QUESTÕES-CHAVE
Ao projetar modelos de negócios

- Comece com o design thinking para descobrir as necessidades do cliente e chegar ao problema/solução;
- Use o lean canvas para resumir as descobertas do design thinking;
- Crie diferentes modelos de negócios e variantes do lean canvas para sua ideia e selecione as mais promissoras;
- Vá no seu ritmo: um bom modelo de negócios raramente surge dentro de algumas horas; insights valiosos são obtidos ao longo do tempo;
- Determine um único argumento de venda e uma proposição de valor muito bons. Use uma variedade de ferramentas e experimentos para isso: por exemplo, o perfil do cliente ou a análise NABC para inferir a proposta de valor;
- Reduza sistematicamente o risco através de experimentos e adapte o lean canvas;
- Modifique seu modelo de negócios posteriormente, quando o mercado exigir ou os clientes desejarem;
- Combine abordagens de design thinking, pesquisa, cocriação e lean startup até mesmo em empresas já estabelecidas para projetos de inovação;
- Considere as abordagens de lean management antecipadamente para otimizar a eficiência e a eficácia para um alto nível de escalonamento.

3.3 Por que o design do ecossistema corporativo é a alavanca definitiva

Não há nada de revolucionário a respeito de ecossistemas corporativos. Na década de 1990, James Moore os descreveu como comunidades econômicas apoiadas por várias organizações e indivíduos em interação — ele define ecossistemas como organismos do mundo dos negócios. Esses organismos desenvolvem suas habilidades e fortalecem seu papel no mercado ao longo do tempo; ao fazê-lo, tendem a equipar uma ou várias empresas. Hoje, a abordagem evolutiva por meio de ecossistemas digitais também é chamada de estratégia de "black ocean". Representantes conhecidos de design de ecossistemas são Apple e Android — ambas criaram com sucesso ecossistemas para apps.

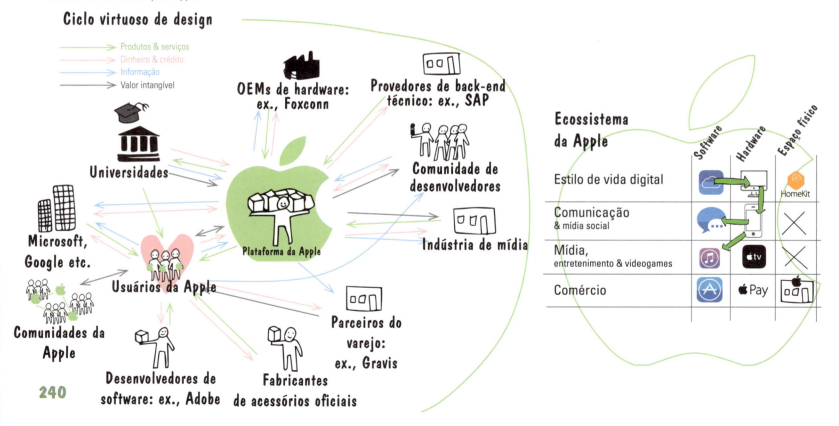

Outro exemplo é a Amazon, que, junto com seu core business original, construiu vários ecossistemas nos quais opera com sucesso. Eles vão desde o Amazon Vendor Express até o Alexa/Echo e os serviços da web. A Amazon é um bom exemplo dos efeitos dos ecossistemas digitais, os quais integram uma gama de ofertas digitais de uma marca, vendem produtos primários, crescem por meio de subsídios cruzados direcionados de vários serviços e têm interfaces abertas ou asseguram a interoperabilidade. Além disso, efeitos de bloqueio geralmente são produzidos, impulsionados por um alto nível de facilidade de uso e segurança, e aliados a reivindicações de soberania e segurança de dados.

Para a consideração isolada de um modelo de negócios, é suficiente pensar no modelo "blue ocean" (Kim & Mauborgne). Uma redefinição criativa e transfronteiriça dos serviços de mercado é fundamental para essa consideração, inclusive para diferenciar-se dos concorrentes. ,No entanto, o objetivo de uma estratégia de black ocean é tornar impossível a entrada no mercado para os concorrentes.

As regras existentes são alteradas, novas condições de estrutura são criadas e uma "vantagem arrebatadora" é construída e usada de forma correspondente. O pensamento sistêmico (veja o Capítulo 3.1) e o design de modelos de negócios (veja o Capítulo 3.2) são habilidades básicas para o design de tais ecossistemas corporativos.

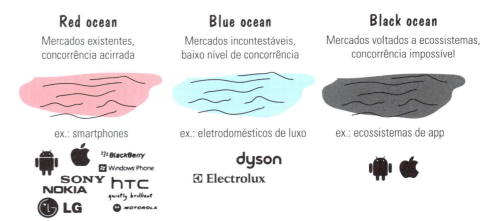

Design de ecossistema corporativo como paradigma para modelos de negócios em sistemas distribuídos

Muitos projetos nos quais o blockchain é usado como uma tecnologia inovadora são um oásis virtual para o design de ecossistemas corporativos. As novas redes distribuídas anulam modelos de negócios existentes e permitem revolucionar processos, fluxos de valor e transações. Modelos bem conhecidos atingem rapidamente seus limites porque se concentram de forma prioritária na atividade principal de uma empresa e levam em conta apenas os clientes diretos e fornecedores. A visão multidimensional dos agentes no ecossistema com seus fluxos de valor é frequentemente ignorada. Assim, pensar em ecossistemas corporativos em um contexto de negócios se torna um fator de sucesso.

Qual é a ideia básica de uma abordagem do ecossistema corporativo?

Ao formar ecossistemas corporativos, deve ser feito um pré-investimento. Há custos envolvidos, por exemplo, na construção de uma plataforma ou outras inovações para o desenvolvimento das habilidades essenciais. Estabelecer uma plataforma mostra que temos habilidades técnicas. No entanto, isso não produzirá relacionamentos de longo prazo com os outros agentes. Por experiência, recomendamos investir no ecossistema como tal de todas as formas, e refletir sobre como cada agente integrante se beneficiará de nossa plataforma e quais modelos de negócios se tornarão realidade para eles. Haverá agentes que perderão sua permanência no ambiente por causa de nossas ideias. O lucro gerado no ecossistema corporativo precisa cobrir esses investimentos, desde que outros modelos de negócios não o copiem, o que nos leva ao valor da oferta global em um modelo simplificado. Idealmente, o valor dessa oferta aumenta de forma constante com os investimentos no ecossistema.

O que é importante para os ecossistemas corporativos digitais é pensar cada vez mais em estruturas descentralizadas (veja o diagrama). Eles não são redes centralizadas de cliente-fornecedor no sentido tradicional (nível 1 de maturidade), que se voltam para uma empresa ou servem a uma cadeia linear de experiência do cliente. Redes corporativas centralizadas (nível 2 de maturidade) são caracterizadas por um agente central, que as tenta controlar, e existem na indústria automotiva, por exemplo. Os ecossistemas corporativos digitais geralmente são descentralizados, e muitos agentes atuam em pé de igualdade na rede (nível 3 de maturidade).

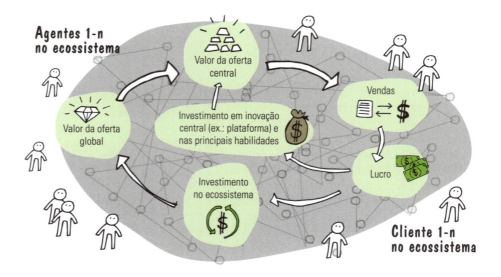

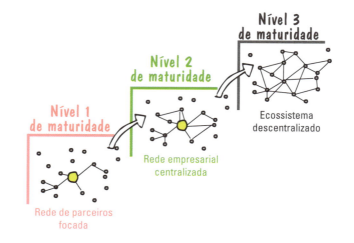

242

O conceito de ecossistema corporativo aplica-se a todos os níveis de maturidade. Em nossas considerações, concentramo-nos no nível 3 de maturidade do ecossistema corporativo, que tem as seguintes características:

- foco no usuário/cliente;
- associado e projetado para cocriação;
- elementos do sistema conectados e descentralizados;
- sistemas de valores coordenados e acordados pelos agentes;
- ofertas intersetoriais;
- benefício máximo para os participantes e agentes;
- possibilitado por novas tecnologias (exemplo: blockchain).

Como os defensores do ecossistema constroem sistemas?

O caminho tradicional de uma estrutura do ecossistema consistia em iterações com alguns clientes para testar a proposta de valor completa e, após a fase-piloto, vinha o lançamento. Os custos de desenvolvimento em grande parte incorriam antes dessa fase. Um procedimento alternativo é visualizado por meio do exemplo do WeChat. Essa opção mostra a evolução de um **ecossistema viável mínimo (MVE)**. Com ela, as funcionalidades e a proposta de valor são ampliadas se houver agentes suficientes no ecossistema. Hoje, o WeChat é um ecossistema digital que se desenvolveu sistematicamente por esse caminho nos últimos dez anos. O ecossistema está atualmente em expansão em termos de aceitação de criptomoedas e da integração do blockchain.

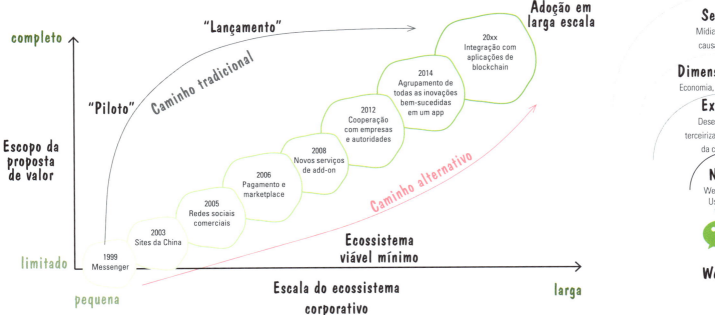

243

Como é o mapa do ecossistema corporativo de Marc e sua startup?

Marc e sua equipe enfrentam um desafio de design do ecossistema para seu modelo de negócios digitais na área da saúde, que planejam resolver com base em uma tecnologia de blockchain.

Marc criou vários princípios básicos para materializar suas ideias em um ecossistema corporativo. Por um lado, está convencido de que o blockchain enquanto tecnologia romperá os limites existentes e as regras específicas do setor; por outro, acredita que a dinâmica nos setores aumentará. Os gigantes de longa data dessa área, em muitos segmentos, serão derrubados, portanto, há oportunidades de mercado para uma abordagem inexplorada em todos os continentes, desde que um país possua a infraestrutura TIC necessária.

Marc e sua equipe vivem de acordo com o princípio de que, quando você é rápido e inovador, vencerá o jogo. Ao projetar o ecossistema corporativo, Marc sempre vislumbra o quadro geral. Ele quer projetar um sistema que permita estabelecer o ciclo de identificação, tratamento, contabilidade e verificação de serviços, medicação e reembolso, de modo que ofereça vantagens para todos os agentes e, especialmente, pacientes do sistema.

Quais são as necessidades dos usuários/pacientes?

Através de observação e pesquisa, Marc e sua equipe descobriram muito sobre o sistema de saúde e as necessidades dos pacientes. A equipe trabalha com cadeias de experiência do cliente (veja a figura "Atual jornada do paciente"), que explicam as interações, necessidades e interrupções no sistema. Linda contribuiu com uma parte das informações importantes do ponto de vista de um especialista, porque conhece a rotina do hospital muito bem. Além disso, iniciativas como o Deep Mind, do Google, mostraram que tais sistemas têm potencial. A partir disso, Marc inferiu a proposta de valor central, a base para o futuro design do ecossistema.

Atual jornada do paciente

1)	2)	3)	4)	5)	6)
O paciente não se sente bem. Ele faz uma pesquisa online.	O paciente escolhe um médico. Ele explora seu histórico e cria um "registro de saúde".	O médico diagnostica uma doença e sugere um tratamento ou envia o paciente a outro médico (de volta ao 2).	O médico responsável pelo tratamento contabiliza o serviço e envia a fatura ao paciente ou ao plano.	O paciente continua a própria pesquisa online, obtém informações em fóruns, conversa com amigos. Então decide se fará ou não o tratamento.	O paciente começa o tratamento. Seu sucesso é rastreado através de visitas regulares ao médico. Dispositivos móveis e usáveis, aplicações ou mais exames e testes apoiam o processo.
Fóruns na internet Mídias sociais Dados de pesquisa	Registro eletrônico do paciente e registro médico	Dados de saúde pública e de genoma Resultados laboratoriais	Dados da contabilidade dos serviços	Pacientes Comunidades Mídias sociais Dados de pesquisa	Pensamento ecológico central

Quem são os usuários/clientes e agentes do ecossistema corporativo?

A equipe da startup encontrou várias novas necessidades do ponto de vista dos pacientes e agentes. Entretanto, a visão principal da equipe é tornar o sistema de saúde mais eficiente não apenas por causa das fragilidades da exclusividade das informações nas faturas, que muitas vezes levam ao uso indevido. A equipe quer testar suas funções primárias no mercado com os pacientes em um estágio inicial e aplicar a metodologia lean startup.

Objetivando melhorar as necessidades diárias dos pacientes e agentes do sistema, a equipe também concentra sua atenção no prestador de serviços e na indústria farmacêutica, ao lado dos pacientes. Levando esses agentes em consideração, o ecossistema corporativo é gradualmente redefinido.

Onde estão os agentes definidos e outros no mapa do ecossistema, e quais fluxos de valor são relevantes?

A equipe da startup posiciona os agentes no mapa e desenha os diferentes fluxos de valor. Dessa forma, cria-se o "loop de design virtuoso" para o MVE.

Fluxos de valor

- Produtos & serviços
- Dinheiro & crédito
- Informações
- Valores intangíveis
- Ativos digitais
- Criptomoeda

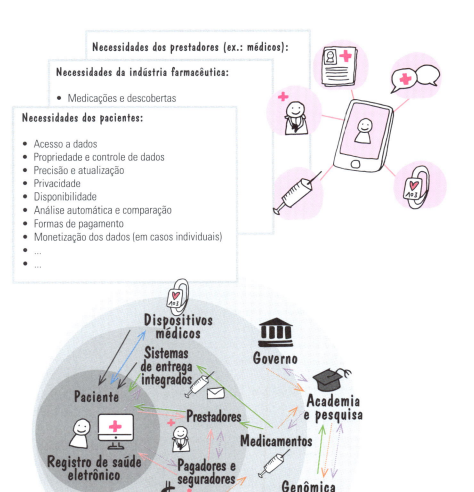

Necessidades dos prestadores (ex.: médicos):

Necessidades da indústria farmacêutica:
- Medicações e descobertas

Necessidades dos pacientes:
- Acesso a dados
- Propriedade e controle de dados
- Precisão e atualização
- Privacidade
- Disponibilidade
- Análise automática e comparação
- Formas de pagamento
- Monetização dos dados (em casos individuais)
- ...
- ...

245

Como os diferentes agentes do ecossistema são integrados e quais vantagens o sistema lhes oferece? O sistema é entendido como um "organismo"?

Após várias iterações no mapa do ecossistema corporativo, tornam-se notáveis as vantagens para os três agentes que Marc e sua equipe têm em mente quanto a seu primeiro MVE. Na representação simplificada do modelo do ecossistema, cada agente tem vantagens claras e estratégicas, que surgem por meio de uma melhor interação com o paciente. Além disso, a equipe fez uma análise detalhada para cada agente. Os pontos fortes, fracos e as oportunidades e riscos (análise SWOT), bem como as vantagens resultantes e a motivação de cada agente, ficam claros para a equipe.

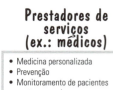

Como o ecossistema corporativo pode ser redesenhado? Como Marc e sua equipe resolvem os problemas de eficiência e eficácia no sistema de saúde, atendendo às necessidades dos pacientes?

Um divisor de águas na equipe de Marc é a implementação da ideia em um blockchain privado para "registros de saúde". Ele inclui o histórico dos pacientes, e eles decidem com quais agentes desejam compartilhar seus dados. Além disso, esses dados podem virar anônimos, de modo que informações relevantes sejam filtradas, e o conhecimento sobre a eficiência e eficácia dos tratamentos, analisado. Assim, esse conhecimento é produzido e os estudos farmacêuticos são facilitados. Os dados de saúde contêm todas as informações relevantes arquivadas em sistemas descentralizados. O acesso é feito a partir da autorização de um blockchain privado, para o qual cada paciente tem uma "chave". Em uma próxima etapa, o sistema geral é aprimorado por meio de inteligência artificial (IA) e aprendizado de máquina para melhorar a eficácia e eficiência do sistema de saúde em médio e longo prazo.

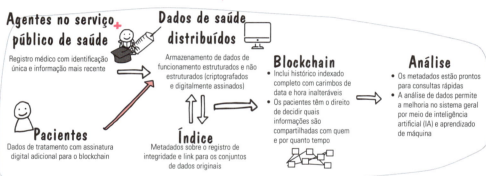

Como Marc pode gradativamente desenvolver as habilidades de design no ecossistema corporativo e visualizar os modelos de negócios de todos os agentes em todas as dimensões?

Marc vive a filosofia do design thinking e progride iterativamente ao preparar um papel dominante no ecossistema corporativo. Ele usou como ponto de partida as estruturas atuais do ecossistema que havia observado, e que foram estabelecidas ao longo dos anos com base na regulamentação e na tecnologia existentes. Por meio de alguns princípios de design, como a eliminação de intermediários ou provedores de sistemas, esses ecossistemas são redesenhados.

COMO PODEMOS...
criar um ecossistema corporativo?

O ponto de partida para o design do ecossistema corporativo é o cliente/usuário e suas necessidades, com base em uma declaração de problema definida. Usamos nossas conhecidas ferramentas de design thinking, como as cadeias de experiência do cliente, perfis do cliente e personas, o que é feito antes do design do ecossistema. Ele geralmente ocorre em dois níveis: clientes usuários e negócios, incluindo as tecnologias e plataformas associadas. Nosso modelo de ecossistema corporativo tem um total de 10 etapas, divididas em "ciclo do design virtuoso", "ciclo de validação" e "ciclo de realização".

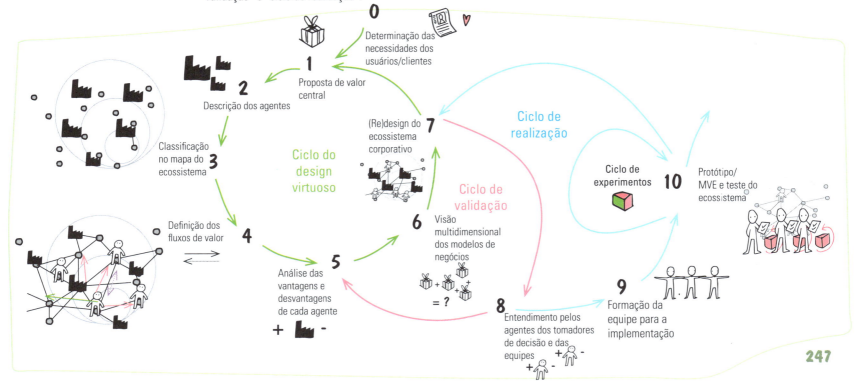

Como começar o ciclo de design virtuoso?

1) Determinação da proposta de valor central

A proposta de valor central para o usuário/cliente, ou para o sistema, é inferida a partir das necessidades do cliente.

2) Definição e descrição dos agentes no ecossistema corporativo

Inicialmente, uma boa maneira de se fazer isso é considerar quais agentes têm relevância no ecossistema. Existem vários papéis genéricos de mercado em sistemas que podemos definir antecipadamente. Para a análise, podemos usar métodos estratégicos e sistêmicos que são bem conhecidos — por exemplo, análise PESTAL [inclui fatores políticos, econômicos, sociais, tecnológicos, ambientais e legais]. Descrições curtas das empresas, nas quais estão a função e o papel no sistema, a motivação primária e a compatibilidade com a proposta de valor central resumem as descobertas. Além disso, percebemos a intensidade dos relacionamentos e o atual modelo de negócios de cada agente e outros aspectos.

3) Organização dos agentes nas diferentes áreas do mapa do ecossistema

Insira os agentes em um mapa do ecossistema. Para o mapa do ecossistema corporativo, podemos trabalhar com uma divisão em quatro partes, por exemplo; dependendo do setor e caso de uso, outras estruturas são possíveis. Concentramo-nos na proposta de valor central. As ofertas complementares expandidas e as redes de habilitação com seus agentes e clientes são alocadas nos círculos externos. As fronteiras entre as áreas são diluídas.

4) Definição dos fluxos de valor e sua conexão com os agentes

Um elemento central no design do ecossistema corporativo é a modelagem dos fluxos de valor atuais e futuros. Para ecossistemas simples em empresas tradicionais, fluxos de produtos/serviços físicos, de dinheiro/crédito e informações são suficientes. Para fluxos de valor digital e digitalizado, esses valores intangíveis são altamente relevantes. Os valores intangíveis podem ser conhecimento, software, dados, design, música, mídia, hospedagens, ambientes virtuais, criptomoedas ou acesso e transferência de direitos de propriedade. Esses fluxos de valor são cada vez mais descentralizados e são trocados diretamente entre os agentes. Além disso, devemos também ter em mente que existem fluxos de valor negativos no sistema, que emergem, por exemplo, por intermédio de uma transferência de risco.

5) Criação de consciência das vantagens e desvantagens de cada agente

Depois que os agentes estão alocados no ecossistema e existe clareza sobre os fluxos de valor, os efeitos para cada agente são analisados. Nesta fase, concentramo-nos nas vantagens e desvantagens que cada agente tem ao colaborar com a rede. Sem vantagens claras, não somos capazes de promover o entusiasmo.

6) Visão multidimensional dos modelos de negócios de todos os agentes no ecossistema-alvo

As análises das fases anteriores nos auxiliam na visão multidimensional dos modelos corporativos. Consideramos em particular a proposta de valor de cada agente para seus clientes e, em última análise, como ele contribui para a proposta de valor central para o cliente/usuário. Garantimos que as propostas de valor dos agentes coincidam. No final, todos eles devem perceber a distribuição de oportunidades e riscos no sistema como justa, e devem entender os fluxos de valor que dele resultam direta ou indiretamente. Para muitas empresas, a interação com um ecossistema corporativo digital faz parte da transformação digital. No Capítulo 3.6, tratamos novamente desse desafio.

7) (Re)design do ecossistema corporativo

Nesta fase, o ecossistema é iterativamente aprimorado. Os agentes são adicionados ou eliminados das iterações. Por exemplo, provedores de plataforma, fornecedores de hardware ou serviços de valor agregado podem ser adicionados para alterar e melhorar o sistema. O impacto sobre os agentes e sobre os fluxos de valor deve ser determinado para cada variante ou ideia do ecossistema novo ou adaptado. Com base em nossa experiência, é importante comprovar a solidez dos cenários por meio de iterações e experimentos.

O que acontece no ciclo de validação?

8) Observação dos tomadores de decisão e membros potenciais da equipe

Projetamos o sistema em fases de 1 a 7, mas apenas a realidade mostra se nossas ideias são viáveis. No ciclo de validação, consideramos com quais agentes específicos queremos inicialmente validar e desenvolver o sistema. A chamada relação interespecífica entre indivíduos e equipes garante a existência de um ecossistema corporativo. Ela representa entender os interesses pessoais, necessidades e motivações dos envolvidos. Em uma simbiose (no sentido mais amplo), em particular, na qual todos os indivíduos se beneficiam da interação, são gerados efeitos positivos que levam ao crescimento do sistema. Junto da decisão racional de fazer parte do ecossistema, a motivação pessoal (por exemplo, de um tomador de decisões) é, no mínimo, relevante.

O que acontece no ciclo de realização?

9) Organização de uma equipe motivada para o design do novo ecossistema corporativo

Ao projetar ecossistemas corporativos, levamos em conta as necessidades dos clientes/usuários e dos agentes. Para uma implementação bem-sucedida, também precisamos das pessoas que os criam.

Os tomadores de decisão definem as condições da estrutura, como o intervalo do MVE, orçamento, prazo e assim por diante, além de serem os facilitadores dos projetos. As equipes são os atores de fato, que contribuem com energia positiva, motivação intrínseca, interesse e habilidades.

10) Formação do ecossistema corporativo passo a passo com o MVE

Use a filosofia do design thinking e as abordagens de lean startup e desenvolvimento ágil para construir iterativamente o ecossistema e aprimorá-lo. Crie protótipos e teste-os sistematicamente. O redesign dos ecossistemas com nível 3 de maturidade (isto é, aqueles que efetuam uma mudança completa no mercado e revolucionam setores de atividade inteiros) constitui um desafio para os negócios tradicionais no que diz respeito à transformação digital. A cultura corporativa, a filosofia vivida e a capacidade de pensar nos ecossistemas corporativos são, portanto, essenciais para o sucesso, ao lado dos elementos já descritos.

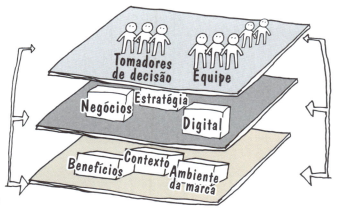

SUPERDICA
Canvas do design do ecossistema corporativo

Como em muitos aspectos trabalhamos com modelos canvas (por exemplo, lean canvas ou de perfil do usuário), tivemos uma boa experiência no uso do canvas do ecossistema corporativo (Lewrick & Link) para o desenvolvimento iterativo do sistema. Os oito elementos ajudarão a equipe de projeto em todo o processo de design (exploração, design, produção, teste, redesign) ao fazer as perguntas certas. A princípio, o ponto de partida para o design de um novo ecossistema não é determinado. No entanto, recomendamos permanecer consistentemente fiel ao ponto de partida típico na fase de exploração, ou seja, registrar as necessidades do cliente e do usuário.

No canvas de design do ecossistema, todas as etapas essenciais são consolidadas. É melhor registrarmos a versão do trabalho após cada iteração (por exemplo, com uma foto). Dessa forma, as considerações são bem documentadas, identificáveis e compreensíveis. Em geral, novos sistemas (abordagem do desconhecido) ou ecossistemas existentes podem ser melhorados com esse canvas. Ao projetar ecossistemas radicalmente novos, certos agentes no ecossistema corporativo podem ser eliminados já na fase de preparação. Outra abordagem prática é a primeira a elaborar o ecossistema corporativo predominante hoje e, em uma segunda iteração, otimizá-lo (redesign). Especialmente se os ecossistemas corporativos precisarem ser radicalmente reestruturados, a segunda abordagem funciona, porque, com essa linha de pensamento, processos, procedimentos, informações e fluxos de valor são redefinidos.

Canvas do design do ecossistema corporativo

Determinação das necessidades dos usuários/clientes

- Quem é o cliente ou usuário?
- Descreva seu perfil de cliente/usuário (prós, contras, tarefas feitas e casos de uso)
- Qual problema deve ser resolvido?

Proposta de valor principal

Qual é a proposta de valor central para o usuário/cliente?

Definição dos fluxos de valor

- Quais são os fluxos de valor atuais e futuros? (positivos e negativos)
- Quais são os fluxos de produtos/serviços, dinheiro/crédito, dados e informações?
- Quais são os fluxos de valor/ativos digitais e digitalizados?

Descrição dos agentes

- Quem são os agentes no ecossistema corporativo?
- Quais são sua função e papel no sistema?
- Qual é sua motivação para participar do ecossistema corporativo?

DESIGN/REDESIGN

EXPLORAÇÃO

DESIGN:
- Quais agentes são fundamentais para a distribuição da proposta de valor central no ecossistema corporativo? (De dentro para fora.)
- Escale os agentes para ofertas avançadas e complementares, permitindo funções e outros agentes que integram direta ou indiretamente o sistema.

REDESIGN:
- Existem vários cenários com diferentes agentes?
- Quais agentes podem ser eliminados?
- Existem agentes que dimensionam fluxos de valor de maneira multidimensional ou melhor?
- O ecossistema corporativo é sólido e capaz de sobreviver no novo cenário?

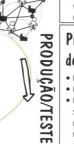

PRODUÇÃO/TESTE

Protótipo, teste e aprimoramento do ecossistema corporativo

- Com qual MVE começamos?
- Como e onde o podemos testar?
- Quais experiências nos ajudam a saber os fluxos de valor, modelos de negócios e o papel dos atores no ecossistema para aprimorar de forma iterativa?

Análise das vantagens e desvantagens de cada agente

- Quais são as vantagens e desvantagens de cada agente?
- Quais são seus pontos fortes/fracos e oportunidades/riscos no sistema?

Visão multidimensional dos modelos de negócios

- Como é o modelo de negócios resultante e a proposta de valor de cada agente?
- Como o respectivo modelo de negócios contribui para a proposta de valor principal?
- A proposta de valor central definida resulta da soma das propostas de todos os agentes?

SUPERDICA
Fatores de sucesso para o design do ecossistema corporativo

Para implementar com sucesso um paradigma baseado no design do ecossistema corporativo, você deve ter em mente cinco fatores de sucesso:

1. Consciência do ecossistema:
Devemos nos ver como parte do ecossistema e desenvolver a capacidade de reconhecer nosso papel e comportamento — e também nos ver através dos olhos de outras pessoas e agentes, bem como de vários ângulos.

2. Compreensão das opções sistêmicas:
Devemos conscientemente refletir sobre os ecossistemas e ter a capacidade de imaginar quais comportamentos produtivos são possíveis para nós mesmos e para todo o ecossistema, de modo a mudar os fluxos de valor de uma forma focada. Começamos com um MVE e o ampliamos passo a passo.

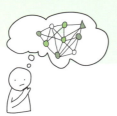

3. Gestão de ecossistemas:
Refinamos nossa capacidade de trabalhar com, para e no sistema, para integrar parceiros (cocriação) e criar vantagens para todos os agentes.

4. Inteligência de ecossistema sustentável:
Promovemos e melhoramos o pensamento sistêmico e o design thinking na área em longo prazo e desenvolvemos ainda mais o ecossistema de maneira ágil.

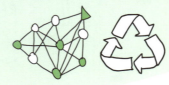

5. Liderança em ecossistemas corporativos:
Integramos o design sistêmico à cultura de nossa organização e rompemos intencionalmente com as regras existentes (black ocean).

QUESTÕES-CHAVE
Ao projetar ecossistemas corporativos

- Reflita sobre os fatores de sucesso do pensamento sistêmico no desenho de ecossistemas corporativos;
- Aceite a complexidade dos ecossistemas e tenha sempre em mente o quadro geral;
- A atividade diária do cliente e suas necessidades constituem uma base importante para muitos modelos de negócios em uma abordagem baseada em ecossistemas;
- Relacione o usuário e os agentes à proposta de valor, às ofertas complementares e aos participantes da rede;
- Conecte os atores aos fluxos de valor, como informações, dinheiro, produtos ou ativos digitais e criptomoedas;
- Pense também em como os agentes do ecossistema ganharão dinheiro e mostrarão possíveis fontes de renda para torná-lo atraente;
- Elimine previamente os agentes específicos no design do ecossistema corporativo (por exemplo, intermediários), que, com base nos saltos tecnológicos, não são mais relevantes;
- Ao aprimorar mais o ecossistema corporativo, concentre-se sempre na experiência do cliente e no crescimento da plataforma, e teste as novas funções de maneira rápida e iterativa;
- Use a tela do ecossistema corporativo para documentar o (re)design e seguir o procedimento descrito;
- Crie um ecossistema viável mínimo (MVE) e amplie-o passo a passo.

3.4 Como ir até o fim

O design thinking passou por várias "eras". Houve a "síntese", na década de 1970, seguida pelos "problemas do mundo real", até o design do ecossistema corporativo. Em todas elas, deparamo-nos com o desafio de implementar com sucesso as soluções em nossas organizações.

Como superar os obstáculos na implementação?

Sabemos por experiência própria que são muitos os que, na empresa, querem ter voz. A busca pela solução é frequentemente posta em questão. Os colegas do departamento jurídico já fizeram objeções ao nosso primeiro protótipo; os especialistas em tecnologia geralmente não estão abertos a soluções não desenvolvidas por eles (síndrome do "não foi feito aqui"); e os descolados do marketing vinculam-se a especificações rigorosas para a gestão de marca [branding] da nova solução.

Além disso, há a opinião da administração, as preocupações do conselho de gerentes de produto e todos os outros comitês que questionam nossas ideias e impedem a implementação. Na maioria das grandes empresas, encontramos resistência semelhante, até porque uma abordagem tradicional de inovação e organização domina a maioria das organizações. Ela se caracteriza pela minimização de erros e maximização da produtividade, pelo desejo de processos reproduzíveis, eliminação da insegurança e variância, e pela necessidade de aumentar a eficiência com as melhores práticas e procedimentos típicos.

O design thinking como tal oferece uma excelente base para iniciar a transformação e inovar de forma ágil. Apostamos em equipes interdisciplinares e colaboração total, promovemos um processo experimental por meio de iterações e, assim, maximizamos o sucesso da aprendizagem. No entanto, muitas de nossas ideias ficam de lado e nunca chegam ao mercado. Como mencionado, um dos problemas centrais aqui é que os principais envolvidos da empresa não integram o núcleo criativo e muitas vezes agem pautados por estruturas e filosofias obsoletas. A forma como a liderança é vivida é resistente a mudanças nos projetos de implementação. Mesmo em um estágio tardio — às vésperas do lançamento — a disposição para mudar é muito requisitada. Pouco antes do lançamento, às vezes percebemos que outros foram mais rápidos em levar a solução ao mercado. Esse é o ponto em que devemos nos fazer várias perguntas importantes, porque as respostas decidirão se nossa ideia é válida ou descartável:

- Como podemos, no entanto, alcançar o sucesso de mercado com outras abordagens?
- Já pensamos em todos os tipos de modelos de negócios?
- Qual proposta de valor cria um "burburinho" entre os clientes?
- Existe a possibilidade de projetos de parceria no ecossistema que proporcionem escala à nossa solução?

Como descrito nos capítulos anteriores, a colaboração com parceiros é cada vez mais vital para o sucesso no mundo digital. Muitos componentes podem ser fornecidos por empresas no ecossistema corporativo, especialmente quando se trata de tecnologias que não dominamos. A colaboração pode ser estimulante para o desenvolvimento da ideia atual. As vantagens são óbvias: aumentamos a velocidade e a eficiência, participamos de novas tendências e tecnologias e reduzimos os custos de desenvolvimento. Como empresa, porém, precisamos para isso da capacidade de lidar com modelos de inovação aberta, especialmente na forma de colaboração e habilidades exploratórias/exploradoras. Com relação a esta última, somos rapidamente confrontados com o problema da propriedade intelectual (PI), mas o que parece ser ainda mais importante hoje são aspectos como quem possui os dados das soluções digitais e a questão da usabilidade.

Como podemos, como um "petroleiro", agir como uma lancha?

Na colaboração de empresas tradicionais com startups, duas culturas que seguem regras e hierarquias diferentes se chocam. As empresas receptivas à chamada abordagem intraempreendedora têm a oportunidade de desenvolver uma cultura corporativa na qual riscos maiores são assumidos. Tais abordagens se beneficiam do fato de que as equipes autônomas desenvolvem suas ideias de forma independente e com espírito empreendedor, dimensionam as inovações existentes ou se estabelecem no mercado. Essa abordagem se contrapõe à ideia de tomada de decisão central gravada no DNA das empresas tradicionais; além disso, há o risco de que as habilidades fornecidas e os recursos limitados não consigam dar escala à ideia no mercado de forma bem-sucedida.

Como as soluções desenvolvidas chegam ao mercado?

Para Lilly, seu trabalho na universidade geralmente terminava quando os participantes apresentavam seus resultados. A implementação da solução não foi um grande problema para ela. Contudo, o feedback dos parceiros do setor e dos participantes sobre a implementação fez com que ela refletisse. As oportunidades mais celebradas não encontram brechas para a maturidade do mercado.

Para as oportunidades de mercado bastante simples, a abordagem discutida anteriormente, de implementar a ideia com uma startup, é provavelmente a mais básica. Você mune as equipes de recursos financeiros por um ano e lhes apoia com coaching, enquanto amadurece a oportunidade nesse período. Por um lado, isso minimiza o risco; você também evita os obstáculos inscritos no DNA das empresas tradicionais. Tais variantes de implementação infelizmente foram esporadicamente escolhidas até agora, porque, entre outros fatores, requer a disposição da equipe em levar adiante a ideia em um empreendimento por um tempo.

Ação é o segredo!

Mas Lilly também sabe muito bem que a implementação será um dos fatores mais importantes para o sucesso futuro. A partir de um estudo promovido em conjunto pela HPI e Stanford, em 2015, Lilly sabe que o design thinking gera muitos aspectos positivos para a cultura e colaboração no trabalho. O notável, porém, é que os dez principais efeitos do design thinking não incluem um bom número de serviços e produtos inovadores lançados no mercado. Em nossa opinião, isso ocorre porque a implementação não é complementada como a última e crucial fase do processo. Como uma filosofia, o design thinking deve ser estabelecido na empresa de forma holística para que seja implementado com sucesso. Infelizmente, a realidade é que a maioria das organizações respondentes (72%) usam o design thinking de uma maneira mais tradicional, ou seja, em áreas isoladas das "pessoas criativas" na empresa — um fato que Jonny infelizmente observa também em seu empregador. Portanto, não devemos nos surpreender com o fato de que as ideias são abortadas no início da implementação.

IMPLEMENTAÇÃO = 🔑

Perguntamos a 200 pessoas...

Quais são os efeitos do design thinking?

- Os processos de inovação são mais eficientes
- Temos uma cultura corporativa melhor
- Os custos são reduzidos
- Os usuários são mais integrados
- A lucratividade aumenta
- As vendas sobem

SUPERDICA
Trabalhe como uma criatup

As criatups (ou "startups de criação") são empresas jovens, que funcionam como laboratórios de pesquisa. Por trás desses laboratórios, geralmente há uma forte personalidade empreendedora, como Marc e seus cofundadores. Os fundadores muitas vezes estudaram em universidades de elite e agregam conhecimentos profundos de seus estudos, bem como a habilidade de planejamento. Sua intenção é principalmente projetar novos modelos de negócios, e eles vivem uma cultura caracterizada por:

- visão clara;
- estratégia de longo prazo;
- forte compromisso pessoal por parte do fundador; e
- alto nível de tolerância ao risco.

Uma abordagem típica para as startups de criação é transformar os modelos de negócios e renovar o mercado. Elas criam uma proposta de valor, por exemplo, que oferece valor agregado com melhores condições de preço/desempenho ou interrompem um determinado ecossistema corporativo. Os colaboradores de uma criatup são apaixonados pela visão da empresa. Em vez de jogos de poder, hierarquias e estruturas rígidas, a cultura predominante visa a resolver problemas. Junto a uma filosofia positiva, o foco é materializar oportunidades de mercado. Ao fazer isso, a criatup faz uso intenso da rede que já foi construída e cultivada nas universidades de elite. Veja o Capítulo 2.2, em que descrevemos a estrutura Connect 2 Value.

As empresas já estabelecidas têm muito a aprender com a filosofia das startups de criação. Elas partem de uma visão clara e mantêm um pensamento em rede, que se expressa no envolvimento de todos os agentes na solução do problema, bem como em estruturas organizacionais ágeis e planas.

Startups de Criação
~~STARTUPS~~

Modelos organizacionais tradicionais

Sem equipe de projetos

Laboratórios experimentais

257

SUPERDICA
Envolva todos os participantes: trabalhe com mapas

Como muitas vezes, nas grandes empresas, estamos distantes da filosofia das criatups, é ainda mais importante envolver ativamente os agentes externos relevantes, bem como o pessoal interno envolvido no processo de solução de problemas. O lema é: transforme as partes afetadas em participantes. Se incluirmos os principais envolvidos nas fases iniciais do processo de design, eles entenderão muito melhor por que uma declaração de problema mudou, quais necessidades os clientes em potencial têm e quais funções são importantes para um usuário. Assim que esse entendimento é atingido, todos os interessados comumente ajudam de forma proativa a levar a solução ao mercado. Ainda sentiremos resistência, mas muito menos do que se envolvêssemos as partes afetadas apenas no final do processo. Descobrimos que a abordagem do lean canvas é uma boa maneira de fazer isso (veja o Capítulo 3.2). Dentro da empresa, o marketing pode ser incluído no desenvolvimento de perfis de clientes, os estrategistas da empresa estão intimamente envolvidos na elaboração dos aspectos financeiros do modelo de negócios e os gerentes de produto se responsabilizam pela formulação de uma excelente proposta de valor. Assim, todos os participantes se identificam mais fortemente com o processo de desenvolvimento quando a solução é implementada posteriormente.

Pouco antes do final do ciclo de design thinking, é útil dedicar um tempo para elaborar uma estratégia de implementação, e é ainda melhor pensar um pouco nela. Especialmente para empresas geridas de forma tradicional, um mapa de todos os principais envolvidos é muito útil para superar seus muitos obstáculos da melhor maneira possível. Esse tipo de mapa identifica os agentes mais importantes e seus relacionamentos uns com os outros. Eles são nossos clientes internos, para quem precisamos vender o projeto. As principais questões que temos que nos fazer são:

- Quais são os desafios atuais do ponto de vista do diretor financeiro?
- Como a diretoria de marketing pode se distinguir mais com a nossa iniciativa?
- O que a diretoria de produção obtém ao favorecer nossa ideia?
- Como a ideia se encaixa na grande visão do CEO?
- Como a ideia se combina com a estratégia corporativa?
- Quem impede a ideia e por quais razões?

O procedimento para criar um mapa real dos principais envolvidos é simples. Usamos algumas peças, que, se já representarem personagens, funcionam muito bem. Peças de Lego "Fabuland" são ideais. Então, precisamos de uma grande mesa, que cobrimos com uma folha de papel. Pegamos post-its e canetas, algumas fitas, peças de Lego e cordas. Os últimos são usados para criar e demonstrar conexões entre os envolvidos. A discussão deve ser aberta. No final, são definidas as medidas necessárias para abordar os envolvidos individualmente de forma orientada.

SUPERDICA
Organizações planas e ágeis

Toda grande empresa sonha com as estruturas organizacionais não hierarquizadas e ágeis de uma criatup, que possibilitam a rápida gestão e implementação de oportunidades de mercado. Transformar uma organização inteira é uma tarefa mais demorada, portanto, é aconselhável uma abordagem paulatina.

Com base em nossas observações, recomendamos começar aos poucos e apostar em uma transição gradual. Idealmente, começamos com uma equipe que tente trabalhar de forma ágil e faça experimentos com isso (nível 1 de maturidade). O foco está em aprender a trabalhar agilmente. Na segunda etapa, estendemos a abordagem para uma segunda equipe, que possui características semelhantes à primeira. Essas equipes desenvolvem, por exemplo, novas funcionalidades para produtos existentes em ciclos relativamente curtos, tornando os clientes mais felizes com suas ideias; ou testam um novo modelo de negócios para uma solução existente. Na terceira etapa, você estende a agilidade para toda a organização. Várias equipes desenvolvem um modelo de negócios, produto ou serviço de forma completamente autônoma. Uma estratégia clara e inequívoca ajuda as equipes a se orientarem e alinharem suas atividades aos objetivos corporativos. É importante que essas equipes estabeleçam uma colaboração além das unidades organizacionais, e que a média gerência esteja disposta a ceder responsabilidade. O gerenciamento ágil de programas constitui a base para uma governança enxuta de projetos. Na quarta etapa, replicamos a abordagem na organização para torná-la ágil. O melhor indicador de que esse objetivo foi atingido é quando a organização ágil inova de dentro para fora. No último estágio, as equipes agem de forma autônoma, lançam novas iniciativas dentro da missão definida e as implementam "on the fly" (ou seja, em ciclos curtos) no mercado.

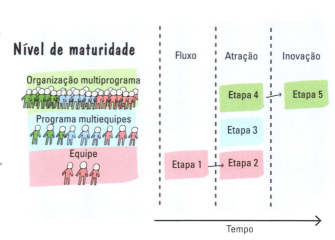

Esta colaboração de várias equipes em uma organização multiprograma é também chamada de "equipes de equipes". "Agremiações" ou "tribos" são outros termos frequentemente usados nesse contexto.

SUPERDICA
Transfira a responsabilidade às turmas

O trabalho em turmas é mais parecido com o das criatups. Uma empresa que se enquadra nessa categoria é o Spotify, cujo gerenciamento depende consistentemente de tribos, turmas, módulos e agremiações. Como a maioria das criatups, o Spotify tem uma visão poderosa ("Música para todos os momentos"), que possibilita às tribos e turmas alinharem suas atividades. Especialmente em empresas voltadas para a tecnologia, um nível mais alto de excelência dos colaboradores é alcançado em pouco tempo dessa maneira.

No Spotify, os colaboradores trabalham em tribos. Uma tribo tem até 100 integrantes, responsáveis por um portfólio compartilhado de produtos ou segmentos de clientes, e se organiza da maneira mais simples possível, de acordo com suas necessidades. As turmas formam-se dentro das tribos que cuidam de uma declaração de problema, agem de forma autônoma e se auto-organizam. Especialistas de várias áreas as integram e realizam inúmeras tarefas. Toda turma tem uma missão clara; no Spotify, pode ser a melhoria das funções de pagamento ou busca, ou de recursos, como as estações de rádio. As turmas estabelecem sua própria narrativa e são responsáveis pelos lançamentos no mercado. A missão faz parte da visão claramente definida. Os módulos garantem a troca no nível técnico, são comunidades com habilidades específicas, que costumam ser supervisionadas por um superior direto.

As agremiações surgem com base em interesses comuns. Grupos de interesse se formam em torno de uma questão de tecnologia ou mercado, por exemplo, e então atuam transversalmente entre as tribos. Uma agremiação pode lidar com a tecnologia blockchain e discutir seu uso no futuro mundo da música.

A organização é uma rede com baixo nível de hierarquização. As turmas trabalham diretamente umas com as outras e seus limites são fluidos. Em tais estruturas, tendemos a colaborar de forma integral para resolver um problema; por exemplo, nos encontramos por um objetivo e dissolvemos a colaboração da mesma maneira. Dessa forma, surgem organizações em rede. Para tais abordagens, é aconselhável dar adeus às descrições de funções tradicionais e aos níveis hierárquicos.

3 fatores que levam a um melhor desempenho e satisfação pessoal:

- **AUTONOMIA**
- **PROPÓSITO E SENTIDO**
- **RESPONSABILIDADE PESSOAL**

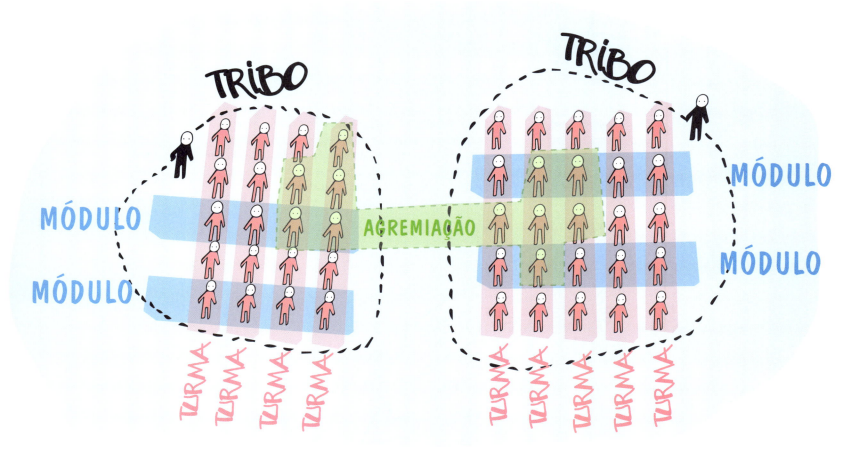

Características de turmas autônomas:

- Sensação de estar em uma "ministartup";
- Auto-organização;
- Multifuncionalidade;
- De cinco a sete pessoas.

SUPERDICA
Transfira a responsabilidade às turmas

Ao implementar oportunidades de mercado em grandes organizações, não podemos evitar a avaliação. As dimensões das abordagens do tradicional indicador "balanced scorecard" [centrado nas perspectivas financeira, de mercado, processos internos e aprendizagem] e dos sobejamente conhecidos indicadores-chave de desempenho não são convenientes, e devem ser substituídas por novas perguntas. Em particular, se a empresa estiver em fase de transformação, elas devem ser reconsideradas e/ou descartadas. Recomendamos incluir os principais elementos de uma organização orientada para o futuro na cadeia de causa e efeito. A capacidade de pensar em ecossistemas e a paixão das equipes pelo cumprimento da missão são elementos cruciais da gestão.

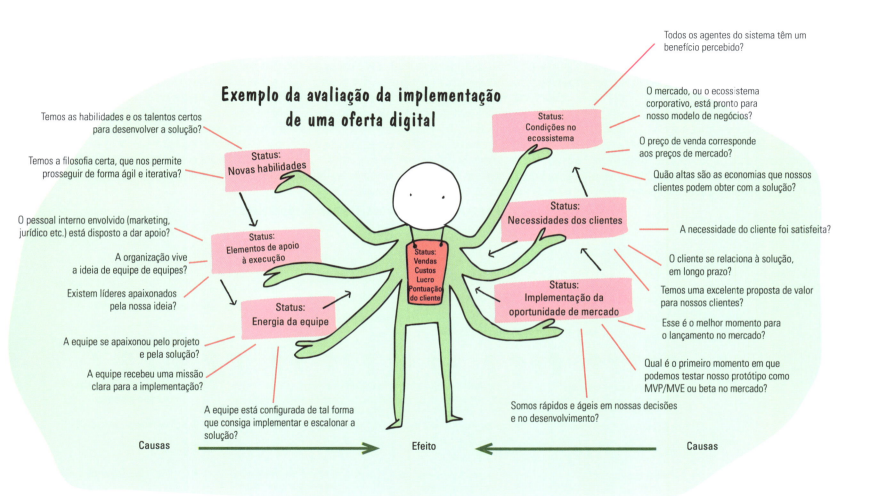

SUPERDICA
Troca contínua de ideias entre as equipes de design

Projetos de inovação e de solução de problemas são utilizados em diferentes áreas da empresa, o que obviamente significa que o prazo e a definição do futuro também são diferentes para cada equipe. Em empresas ágeis, fortemente baseadas em tecnologia, o prazo para novos serviços e produtos não costuma passar de um ano. Para os grupos de produtos, os ciclos duram de 12 a 24 meses, dependendo do foco do setor. Para decisões importantes, em plataformas com grandes investimentos, o padrão é um prazo de até cinco anos, devido ao prazo de retorno. A projeção estratégica enquanto elemento de design se estende de cinco a dez anos. Além do papel de mercado desejado, pensa-se em quais modelos de negócios gerarão a receita no futuro. Além disso, são feitas avaliações sobre como as megatendências afetam a empresa e seu portfólio. Descobrimos que a contínua troca de ideias entre as equipes é um fator de sucesso se, em última instância, quisermos ser inovadores de forma focada — sempre conscientes, é claro, do prazo que a equipe de design tem em mente. Na terminologia de uma organização moderna, os módulos possibilitam esse intercâmbio transversal. Além disso, os respectivos departamentos e unidades de negócios, ou turmas e tribos, precisam de noções de planejamento de uma estratégia primordial para que posicionem sua missão no contexto certo. Os contatos externos são um fator crucial de sucesso.

QUESTÕES-CHAVE
Ao implementar soluções bem-sucedidas

- Determine os envolvidos relevantes da empresa em um estágio primário e envolva-os em seu desafio de design;
- Desenvolva a estratégia de implementação com medidas específicas, baseada no mapa dos envolvidos, antes de iniciá-la;
- Estabeleça estruturas organizacionais ágeis e enxutas, que acelerem a entrada no mercado;
- Apoie a iniciativa adicional dos projetos de implementação por meio de projetos de cooperação externa com parceiros, startups e clientes;
- Siga uma abordagem passo a passo para a transformação em uma organização ágil. Primeiro, forme equipes pequenas e ágeis; em seguida, escale o procedimento com estratégia e orientação claras para os colaboradores;
- Aceite que nem todos os projetos, setores e tarefas são adequados para um formato organizacional ágil;
- Sempre defina uma visão clara em organizações ágeis. Caso contrário, as tribos terão dificuldade em especificar suas tarefas. As turmas precisam da visão primordial para alinhar sua missão a ela;
- Estabeleça uma conscientização para o fato de que as equipes de projeto têm diferentes ciclos de planejamento;
- Promova uma colaboração transversal, como através de agremiações.

3.5 Por que alguns critérios de design mudam no paradigma digital

Peter fica cada vez mais fascinado pelas possibilidades digitais. Passo a passo, os robôs serão implementados em vários níveis e interagirão autonomamente conosco. Bill Gates disse certa vez: "Haverá um robô em todas as casas até 2025." Peter acredita que esse avanço ocorrerá ainda mais cedo. Os carros dirigem autonomamente em rodovias e vias privadas, e novas possibilidades estão surgindo continuamente na área de robótica em nuvem e inteligência artificial. Novas tecnologias, como blockchains, nos permitirão realizar transações inteligentes seguras em sistemas abertos e descentralizados.

Mas o que isso significa para os critérios de design quando desenvolvemos soluções para os sistemas do futuro?

No futuro, objetos inteligentes e autônomos também serão usuários e clientes!

CASO DE USO AUTÔNOMOS TRÂNSITO

Os veículos vão se comunicar de forma autônoma, estacionar, pegar você, dirigir.

Vá para casa, por favor...

Para onde vamos, Peter?

Em um mundo não digital, o relacionamento com as pessoas é primordial para uma experiência melhorada. Quando olhamos para o desenvolvimento dos processos digitais, com suas várias prioridades, os critérios de projeto são estendidos ao longo do tempo. Para as próximas grandes ideias no campo da robótica e dos processos digitais, novos critérios tornam-se relevantes, porque os sistemas interagem e ambos (robôs e seres humanos) ganham experiência e aprendem uns com os outros. Um relacionamento será criado entre o robô e o ser humano e eles agirão como uma equipe.

Portanto, entre outros fatores, confiança e ética tornam-se importantes critérios de design na relação de equipe ser humano-máquina. A chamada computação cognitiva visa a desenvolver robôs com as capacidades humanas de autoaprendizagem e proatividade. Atualmente, muitos projetos e desafios, dependendo do setor, ainda estão em fase de transição do e-business para o digital. A transformação digital é, portanto, um foco primário para as empresas caso queiram permanecer competitivas e explorar fontes de renda, até então desconhecidas, por meio de novos modelos de negócios.

TEMPO →	1994 →	2004 →	2014 →	FUTURO
	Mundo analógico/não digital	Internet/web	E-business Marketing digital	Negócios digitais/ Internet das Coisas	Máquinas (semi)autônomas/ "robôs"
Foco	Relação com os seres humanos para uma experiência melhor	Relacionamento expandido em novos mercados e países	Transformação da interação com o cliente em um meio global e eficiente	Expansão do relacionamento de pessoas com máquinas	Máquinas inteligentes e (semi) autônomas interagem com pessoas e sistemas sociais
Critérios de design	• Necessidades • Simplicidade • Funcionalidade	• Networking • Disponibilidade • Dados	• Informação • Negócios inteligentes • Big data	• Conhecimento • Predição • Acesso a sensores	• Confiança • Adaptabilidade • Intencionalidade
Sistemas	• Pessoas	• Pessoas • Web	• Pessoas • Nuvem	• Pessoas • Sensores • Objetos	• Pessoas • Máquinas • Robôs • Sistemas sociais • Culturas
Resultados	Relacionamento otimizado	Relacionamentos expandidos	Interações e canais otimizados	Novos modelos de negócios	Relacionamento humano-máquina próximo, como equipe

Quais são os critérios de design do futuro?

Os critérios de design começam a mudar quando as máquinas atuam autonomamente. Nesse caso, os seres humanos colaboram com robôs. Os robôs realizam tarefas isoladas, enquanto o controle centralizado ainda está nas mãos dos seres humanos.

Tudo se torna realmente emocionante quando os seres humanos interagem com os robôs como equipes, que têm possibilidades de longo alcance e podem:

- tomar decisões mais rápidas;
- avaliar muitas decisões de forma síncrona;
- resolver tarefas difíceis; e
- executar tarefas complexas.

Critérios relevantes, que devem ser preenchidos por uma equipe humano-robô, são inferidos da estrutura específica de uma tarefa. O design thinking combina as características da tarefa e as dos membros da equipe. Mas, se pessoas e robôs agirem juntos em uma equipe no futuro, surge a questão de saber se é mais importante, para nós, manter a autoridade de tomar decisões ou fazer parte de uma equipe eficiente. No final, um bom desempenho da equipe é provavelmente mais importante. No entanto, criar uma equipe funcional é complexo porque três sistemas são relevantes na relação entre seres humanos e robôs: o ser humano, a máquina e o ambiente social ou cultural.

O grande desafio é como os sistemas se entendem. As máquinas apenas processam dados e informações. As pessoas têm a capacidade de reconhecer emoções e moldar suas atividades, enquanto ambas têm dificuldades na área do conhecimento. Saber o que os outros sabem é fundamental! E, depois, há o elemento dos sistemas sociais. O comportamento humano difere amplamente devido a suas formas particulares de existência em diferentes culturas e sistemas sociais.

Não se esqueça, ética: como um robô decide em uma situação limite? Suponhamos que um caminhão autônomo entre em uma situação limítrofe, na qual deva decidir se desvia para a direita ou para a esquerda. Um casal de aposentados está de pé à direita; à esquerda, há uma jovem mãe com um carrinho de bebê. Quais são os valores éticos que fundamentam a decisão? A vida de uma mãe com um filho pequeno vale mais do que as dos aposentados?

O ser humano toma decisões intuitivas em situações tão limítrofes, baseadas na própria ética e nas regras conhecidas.

Ele pode decidir se quer quebrar uma regra em uma situação limítrofe, como não frear em um sinal de parada. Um robô segue as regras que lhe foram passadas a esse respeito.

Mesmo uma ação simples, como servir café, mostra que confiança, adaptabilidade e intencionalidade no relacionamento humano-robô são um desafio para o design dessa interação.

A questão é: Como o mundo dos robôs e objetos autônomos se integra ao desenvolvimento de novas soluções digitais?

Hoje, as reflexões de Peter sobre o design thinking ainda são voltadas para os seres humanos. Ele cria soluções que melhoram a experiência do cliente e automatizam os processos existentes. Você pode chamá-las de transformação digital 1.0. Em níveis de maturidade mais altos dessas tecnologias, as coisas ficam muito mais desafiadoras. Com o aumento da maturidade, os robôs também tornam-se mais autônomos. Não apenas funções isoladas ou cadeias de processo são automatizadas, mas robôs interagem conosco de forma contextual, atuando multidimensionalmente. A confiança, junto à adaptabilidade e intenção, será um dos critérios de design mais importantes, portanto, um bom design exigirá todos esses requisitos para a interação homem-máquina no futuro.

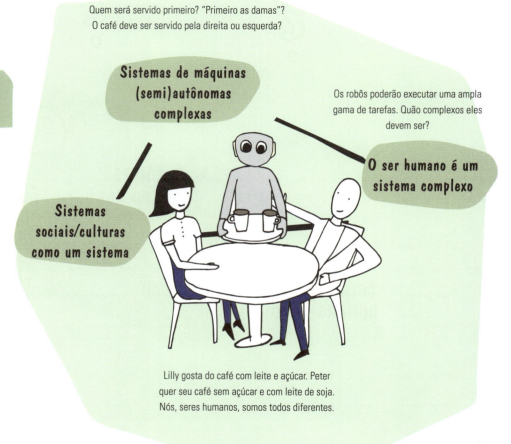

Quem será servido primeiro? "Primeiro as damas"? O café deve ser servido pela direita ou esquerda?

Sistemas de máquinas (semi)autônomas complexas

Os robôs poderão executar uma ampla gama de tarefas. Quão complexos eles devem ser?

O ser humano é um sistema complexo

Sistemas sociais/culturas como um sistema

Lilly gosta do café com leite e açúcar. Peter quer seu café sem açúcar e com leite de soja. Nós, seres humanos, somos todos diferentes.

Peter tem um novo desafio de design que quer resolver em colaboração com uma universidade na Suíça. Ele está em contato com suas equipes de docentes. Seu desafio de design consiste em encontrar uma solução para registrar drones e determinar sua localização. Atualmente, os drones autônomos, em sua maior parte, ainda não estão lá fora, mas estão ficando cada vez mais autônomos e voarão sozinhos no futuro. Eles executarão tarefas nas áreas de monitoramento, reparo e entrega; prestarão serviços correspondentes; ou serão simplesmente usados em aplicações relacionadas a estilo de vida.

Desafio de design:
"Como projetar o processo de registro e rastreamento de drones (>30kg/<30kg)/(>66lbs/<66lbs) em uma plataforma central?"

Os participantes da "área do design thinking" começam a trabalhar. Uma solução técnica para registrar os drones e identificar sua localização deve ser encontrada rapidamente; entrevistas com especialistas em monitoramento de voo corroboram a necessidade de tais soluções. Um incidente em um aeroporto francês, quando um avião comercial escapou de um drone no último minuto durante o pouso, reforçou essa necessidade.

Como todos os interessados estão envolvidos em tal desafio de design, os alunos dão um passo adiante e entrevistam os pedestres na cidade. Eles logo percebem que a população em geral não está muito entusiasmada com os drones e aceita-os apenas de forma parcial. A equipe de design thinking encontrou um problema muito mais formidável do que a solução técnica: a relação entre ser humano e máquina. Especialmente no ambiente cultural da Suíça, em que ocorre o desafio do design, é importante prestar atenção às normas e padrões gerais, como proteção contra invasões à liberdade pessoal por parte do governo ou de outros agentes. Os participantes veem uma declaração de problema complexa e reformulam seu desafio de design com a seguinte pergunta:

Novo desafio de design:
"Como projetar a experiência de interação entre drones e seres humanos?"

Com base nesse novo desafio de design, a questão é entendida de outra maneira. O resultado é que a solução técnica é colocada em segundo plano, enquanto a relação entre o homem e a máquina ocupa o centro do palco de uma forma mais intensiva como critério crítico de projeto. Expandir os critérios de design serve como base para uma solução na qual todos podem identificar drones e, ao mesmo tempo, obter serviços melhorados a partir dessa interação.

"Sei quem você é, e parece amigável"

Nesse caso, um protótipo desenvolvido consiste em um app conectado à nuvem em potencial, na qual se tem as informações de tráfego dos drones. Através dos dados de posição, o "Drone Radar App" o detecta. A característica principal é que o drone para o qual a informação é recuperada cumprimenta o pedestre com um "aceno amigável". Esse recurso foi muito bem recebido pelas pessoas entrevistadas e mostra como o comportamento humanizado minimiza o medo dos drones. Outros protótipos também mostram que fazer contato de maneira amigável, ou um serviço associado, melhora esse relacionamento.

Como Peter realizou o "projeto drone", ele se pergunta como os robôs interagirão com os seres humanos no futuro. Quais casos de uso existem?

Quais sentidos podem ser capturados por robôs?

SUPERDICA
Coexistência de persona e robona

Como os exemplos de veículos autônomos e drones demonstraram, o futuro será caracterizado por uma coexistência entre seres humanos e máquinas. A relação entre seres humanos e robôs será decisiva para a experiência. Para as considerações iniciais, a criação de uma "robona" junto com uma persona provou ser útil.

A criação de uma robona surge do canvas de equipe humano-robô (Lewrick e Leifer), com o relacionamento entre eles no cerne da questão. Interação e experiência entre robona e persona são os pontos cruciais. Por um lado, a informação é trocada entre os dois de forma relativamente fácil, porque certas ações são normalmente realizadas 1:1.

A situação fica mais complexa quando as emoções integram a interação, porque devem ser interpretadas e entendidas no contexto certo. A troca de conhecimento requer sistemas de aprendizagem; somente uma interação sofisticada entre esses componentes avalia adequadamente as intenções e atende às expectativas. É especialmente aplicável nesse contexto que sistemas complexos exijam soluções. A complexidade é intensificada na relação humano-robô e nas metas da equipe.

274

SUPERDICA
Design de "confiança" para robôs

A confiança é construída e desenvolvida de diferentes formas. O exemplo mais simples é dar ao robô uma aparência humana. Podem surgir máquinas no futuro que se comuniquem com as pessoas e, ao mesmo tempo, causem uma impressão confiável em seu interlocutor humano. Os projetos do "Human Centered Robotics Group", que criou uma cabeça de robô que lembra o interlocutor humano de uma garota de mangá, são bons exemplos disso. A criação, baseada em características infantis (olhos grandes), forja uma impressão inocente — usa os principais estímulos de crianças pequenas e animais jovens, que emanam de suas proporções (cabeça grande, corpo pequeno). O robô também cria confiança porque reconhece quem está falando com ele: faz contato visual, demonstrando atenção plena. Não apenas a maneira como um robô deve agir, mas também como ele deve ser, depende do contexto cultural. Na Ásia, os robôs são estruturados como seres humanos, enquanto na Europa são objetos mecânicos. O primeiro robô norte-americano era um grande homem de lata. O primeiro robô japonês era um grande, gordo e sorridente Buda.

Uma vez que os robôs tornem-se mais semelhantes aos seres humanos, poderão ser usados de forma mais flexível: ajudar tanto no cuidado de idosos quanto nos canteiros de obras. A confiança é criada quando o robô se comporta de uma maneira esperada pelo ser humano e, em particular, quando o ser humano se sente seguro com esse comportamento. Robôs que não machucam as pessoas em seu trabalho — que param em situações de emergência — são confiáveis. Essa é a única maneira para interagirem em equipe com as pessoas. Ambos aprendem, estabelecem confiança e são capazes de reduzir as interrupções no processo. A confiança se torna mais complicada em termos de atividades entre seres humanos e robôs em diferentes sistemas sociais ou quando as atividades são apoiadas pela robótica de nuvem. Assim, a interface não é representada por grandes olhos indutores de confiança, mas por ajudantes autônomos que nos dirigem, nos guiam, e nos conferem uma boa base para decisões.

SUPERDICA
Design de "emoções" para robôs

As emoções são tão importantes quanto a confiança no relacionamento entre robô e ser humano. O ser humano espera que o robô reconheça emoções e aja em consonância. Não há dúvida de que os seres humanos têm emoções e que seu comportamento é influenciado por elas. Nosso comportamento no trânsito é um bom exemplo: nosso estilo de direção é influenciado pelas emoções, e reagimos ao estilo de direção dos outros. Estamos com pressa porque precisamos ir a uma consulta. Estamos relaxados porque nossas férias acabaram de começar. Dirigimos de forma agressiva porque tivemos um dia ruim. Como um carro autônomo lida com tais emoções e tendências? O robô deve adaptar seu comportamento e, por exemplo, dirigir mais rápido (mais agressivamente) ou mais devagar (com mais cautela). Se necessário, deve ajustar a rota, porque queremos desfrutar do cenário ou ir de A a B o mais rápido possível. Uma possibilidade é que, no futuro, transfiramos nossa personalidade e preferências como um DNA pessoal para sistemas distribuídos e, assim, forneçamos-lhes um estoque de informações. Outra possibilidade é que vários sensores transmitam informações adicionais em tempo real, o que ajuda o robô a tomar a decisão certa para a situação emocional com facilidade e rapidez.

Portanto, o reconhecimento das emoções e a adaptação situacional do comportamento terão um significado ainda maior no futuro. Os últimos desenvolvimentos nessa área incluem "Pepper", o robô humanoide da empresa de telecomunicações Softbank, que interpreta emoções.

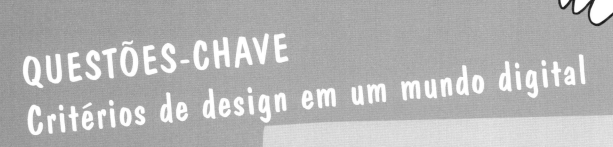

QUESTÕES-CHAVE
Critérios de design em um mundo digital

- Aceite que o cliente do futuro pode ser um robô;
- Integre interações de design que reflitam a coexistência de máquinas e seres humanos;
- Tire proveito do fato de que seres humanos e robôs são mais eficazes quando atuam em equipe;
- Projete todas as áreas necessárias para a interação humano-robô. Há uma troca de informações, conhecimentos e emoções;
- Foque a confiança. Ela evolui quando o interlocutor se comporta como o esperado;
- Use uma robona junto da persona, para que a interação e o relacionamento sejam demonstrados;
- Defina uma estratégia que leve em conta que o dilema das decisões morais é difícil para os robôs aprenderem, e que eles agem de acordo com o algoritmo que foi programado neles;
- Esteja ciente de que os critérios de design mudam e que sistemas complexos exigem soluções complexas.

3.6 Como iniciar a transformação digital

A transformação digital está na boca de todos; e a filosofia do design thinking, cocriação e colaboração radical de equipes interdisciplinares em novas soluções e experiências do cliente constituem um primeiro passo para iniciar essa transformação. Marc já está trabalhando nessa filosofia com sua equipe. Para ele, uma maneira ágil e iterativa de trabalhar é algo óbvio e parte integrante da cultura que sua equipe vive. Nos capítulos anteriores, já mostramos algumas ferramentas e métodos de como até empresas tradicionais podem participar dessa filosofia. Foi mostrado como podemos:

- definir novos caminhos com projeção estratégica;
- (ainda) desenvolver modelos de negócios;
- perceber novos fluxos de valor pensando nos ecossistemas corporativos; e
- colaborar de forma ágil e em rede em novas formas organizacionais, e assim por diante.

Existem muitas outras categorias igualmente importantes, mas, na maioria dos casos, muito específicas para o respectivo setor. Elas começam com nossa coleta e análise de dados e vão até a maturidade da automação ou nossa disposição em impulsionar a descentralização e a inteligência em sistemas abertos.

Comece a transformação digital com um workshop de design thinking

Para empresas tradicionais e centradas no produto, um workshop de design thinking funciona frequentemente como forma de superar o abismo digital e, portanto, é o pontapé inicial para a transformação em um negócio digital. Os líderes digitais têm uma visão clara, dominam inovações tecnológicas, vivem uma nova filosofia e atuam com equipes de equipes ao implementar sua estratégia.

Para que as várias equipes atuem de forma auto-organizada, mas ainda com uma direção distinta, é necessária uma visão clara, a partir da qual a estratégia digital deriva. A direção em que a empresa deve se desenvolver precisa estar clara para todos os integrantes.

A nova filosofia será crucial para a transição de uma forma de pensar mais dedutiva para uma de design thinking; as atitudes de cada indivíduo e da equipe devem ser relacionadas. Para que as equipes interdisciplinares alcancem resultados excepcionais, uma energia positiva é absolutamente essencial.

Cada empresa e setor devem definir de quais tecnologias e inovações precisam e quais integrarão sua proposta de valor. É melhor que o conhecimento dessas tecnologias-chave esteja disponível de forma confiável na própria empresa ou no ecossistema corporativo. Uma possibilidade aqui é a colaboração de startups ou universidades. O desenvolvimento de talentos voltados à área digital deve ser assegurado. Junto com o conhecimento técnico, o metodológico e a colaboração em equipes interdisciplinares devem ser desenvolvidos.

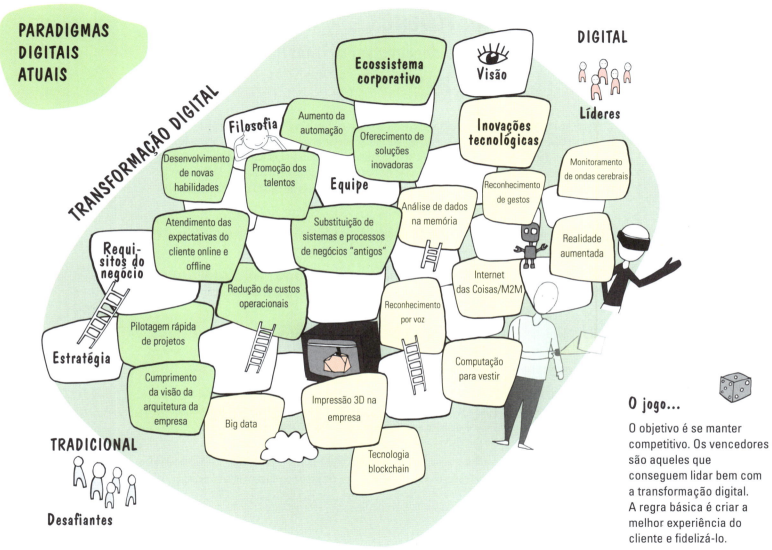

COMO PODEMOS...
iniciar e desenvolver a transformação digital passo a passo

Como mencionado, as empresas tradicionais devem, metaforicamente falando, superar o abismo digital para promover a transformação digital. Pressupostos anteriormente válidos não se aplicam mais, incluindo o desenvolvimento centrado no produto, estruturas organizacionais hierárquicas tradicionais e um forte foco em participação de mercado e cadeias de transações físicas com intermediários. Em muitos setores, isso significa uma transformação de toda a organização. Os possíveis passos para desenvolver essas habilidades podem ser:

1. Criar uma nova filosofia com o design thinking. Novas soluções e experiências do cliente se desenvolvem em conjunto com eles (cocriação).

2. Estender esse tipo de trabalho/colaboração para a empresa. O maior número possível de equipes deve poder colaborar de maneira ágil e transversal. Equipes de equipes são formadas, e a empresa muda de dentro para fora.

3. Muitos fatores podem ser mais bem dimensionados se os efeitos de rede forem aproveitados e se forem desenvolvidos ecossistemas corporativos digitais integrados, em vez de produtos e serviços isolados com pontos de venda exclusivos e únicos.

4. Essa maneira de pensar pode ajudar, em uma próxima etapa, a transferir a inteligência para estruturas descentralizadas e a implementar processos e transações sem intermediários. A colaboração transversal e ágil não ocorre mais apenas nas equipes, mas em toda a empresa.

É preciso coragem para avaliar a profundidade do abismo digital pela primeira vez. O mundo dos negócios digitais é complexo e diversificado, e exige, de nossa parte, um novo tipo de pensamento em rede.

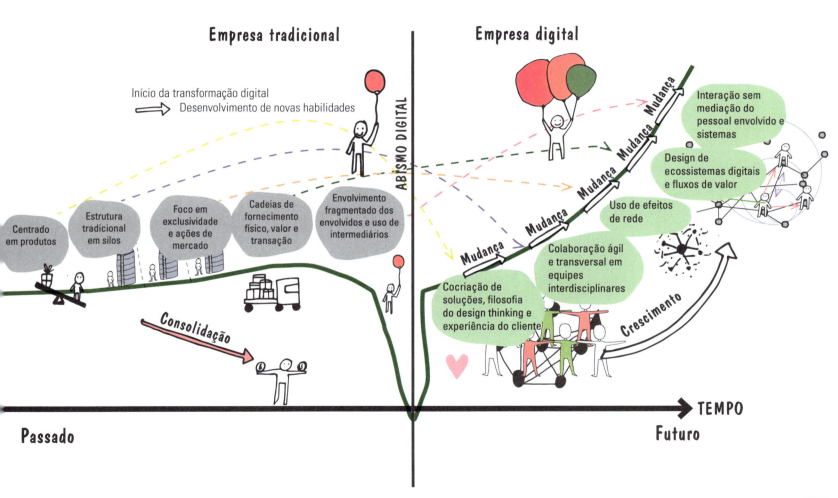

Primeiro reflita e depois transforme, com muita energia positiva

Nos últimos anos, muitas vezes testemunhamos a transformação digital sendo tratada como qualquer outro projeto de gestão de mudanças: pensada, planejada e implementada de cima para baixo. Medidas foram definidas pela equipe de liderança e levadas para dentro da organização, implicando urgência. Infelizmente, nenhuma dessas abordagens foi bem-sucedida. Por isso, devemos iniciar a transformação digital com o design thinking e depois abordá-lo, conforme descrito, transversalmente em todos os silos da empresa. No final do dia, queremos ter um sistema no qual as pessoas atuem para transformá-lo. Em nossa experiência, é bom envolver as pessoas para que elas possam passar pelo processo cognitivo por conta própria e definir um novo entendimento compartilhado — uma filosofia que combine com a respectiva empresa e seus funcionários. No Capítulo 3.3, "Por que o design do ecossistema corporativo é a alavanca definitiva", no contexto do ciclo de validação e realização, ressaltamos a importância das pessoas em suas empresas, cuja atitude e motivação são fundamentais para que o ecossistema corporativo desejado se desenvolva de forma positiva.

No entanto, o primeiro passo necessário é sempre jogar fora as próprias suposições e exercitar a atenção plena. Podemos nos referir a essa primeira fase como fase de reflexão. As etapas a seguir estão em sincronia com os princípios de design thinking, já bem conhecidos.

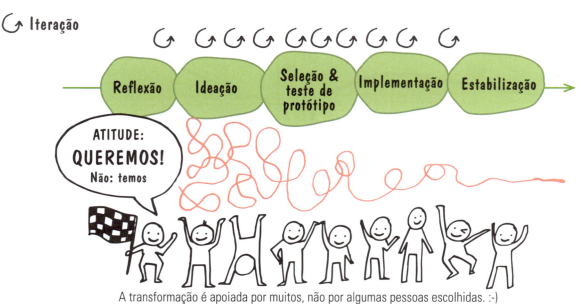

A transformação é apoiada por muitos, não por algumas pessoas escolhidas. :-)

Veja a tecnologia como uma oportunidade para mudar

É também um fato que a tecnologia às vezes nos causa grandes transtornos. Levantes digitais e tecnológicos já mudaram o mundo, e o farão de maneira mais rápida e abrangente no futuro. No momento, estamos em uma fase em que blockchain, por exemplo, como inovação tecnológica, pode anunciar a próxima revolução. Novos agentes do mercado se formam, e novos fluxos de valor são definidos. Mas isso também significa que as atividades econômicas que persistem em seus antigos padrões e intermediários individuais serão empurradas do mercado a médio e longo prazo.

O que isso significa para os desafiantes tradicionais?

Todos que queiram sobreviver em um mundo blockchain devem ter as habilidades e compactuar com a filosofia para se engajar em um ecossistema e reiterar esse papel ativamente. A maioria das empresas ainda está em uma fase em que a transformação digital ocorre por iniciativas aleatórias e direcionadas, impulsionadas principalmente pela automação de processos. Já mencionamos que, para um nível mais alto de maturidade, grandes partes da empresa devem estar envolvidas na exploração de novas oportunidades.

Em casos isolados, produtos e serviços que já possuem funcionalidades digitais (por exemplo, sensores) são criados dessa forma. Com a disseminação constante da filosofia do design thinking, um maior foco nos clientes e em suas necessidades se consolidará. As soluções digitais com um alto nível de foco no cliente tornam possível entrar no mercado como um agente digital, que é inovador em uma base transversal e em rede. Abrir-se para o exterior, incluindo uma colaboração reforçada com parceiros a fim de criar ofertas digitais inovadoras é decisivo se você quiser se posicionar como um participante do ecossistema digital. Por experiência própria, as empresas avançam em diferentes curvas S quando se trata da orientação digital. Dentro das curvas S independentes, o desempenho aumenta na forma de um S. Entretanto, forças combinadas e energia positiva são necessárias entre as respectivas orientações para atingir a próxima curva S da transformação digital.

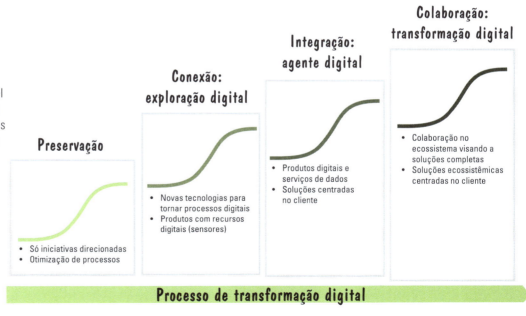

283

Por que é importante conhecer a maturidade dos outros agentes no ecossistema corporativo?

No momento, Marc está ponderando exatamente essas considerações sobre os agentes em seu ecossistema corporativo. Ele analisou como esse processo de transformação é executado na curva S para as seguradoras de saúde e descobriu como estabelecer um fluxo de valor lucrativo com as seguradoras com base em sua solução de blockchain e análise de dados em metadados. Marc observou as seguintes fases em relação a uma companhia de seguros de saúde:

1ª fase: Otimização de processos e redução de custos (por exemplo, automação).
2ª fase: Adentramento ativo em canais digitais multidimensionais e processos digitais; cadeias de processo.
3ª fase: Produtos digitais e serviços baseados em dados são oferecidos; os dados gerados dessa maneira são monetizados e compartilhados com outros agentes.
4ª fase: Formação de um ecossistema conectado e confiável para oferecer soluções completas que garantam o sucesso de mercado e escalonamento.

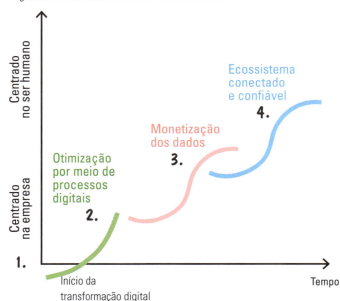

Workshop de design thinking digital

Indicamos que, para muitas empresas, um workshop de design thinking é uma boa maneira de iniciar a transformação digital. Claro, existem inúmeras maneiras de dar vida à filosofia do design thinking. Em nossa experiência, questões específicas funcionam muito bem; outras possibilidades são: começar com a projeção estratégica ou lidar inicialmente com o design do ecossistema corporativo. Em última análise, o que conta é em qual setor a empresa opera e quais "superações do abismo digital" já aconteceram. Gostaríamos de apresentar um exemplo usando Peter.

Peter também objetiva explorar o potencial de várias empresas em relação ao blockchain. Para isso, planejou um workshop de dois dias que leva as oportunidades de blockchain a seus parceiros do setor; além de discutir opções de uso e oportunidades de negócios. Com essa abordagem, Peter dirige-se principalmente a executivos, gerentes de inovação e tecnologia, bem como a outros tomadores de decisão interessados nas possibilidades de blockchain e em novos modelos nos ecossistemas corporativos. Além disso, ele convida agentes e startups do respectivo ecossistema para que uma solução em comum seja desenvolvida desde o início. Peter usa o design thinking e sua filosofia no workshop, e os combina com o design do ecossistema corporativo. No final do workshop, deve ser tomada uma decisão sobre como a solução desenvolvida será testada no mercado.

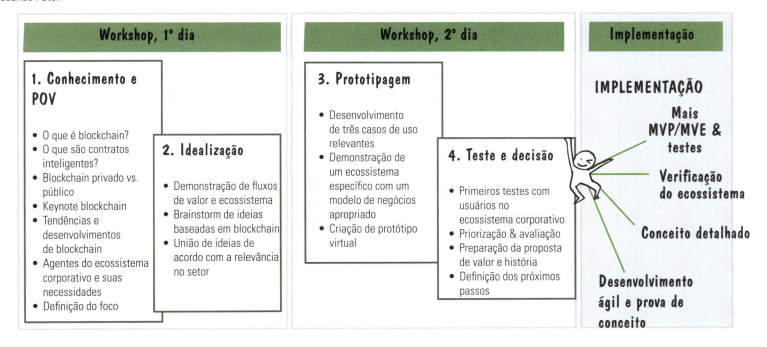

Workshop, 1º dia

1. Conhecimento e POV
- O que é blockchain?
- O que são contratos inteligentes?
- Blockchain privado vs. público
- Keynote blockchain
- Tendências e desenvolvimentos de blockchain
- Agentes do ecossistema corporativo e suas necessidades
- Definição do foco

2. Idealização
- Demonstração de fluxos de valor e ecossistema
- Brainstorm de ideias baseadas em blockchain
- União de ideias de acordo com a relevância no setor

Workshop, 2º dia

3. Prototipagem
- Desenvolvimento de três casos de uso relevantes
- Demonstração de um ecossistema específico com um modelo de negócios apropriado
- Criação de protótipo virtual

4. Teste e decisão
- Primeiros testes com usuários no ecossistema corporativo
- Priorização & avaliação
- Preparação da proposta de valor e história
- Definição dos próximos passos

Implementação

IMPLEMENTAÇÃO
- Mais MVP/MVE & testes
- Verificação do ecossistema
- Conceito detalhado
- Desenvolvimento ágil e prova de conceito

COMO PODEMOS...
agir se a ideia de "digital" ainda não está no núcleo de nossa empresa?

Em uma economia digital, os desafios são semelhantes em todos os setores. Os quatro mais proeminentes lidam com a incerteza, a multidimensionalidade dos modelos de negócios, a participação em ecossistemas corporativos e o aumento de escala (crescimento) necessário para alcançar vendas significativas nesses modelos. Já mostramos possibilidades para a definição de uma estratégia voltada para o futuro. No entanto, a questão permanece: que estratégias podemos aplicar em curto prazo se ainda não conseguimos ultrapassar o abismo digital e se o tsunami digital já está próximo.

O **primeiro desafio** é a incerteza a respeito do futuro, que parece aumentar em todos os setores. A boa notícia é que "abraçar a ambiguidade" é um elemento crucial no design thinking, e sua filosofia nos ajuda a lidar com isso.

O **segundo desafio** relaciona-se a modelos de negócios multidimensionais, que geralmente servem a vários segmentos de clientes com proposições de valor completamente diferentes. Conhecemos essas abordagens sob a forma de modelos multifacetados, como o Google. O cliente geralmente "paga" com seus rastros digitais na rede, como os dados que deixa em transações e interações. Outros modelos de negócios (por exemplo, modelos freemium) podem ser gratuitos desde o início e o pagamento é necessário apenas para o uso de ofertas adicionais. Esses modelos de receita digital são um tanto complexos; para muitas empresas tradicionais, são territórios não mapeados. Na maioria dos casos, plataformas de TI, APIs, análise de dados e ecossistemas corporativos com parceiros certos para implementação orientada são necessários.

O **terceiro desafio**, ou seja, o traquejo e o projeto de ecossistemas, é descrito no Capítulo 3.3.

O **quarto desafio** consiste em dimensionar os modelos e gerar crescimento sustentável. Os modelos de negócios digitais muitas vezes não se limitam a fronteiras nacionais. Devido aos ciclos mais curtos, o crescimento deve ser mais rápido e ter uma base ampla. Isso também significa que a infraestrutura, as estruturas e os processos devem crescer de forma correspondente.

Muitas empresas usam uma ou mais estratégias para responder a esses desafios que descrevemos. É aconselhável, no entanto, abordar a questão não apenas de forma reativa e defensiva, mas com uma postura proativa.

(1) Estratégia do bloqueio

Tentamos evitar ou retardar a disrupção a todo custo, por meio de reivindicações de patentes ou do anúncio de violações de direitos autorais, com obstáculos legais e outras barreiras regulatórias.

(2) Estratégia da ordenha

Obtemos o maior valor possível de unidades de negócios vulneráveis antes da ruptura inevitável (ou seja, processamos os negócios da melhor forma possível).

(3) Estratégia do investimento

Investimos ativamente no risco, incluindo investimentos em tecnologias "disruptivas", habilidades, processos digitais e, possivelmente, a compra de empresas com esses atributos.

(4) Estratégia do canibalismo

Lançamos um novo produto ou serviço que concorre diretamente com o modelo de negócios anterior, a fim de criarmos pontos fortes intrínsecos para o novo negócio, como abrangência, conhecimento de mercado, marca, acesso a capital e relacionamentos.

(5) Estratégia de nicho

Concentramo-nos em um segmento de nicho lucrativo do mercado principal, no qual as interrupções são menos prováveis de ocorrer (por exemplo, agências de viagens com foco em viagens de negócios ou rotas de viagens complexas; vendedores de livros e editores focados no nicho acadêmico).

(6) Redefinição da estratégia central

Criamos um modelo de negócios a partir do zero. Pode até estar em um setor adjacente se fizermos o uso ideal do conhecimento e das habilidades existentes (por exemplo, a IBM para consultoria, a Fujifilm para cosméticos).

(7) Estratégia da saída

Saímos do negócio e devolvemos o capital aos investidores. O ideal é que isso seja feito com a venda da empresa, desde que ainda tenha algum valor. (Por exemplo, venda do MySpace para a News Corp.)

(8) Estratégia Greenfield [projetos inovadores]

Começamos uma empresa junto com a antiga em uma área inexplorada, que é então munida de habilidades, infraestrutura e processos necessários para a era digital. Esmiuçamos nossa antiga empresa principal para fundar o novo empreendimento e mudar assim que iniciarmos o dimensionamento com sucesso.

Quais são os fatores de sucesso para a transformação dos modelos de negócios?

Se optarmos por uma redefinição de nossa atual estratégia, por exemplo, ela pode ocorrer em diferentes níveis. Podemos olhar mais de perto em nossa proposição específica de valor e como é gerada, e otimizá-la.

Ao fazer isso, devemos sempre ter um olho em todo o ecossistema corporativo e em nossa rede de parceiros, pois os processos digitais facilitam novos modelos de negócios com base em modelos de parceria ou de negócios abertos. Junto à constante seleção de novas tecnologias, deve-se prestar atenção às inovações e avanços nos segmentos de mercado mais baixos (*jugaad* ou inovação frugal). Os condutores são identificados pelos respectivos sinais relevantes para a indústria em questão (por exemplo, IoT e Industry 4.0); pelas tendências nos modelos de negócios (por exemplo, economia compartilhada); ou revoluções tecnológicas (por exemplo, blockchains). A transformação dos colaboradores não deve ser subestimada. Precisamos de novas habilidades digitais e encontrar meios para que nossa força de trabalho as adquira.

Quais são as dimensões a serem tomadas na atenção especial?

Quando queremos projetar um modelo digital para nossa empresa, quatro elementos são essenciais para seu sucesso, junto ao foco nas necessidades das pessoas: o modelo operacional, a tecnologia adaptada, o modelo em si e o ecossistema corporativo. Podemos terceirizar uma subfunção, por exemplo, do nosso core business para um agente do ecossistema, a fim de nos beneficiarmos do acesso amplo ao cliente. Ou já estabelecemos parcerias que podemos usar de forma lucrativa para testar um MVE. Além disso, algumas considerações deveriam ser feitas sobre como se conseguem vantagens complementares através da combinação de plataformas estabelecidas e serviços digitais (por exemplo, uma oferta combinada através de um ponto de contato centralizado com o cliente). Na definição do modelo, é vital manter um olho no quadro geral e, ao mesmo tempo, explorá-lo com funções mínimas (MVP e MVE).

SUPERDICA
"4 vitórias" não bastam

Temos falado muito sobre adequação e, no final, poderemos cruzar o desfiladeiro com foco no cliente, habilidades certas, colaboradores motivados e um bom plano de implementação. Empresas que têm ambições mais altas e querem estar entre as que aparecem em primeiro lugar na própria Race Across America devem apostar em "8 vitórias" (veja a p. 290). A Race Across America é uma das corridas de bicicleta mais difíceis do mundo. Para a competição, não é suficiente agir sem objetivo e de forma isolada. O que é necessário é a combinação perfeita de material, disposição e visão, até a capacidade de integrar novas tecnologias a partir de um ecossistema extenso. Para nossa empresa, devemos refletir sobre onde estamos em termos de formas isoladas. No final, devemos decidir por nós mesmos se queremos fazer uma corrida de lazer em nossa bicicleta ou se temos a disposição e a visão para competir com os melhores do mundo. Em 2015, foi David Haase quem otimizou sua Race Across America usando sensores, dados meteorológicos, inteligência artificial e big data/análise. Com isso, as reservas de desempenho de David poderiam ser adaptadas às condições, e as decisões foram otimizadas.

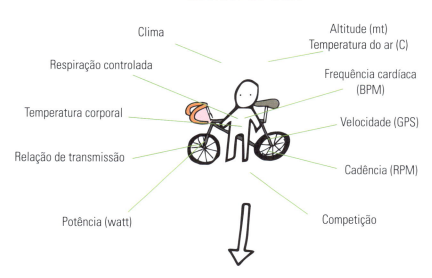

Criação da internet de Dave

O app/dados
Análise do app de Dave
Dashboard, preditivas e decisões sobre corrida/descanso

O produto
APIs em tempo real
Projeção de 25 mil pontos de referência

A plataforma
Plataforma IoT
O norte da internet de Dave; análise de dados

Visão	Cultura centrada em pessoas	Liderança	Equipe de equipes	Os talentos certos	Energia positiva	Contexto	Aplicação e plano de ação	
✓	✓	✓	✓	✓	✓	✓	✓	→ Transformação bem-sucedida
✗	✓	✓	✓	✓	✓	✓	✓	→ Confusão
✓	✗	✓	✓	✓	✓	✓	✓	→ Fracasso do mercado
✓	✓	✗	✓	✓	✓	✓	✓	→ Despropósito
✓	✓	✓	✗	✓	✓	✓	✓	→ Morosidade
✓	✓	✓	✓	✗	✓	✓	✓	→ Frustração
✓	✓	✓	✓	✓	✗	✓	✓	→ Resistência
✓	✓	✓	✓	✓	✓	✗	✓	→ Indiferença
✓	✓	✓	✓	✓	✓	✓	✗	→ Estagnação

8 vitórias!

QUESTÕES-CHAVE
Da transformação digital

- Inicie a transformação digital com um workshop de design thinking;
- Considere as necessidades dos clientes ao desenvolver produtos e serviços digitais;
- Aceite o fato de que as novas tecnologias continuarão a gerar grandes transtornos; ao mesmo tempo, elas nos possibilitarão aproveitar novas oportunidades de mercado;
- Supere o "abismo digital" desenvolvendo novas habilidades (por exemplo, para usar efeitos de rede);
- A maior arte nos modelos de negócios digitais é criar ecossistemas corporativos e, como empreendedor, tornar-se um impulsionador da transformação digital;
- Pense em duas direções ao considerar opções estratégicas: proteger ou suprir os negócios existentes e desenvolver novos modelos de negócios digitais;
- A transformação digital também é uma transição organizacional e exige colaboração ágil e transversal em equipes interdisciplinares;
- Estabeleça uma nova filosofia e equipes na organização para enfrentar esses desafios.

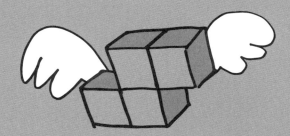

3.7 Como a inteligência artificial personaliza a experiência do cliente

Projetar uma experiência diferenciada para o cliente tornou-se parte integrante do trabalho diário em muitas empresas voltadas para o cliente. Na empresa de Peter, uma base sólida para o "próximo nível da experiência do cliente" já foi criada como parte da transformação digital. As pessoas já não pensam restritas a departamentos, mas de forma holística e transversal. Os parceiros e revendedores se envolvem com vendas, atendimento ao cliente, marketing e operações.

O foco principal da empresa de Peter é diferenciar a forma como interage com seus clientes, e os dados desempenham um papel importante. Afinal, uma grande quantidade é coletada em todas as interações: da visita à loja física até a compra online e a interação no portal do cliente. Uma personalização abrangente pode ser realizada nesse banco de dados para cada cliente. Como muitas empresas atualmente buscam uma estratégia multicanal, é importante garantir que a individualização da interação com o cliente seja feita em todos os canais, e que cada ponto de contato individual contribua para uma diferenciação da experiência do cliente. Pensar ao longo da linha de jornadas do cliente é essencial para a formação de relacionamentos sustentáveis com os clientes.

Quero que minha jornada seja simples!

Interações simples e personalizadas!

ECOSSISTEMA DA EXPERIÊNCIA DO CLIENTE

- Mídia social
- Produto
- App mobile
- Call center
- Site
- Meio ambiente
- Físico
- Compras

EMPRESA
Marca
Colaboradores

Na interação com o cliente digital, quais são os desafios inerentes ao ciclo de vida?

No passado, o ciclo de vida do cliente era mais sequencial e limitado a alguns canais — de percepção, informação e pedido para instalar, usar e pagar todo o caminho até o suporte e a finalização, o que geralmente era feito por poucos canais tradicionais com uma pausa (às vezes aceita) na mídia e na experiência entre as etapas. Como Peter aprendeu com um conjunto de especialistas na universidade, em Munique, o cliente de hoje passa por uma ampla variedade de canais, às vezes ao mesmo tempo; pula etapas; e continua em outros canais, frequentemente com outros dispositivos. A era digital leva a novas formas de interação entre empresa e clientes (e entre clientes), e possibilita a criação de experiências mais holísticas. Esses desafios e oportunidades devem ser abordados no design das experiências do cliente.

Identificar a preocupação do cliente e, portanto, a fase de seu ciclo de vida em uma interação o mais cedo possível é um dos desafios. Por isso que é essencial que o empregador de Peter colete os dados de interação em canais digitais internos, classifique o cliente na medida do possível e permita e use os dados na interação.

Quanto mais rápido o motivo do contato do cliente for identificado, mais bem guiado ele será no universo do canal e mais bem moldada será sua experiência. Supondo que o cliente entre em contato com a empresa no caso de uma falha complexa, não se deve priorizar o chat, mas escolher um canal mais apropriado para o processamento da preocupação, como telefonia por vídeo ou o envio de um técnico ao domicílio.

Com a crescente digitalização dos processos de negócios, há também cada vez mais problemas que o cliente consegue resolver sozinho sem grande esforço no portal do cliente. Além disso, a própria empresa deixou de ser o único ponto de contato para o cliente ao longo de todo ciclo de vida desse cliente. De fato, as empresas precisam envolver parceiros externos de criação de valor. Os clientes podem recorrer às comunidades, por exemplo, para resolver seus problemas. A Swisscom, empresa suíça de TI, por exemplo, integra tanto o fórum online de clientes quanto a comunidade off-tech da "Swisscom Friends" no projeto da experiência.

Ao projetar interações com clientes em seu ciclo de vida digital, ainda é crucial não apenas possibilitar a mudança de canais, mas também projetar a mudança como uma experiência integrada. Isso inclui tornar os processos do cliente independentes dos canais, para que seja possível uma mudança sem precisar de informações, sem perda de status e sem que o cliente tenha que declarar seu problema mais de uma vez. A chamada "pontuação fácil" pode ser usada como um indicador. Essas métricas mostram, do ponto de vista do cliente, o grau de facilidade da empresa em fazer com que ele resolvesse seu problema. Idealmente, esse indicador deve ser levado em consideração no desenvolvimento iterativo das experiências do cliente, logo no início dos testes.

CICLO DE VIDA DO CLIENTE TRADICIONAL

CICLO DE VIDA DO CLIENTE DIGITAL

Como elevar a experiência de serviços a um novo nível com a transformação tecnológica?

Em mercados saturados, a experiência do cliente é um importante ponto de diferenciação em termos de fidelização. O objetivo é que o cliente se lembre de sua interação com a empresa como um ponto positivo de diferenciação e desenvolva uma preferência pela marca.

A transformação tecnológica cria novas oportunidades para direcionar essa experiência distintiva. As empresas hoje têm acesso a uma enorme quantidade de dados produzidos nas interações com os clientes, nos processos e advindos de objetos equipados com sensores.

A análise de big data possibilita processar essas grandes quantidades de dados e reconhecer padrões. Os insights assim obtidos não apenas nos ajudam a entender melhor a natureza da interação entre a empresa e o cliente, mas também desenvolvem a experiência do cliente em geral; eles nos possibilitam, ainda, e cada vez mais, criar uma experiência de serviço diferenciada e individual na interação com clientes isolados.

O desenvolvimento do aprendizado de máquina permite adentrar áreas na experiência de serviços até então inacessíveis em face de fatores limitantes, como o capital humano finito. Tarefas antes realizadas por pessoas (ex: a caixa de diálogo com o cliente) podem (parcialmente) ser transferidas para máquinas, o que abre oportunidades de dimensionar novos modelos de serviços e implementá-los eficazmente em termos de custo.

Os métodos de design thinking digital apresentados neste livro ajudam a projetar o "próximo nível da experiência de serviços".

Quais oportunidades surgem ao se usar inteligência artificial na interação com o cliente?

Com a inteligência artificial (IA), finalmente atingimos o cerne da interação com o cliente: para muitos deles, uma experiência única e personalizada. No passado, uma experiência de serviço extraordinária podia ser oferecida apenas a um grupo selecionado de clientes, e esse tipo de experiência de serviço foi negado às grandes massas por conta dos altos custos. Tudo o que podíamos fazer era apresentar uma experiência de serviço bastante limitada, que raramente deixava uma impressão duradoura ou distintiva. Com o uso da inteligência artificial, podemos hoje criar uma experiência de serviço personalizada e de alta qualidade — beneficiando muitos grupos de clientes (ponto ideal). Por isso, a orientação de serviços adentra áreas que antes eram economicamente inviáveis. A digitalização permite a concretização dos chamados modelos artificiais de serviço assistido, que eram caros demais para serem executados por pessoas. Empresas que souberem aproveitar essa vantagem tecnológica competitiva se tornarão líderes na área de serviços.

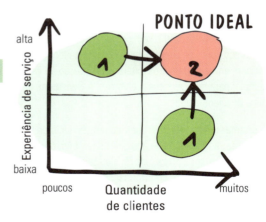

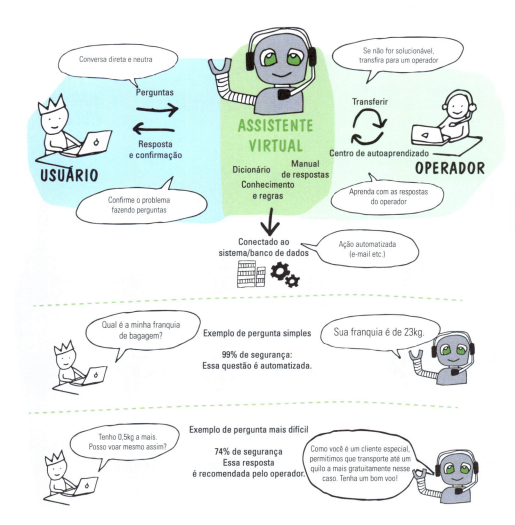

Quais interações com o cliente podemos delegar à inteligência artificial?

A IA tenta imitar o comportamento humano ao resolver tarefas. Isso significa que ela é capaz de aprender com as próprias observações e com os dados existentes (por exemplo, interações) para resolver tarefas futuras com o conhecimento adquirido. Uma propriedade da IA é que dados não estruturados, como texto, linguagem e imagens — em outras palavras, comunicação humana — podem ser compreendidos. Além disso, a inteligência está aumentando com o tempo, porque a IA considera o feedback de decisões passadas para decisões futuras. Em comparação com os seres humanos, a IA não só decide mais rápida e precisamente, como também leva em conta quantidades muito maiores de informações contextuais. Para nós, isso significa que podemos transferir atividades que seguem um padrão específico para a máquina ao projetar interações com o cliente. Nós destinamos pessoas apenas a tarefas especializadas, não rotineiras e emocionalmente exigentes.

Como seria um possível diálogo do cliente com a inteligência artificial?

Recomendamos dar os primeiros passos no trabalho com a IA em uma área na qual uma grande quantidade de dados de interação esteja disponível e que seja reconhecível e, portanto, compreensível para a máquina. Nessa área, as aplicações podem então ser encontradas em atividades de rotina que são identificadas por meio de IA e depois terceirizadas para ela no futuro. Dessa forma, o benefício a ser alcançado usando a IA na interação com o cliente pode ser avaliado de maneira clara logo no início.

Com base nessa experiência inicial, não apenas mais opções de uso são mais bem avaliadas, como mais campos de aplicação baseados nelas são encontrados. Um bom ponto de partida é o diálogo do cliente via e-mail, porque esse tipo de interação ainda mostra um grande potencial para aumentar a eficiência, e um banco de dados sólido geralmente está à mão.

Exemplo de interação tradicional
- Sem respostas
- Longo tempo de espera
- Interação repetida

Exemplo de suporte com computação cognitiva
- Resposta automatizada e apropriada
- Processamento mais rápido
- Interação adaptada à preocupação do cliente

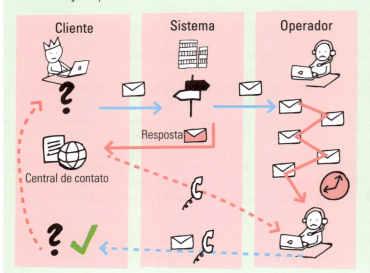

SUPERDICA
Usar o Social CRM

Com o CRM Social (SCRM), expandimos a gestão convencional do relacionamento com o cliente usando elementos que enfocam a interação nas redes sociais. Ao fazê-lo, nós os integramos a nossos dados de clientes de CRM (gestão tradicional de relacionamento com os clientes) que não são diretamente relacionados à empresa e os usamos como informações adicionais para ter uma ideia melhor de nossos clientes e seus interesses. Por meio da coleta de dados de clientes através de canais de mídia social, otimizamos nosso próprio serviço agindo de forma mais proativa e orientada a suas necessidades. Para isso, a disposição do cliente em compartilhar seus dados é relevante. Depende muito de quão valioso ele vê o compartilhamento de suas informações com a empresa. Aqui é crucial que, do ponto de vista do cliente, ocorra uma troca justa de informações (pessoais) com a empresa.

Se, por exemplo, coletarmos sistematicamente os dados rastreados da conta do Facebook pública de um cliente, saberemos os temas que ele discute nas redes sociais. Podemos usar essa informação como um gatilho e, assim, abordá-lo proativamente com uma oferta relacionada.

Uma alternativa ao SCRM são os chamados provedores de dados, cujo modelo de negócios é baseado na coleta e venda de dados do cliente. Eles vendem informações, como local de residência, hábitos de compras e viagens, número de filhos e animais de estimação, tamanho de roupas e assim por diante, para empresas interessadas. Essa informação oferece informações valiosas para projetar ofertas que combinam ainda mais. Depende muito da ética de cada empresa em que medida esses dados são comprados e utilizados.

A evolução do CRM para o SCRM

CRM		SOCIAL CRM
Alocado nos departamentos	Quem?	Todos
A empresa define o processo	O quê?	O cliente define o processo
Horário comercial	Quando?	O cliente determina o tempo
Canais definidos	Onde?	Canais dinâmicos voltados para o cliente
Transação	Por quê?	Interação
De dentro para fora	Como?	De fora para dentro

SUPERDICA
O gerente de marketing como ícone dos processos digitais

A transformação tecnológica confronta o gerente de marketing com um novo desafio. Ele é bem-sucedido se coloca o cliente no centro do palco e, ao mesmo tempo, é capaz de usar tecnologias apropriadas na empresa. Hoje, a análise de big data em tempo real — com o uso de IA — é possível, assim como reconhecimento e previsão de padrões. Um gerente de marketing de sucesso faz uso disso para entender melhor seus clientes e antecipar suas necessidades. Ele realiza um gerenciamento de experiências dos clientes baseado em dados para os abordar melhor e orientar ativamente as experiências. Ele pode oferecer ao cliente um valor agregado real. Por exemplo, ele usa os movimentos ou períodos da vida de seus clientes — os chamados momentos da verdade — para criar uma experiência de compra perfeita ou tornar o uso de seu produto mais relevante. Em seu cargo de gerente de marketing, ele se tornará um inovador na empresa ao lado do tradicional P&D e do gerente digital. Muitas empresas nomeiam gerentes de inovação adicionais, ou mais especializados, que agilizam uma integração ainda mais próxima de tecnologias e plataformas. Um gerente de marketing, enquanto inovador, perguntará a si mesmo:

- Onde o cliente fica no dia a dia?
- O que o cliente faz, quando e onde?
- Do que o cliente precisa nesse momento?
- Como podemos alcançar nossos clientes?
- Quais dados posso acessar?

Essas perguntas destinam-se a ajudar o gerente de marketing a possibilitar uma experiência única para o cliente com a empresa.

SUPERDICA
O gerente de inovação precisa "ver de fora"

Depois de discutir o papel do gerente de marketing como inovador, precisamos olhar o do gerente de inovação, até porque também é um papel que está mudando. O papel do gerente de inovação é definido cada vez mais pelos requisitos do mercado, pelos modelos de negócios modificados e pela reivindicação básica de entender e usar a tecnologia da informação (TI). Além disso, o gerente de inovação tem a tarefa de levar uma nova filosofia para a organização, devido a mudanças fundamentais nos mecanismos de mercado e de negócios, e de apoiar a transição necessária para se adaptar e estabelecer as habilidades certas. Ele também é o elo entre os sistemas internos de inovação e o mundo externo, em parcerias com startups, programas aceleradores e universidades. Por essa razão, é bom que o gerente de inovação construa sua rede na empresa ao longo dos anos enquanto trabalha em outras posições e que tenha liberdade para atuar livremente com o sistema externo. Ele realiza sua função como alguém que, mesmo integrante, "vê de fora". Em sua função, ele é inovador a nível de modelos de negócios e daí por diante — sempre com uma visão holística das tecnologias emergentes e das necessidades do mercado.

As seguintes questões são cada vez mais importantes para o gerente de inovação:

- Que tecnologias-chave e influenciadores são necessários para novas oportunidades de mercado?
- Quais modelos de negócios serão eficazes em nosso setor?
- Quais startups e alianças estratégicas agregarão valor?
- Como aumentamos a agilidade na implementação de iniciativas de crescimento?
- Como os esforços de inovação se tornam perceptíveis nos cenários futuros?
- Qual filosofia nos convém e como pode ser transversalmente difundida?

Novas funções do gerente de inovação
- Usar o design thinking
- Dar tudo de si
- Basear suas decisões, principalmente, em dados
- Ter espírito empreendedor
- Ter visão de conjunto
- Ser visionário
- Agir rápido
- Desafiar métodos tradicionais
- Aceitar riscos calculados

SUPERDICA
O gerente digital como facilitador da transformação digital

O gerente digital se dedica a tópicos com prioridade estratégica em termos de desenvolvimento de uma oferta digital. Hoje, ele é geralmente o elo entre marketing, operações, TI, inovação e o CEO (Presidente). O CEO tornou o tema da transformação digital uma questão central da estratégia corporativa. O gerente digital é responsável pela provisão de habilidades, plataformas e componentes de tecnologia necessários para uma "experiência perfeita" e pela implementação de iniciativas digitais. Por causa de um nível mais alto de automação e maturidade nas questões digitais em muitos setores, o marketing avança para um departamento de inteligência artificial, mudando assim o papel do gerente de marketing para o defensor da digitalização. Em muitas áreas, o gerente digital já assume as tarefas de interação com o cliente, comunicação e transição para experiências digitais. Além disso, torna-se um arquiteto de ecossistemas digitais, em que, por conta das novas tecnologias, ele também redefine os fluxos de valor e transforma os modelos de negócios.

Novas funções do gerente digital

- Implementar a estratégia digital
- Conectar-se a especialistas digitais dentro e fora da empresa
- Atuar rapidamente e atualizar a estratégia digital com frequência
- Acelerar o aprendizado de máquina, a IA e os experimentos baseados em dados
- Reconhecer sinais de novas tecnologias
- Usar o design do ecossistema de negócios e quebrar as regras dos setores tradicionais
- Transformar — cada vez mais voltado para o futuro — necessidades de clientes em experiências digitais

QUESTÕES-CHAVE
Ao usar novas tecnologias em serviços do próximo nível

- Use dados, provenientes de todos os canais, para uma melhor diferenciação na interação com o cliente;
- Pense nas cadeias de experiência do cliente e garanta que, em uma estratégia multicanal, ele tenha a melhor experiência em todos os canais;
- Preste especial atenção à alternância entre os canais e projete cuidadosamente esses comutadores, de modo a tornar a interação o mais simples possível para o cliente;
- Use tecnologias como inteligência artificial (IA) para realizar uma experiência de serviço de nível elevado;
- Crie uma experiência de serviço acessível, personalizada e de alta qualidade para vários grupos (ponto ideal);
- Só delegue a interação com os clientes a pessoas quando tarefas especializadas, não rotineiras e emocionalmente exigentes precisarem ser executadas;
- Use o Social CRM para coletar dados do cliente nas mídias sociais. Otimize os canais de atendimento com esses dados e atue proativamente e em consonância com suas necessidades;
- Determine uma referência em processos digitais na empresa. Pode ser um gerente de marketing ou de processos digitais com conhecimento de tecnologia, que tendem a ser inovadores e dependem do uso de análises de big data em tempo real (com a ajuda da IA) para o reconhecimento de padrões e previsão;
- Tenha as habilidades certas e os colaboradores "T" na empresa, que, por um lado, entendem uma tecnologia, e por outro agem e são inovadores em ecossistemas.

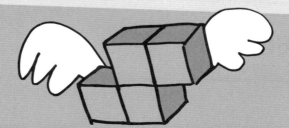

3.8 Como design thinking e análise de dados estimulam a agilidade

Os perfis e funções corporativas em nossas empresas estão completamente mudados. Há uma infinidade de novos perfis de emprego hoje. Até recentemente, Peter achava que tinha o emprego mais legal de sua empresa. Afinal, como gerente de cocriação e inovação, ele definia as inovações do futuro. Contudo, há algum tempo, ele leu na *Harvard Business Review* que cientista de dados é a "profissão mais sexy do século XXI". No futuro, cientistas de dados gerarão inovações, resolverão problemas, satisfarão clientes e conhecerão mais as necessidades dos clientes através de análises de big data. Em seu blog sobre transformação digital, o CEO da empresa de Peter escreveu sobre uma empresa baseada em dados e que, atualmente, todos os problemas nos negócios são resolvidos com as novas tecnologias.

Como aproveitar essa tendência para nossos desafios de design e integrar a facção de cientistas de dados no processo de solução de problemas?

Para se beneficiar da análise de big data, precisamos de um modelo de procedimento que combine o design thinking com as ferramentas dos cientistas de dados. O "modelo híbrido" (Lewrick e Link), desenvolvido com base nos componentes de design thinking, é a maneira adequada de fazer isso. Ele promete aumentar a agilidade e, finalmente, resultar em soluções melhores. A abordagem híbrida oferece às empresas a oportunidade de se posicionarem como pioneiras e se tornarem empresas orientadas a dados.

CIENTISTA DE DADOS: A PROFISSÃO MAIS SEXY DO MUNDO!
DADOS LHE DÃO O QUÊ
MAS HUMANOS SABEM POR QUÊ

INTELIGÊNCIA CORPORATIVA
Melhor tomada de decisão, porque as decisões são baseadas em dados, e não na intuição.

BIG DATA/ANÁLISE
Quantidade crescente de dados que mudam rapidamente. Geralmente coletados por empresas de internet.

DESIGN THINKING

MODELOS HÍBRIDOS
As empresas usam análise de big data junto do design thinking a fim de melhorar seus processos e variedade de ofertas.
- Design thinking
- Small + big data
- Análise

O modelo consiste em quatro componentes: (1) a filosofia híbrida; (2) uma caixa de ferramentas com o design thinking consolidado e as novas ferramentas de análise de big data; e outros elementos-chave formam a colaboração entre (3) cientistas de dados e adeptos do design thinking, bem como um processo híbrido (4) que orienta a todas as partes envolvidas. Assim, o modelo híbrido é outra possibilidade para expandir a filosofia do design thinking e gerar melhores soluções a partir da união.

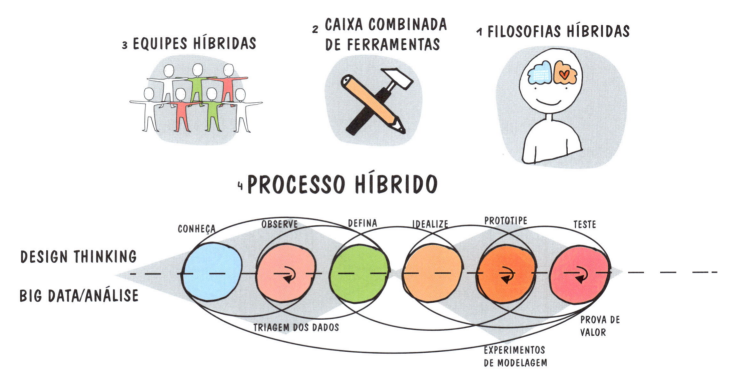

A vantagem do modelo híbrido: criamos uma filosofia que nos dá argumentos superiores para lidar com os céticos das empresas tradicionais. Um ponto frequente de crítica é que o design thinking gera informações sobre as necessidades apenas por meio de métodos etnográficos e sociológicos, como observação e pesquisas. Com a abordagem híbrida, eliminamos essa vulnerabilidade. Expandida por ferramentas para a coleta e análise de big data, a qualidade do processo de design thinking é amplificada.

COMO PODEMOS...
percorrer as fases do modelo híbrido?

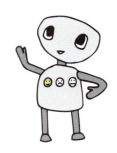

Uma vez que o modelo híbrido segue o processo do design thinking, queremos destacar principalmente o que é adicionado. Como no design thinking, a necessidade do cliente e uma declaração do problema (um contra) a ser resolvido definem o ponto de partida. Pode ser um problema de ordem mais racional ou emocional. Por fim, a solução pode ser um produto físico recém-definido, uma solução digital sob a forma de painel de controle ou uma solução combinada que englobe ambos os elementos.

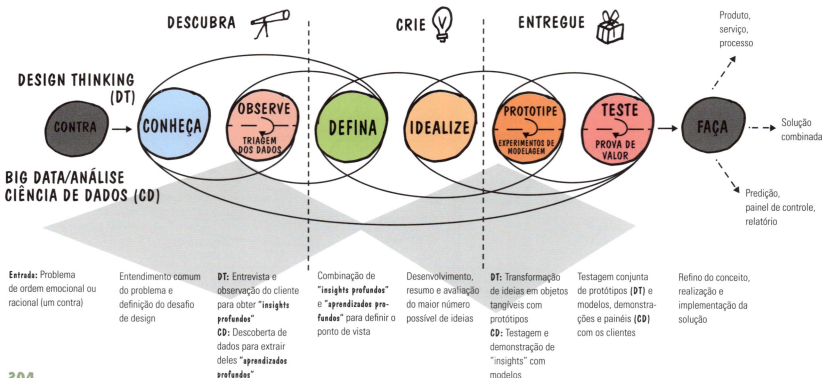

1 A primeira fase é **conheça**: desenvolvemos uma compreensão em comum do problema. É importante que os cientistas de dados e os adeptos do design thinking já colaborem aqui. Alguns fatos podem ser determinados por meio da análise de dados de mídia social, por exemplo, que tem uma base mais ampla do que os dados coletados de pesquisas tradicionais com usuários.

2 A fase **observe** e **triagem dos dados** se dedica à coleta de "insights profundos" e "aprendizados profundos". "Insights profundos" surgem de nossas observações tradicionais de clientes, usuários, usuários radicais e afins. Para obter "aprendizados profundos", os dados devem ser coletados, descritos e analisados, o que nos permite identificar padrões iniciais e demonstrá-los. Recomendamos discutir as ideias de ambas as observações e revisar as próximas etapas.

3 Na fase **defina**, combinamos os "insights profundos" e os "aprendizados profundos". Dessa maneira, um ponto de vista mais preciso é definido. O POV descreve a necessidade que um cliente específico tem e em quais insights ela se baseia. A combinação de ambos os vieses ajuda a obter uma melhor imagem do cliente. Aqui, novamente, o obstáculo é a definição do POV, tema já abordado no Capítulo 1.6. A abordagem híbrida produz mais "insights" que confirmam o POV, mas também acarreta contradições ainda maiores.

4 O objetivo da fase **idealize** é continuar gerando o maior número possível de ideias, que são então resumidas e avaliadas por nós. Ao final dessa fase, várias ideias ficam disponíveis, e são usadas nas próximas.

5 Depois vem a fase **protótipe** & **experimentos de modelagem**. Nessa fase, desenvolvemos protótipos e os testamos com modelos. Os protótipos tornam as ideias palpáveis e fáceis de entender. Como sabemos, um protótipo assume muitas formas diferentes; um algoritmo, por exemplo, também é um protótipo simples. Os insights dos experimentos de dados são mais bem representados com modelos na forma de demonstrações; na ciência de dados, essa é a melhor solução para tornar algo tangível.

6 Na fase de **teste** & **prova de valor**, os protótipos são testados com o usuário em potencial para aprender com o feedback e adaptar as soluções às necessidades do cliente. Isso inclui modelos, demonstrações e painéis de controle a partir da ciência de dados, que constituem a base do protótipo.

7 Na fase final, **faça**, transformamos uma ideia em inovação! O que inclui integrar os modelos nas operações. Enquanto as soluções de dados geralmente evoluem de projetos de ciência de dados e o design thinking desenvolve produtos ou serviços, no processo híbrido surgem soluções combinadas de ciência de dados e design thinking. Isso se refere a um modelo de negócios com mais serviços, que apresenta valor adicionado como resultado da agregação de várias origens de dados; um exemplo seria a alteração no comportamento dos motoristas para evitar o congestionamento de tráfego em combinação com um app.

SUPERDICA
Viva uma filosofia híbrida

Para a combinação bem-sucedida da análise de big data e design thinking, deve prevalecer uma filosofia que reflita o trabalho em um modelo híbrido. Como agora temos um grupo de cientistas de dados nos projetos, é útil adicionar os componentes correspondentes ao design thinking. Uma filosofia possível é a seguinte:

Combinamos insights humanos e de dados (exemplo: em um POV).

Aceitamos incertezas e interpretamos correlações estatísticas no contexto do usuário.

Vivemos uma abordagem otimista e iteramos por todo o ciclo de design em ambas as preferências de mentalidade.

Refletimos sobre nossa abordagem e desenvolvemos a filosofia híbrida constantemente.

Combinamos formas analíticas e intuitivas de pensamento em uma abordagem holística.

FILOSOFIA DE UM ADEPTO DA ABORDAGEM HÍBRIDA

Estamos interessados no desconhecido e promovemos clareza através de uma abordagem criativa e analítica.

Ficamos satisfeitos ao combinar adeptos do design thinking e cientistas de dados. Inspiração recíproca é um fator de sucesso.

Geramos histórias de dados e experiências sob a forma de protótipos e demonstrações.

Aprendemos a lidar com ferramentas criativas e analíticas por tentativa e erro, e a aceitação de erros.

SUPERDICA
Formação de equipes em modelos híbridos

Você precisa de uma equipe interdisciplinar para trabalhar com o modelo híbrido, que é composto de adeptos do design thinking, cientistas de dados e gerentes de implementação.

Um facilitador que tenha o conhecimento metodológico apoia a equipe, cujos membros podem sair de uma ampla variedade de áreas e contribuir com seus conhecimentos diferenciados. Dependendo das circunstâncias, o especialista adequado da ciência de dados entra em ação. As pessoas responsáveis pela implementação também integram a equipe.

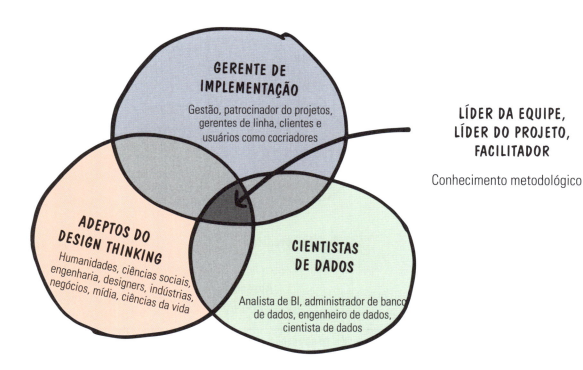

SUPERDICA
Toolbox para o modelo híbrido

Recomendamos preparar uma toolbox [caixa de ferramentas] com os métodos usuais do design thinking e os da ciência de dados. Como no design thinking, o ponto crítico é usar o método certo no momento certo. Há muitos métodos úteis no design thinking fáceis de aplicar e de aprender. Na ciência de dados, o quadro é um pouco mais complexo, porque muitas ferramentas exigem conhecimento especializado. Mas há a expectativa de que mais ferramentas sejam estabelecidas, fáceis de usar para realizar análises de dados sem precisar saber programar ou ter outros conhecimentos especializados. Além disso, um número crescente de empresas treina seus colaboradores para desenvolver essas habilidades. Tivemos experiências muito boas com o Tableau, que é uma ferramenta fácil de usar e tem uma funcionalidade de "retorno ao estado inicial", se algo der errado nos experimentos de dados.

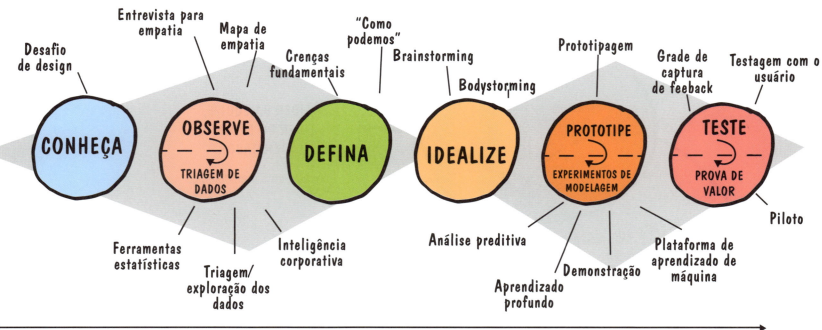

SUPERDICA
Convencer os envolvidos da abordagem

A abordagem híbrida compensa as fraquezas das unificadas. A introdução de ambas as filosofia combinadas tem maiores chances de sucesso do que se forem introduzidas subsequentemente.

Em nossa experiência, devemos trabalhar tanto de cima para baixo quanto o contrário.

Com uma abordagem de baixo para cima, promove-se o diálogo entre os colaboradores que lidam com o design thinking e os que se dedicam aos dados. Nos workshops, os dois grupos podem apresentar suas abordagens e desafios. Logo, torna-se aparente que as duas abordagens são complementares. O objetivo é encontrar um projeto-piloto comum, no qual a colaboração seja inicialmente testada.

Em uma abordagem de cima para baixo, os prós e contras de ambas as filosofias são apresentados à alta administração para se realizar um projeto-piloto com o modelo híbrido. Depois que o projeto-piloto é concluído, as experiências e vantagens são relatadas à alta gerência e aos demais envolvidos. Em geral, a abordagem híbrida reduz vários fatores de risco; por exemplo, reduz o risco decorrente da inovação em experimentos iniciais. Em equipes interdisciplinares, não apenas novas habilidades são levadas aos projetos, mas também ideias diferentes, que ampliam a perspectiva. O mesmo se aplica a uma combinação de pensamento sistêmico e design thinking, e a projetos que vinculam a projeção estratégica a este último.

Abordagem híbrida — a mudança de paradigma reduz os riscos

Mudança de paradigma	Fatores de risco que podem ser reduzidos
Foco no quadro geral (ser humano + dados) Nova filosofia Nova composição das equipes Novo processo híbrido	Risco de inovar/implicado na pesquisa de ideias Risco cultural Risco de habilidades Risco do modelo
Princípios da implementação	**Fatores de risco que podem ser minimizados**
Suporte, alta gerência Parte da transformação rumo à era digital e/ou a empreendimentos controlados por dados	Risco de Implementação Risco de ajuste da estratégia/de gestão

SUPERDICA
A disciplina suprema: variando filosofias no diamante duplo

A utilidade dos modelos híbridos tornou-se bastante clara para nós desde o início. Além de maior agilidade, geramos mais insights, o que nos possibilita aumentar o número de soluções possíveis. Os principais inovadores vão um passo além com sua filosofia e alternam entre o design thinking, o pensamento sistêmico e a análise de dados ao longo de todo o ciclo de desenvolvimento. O diamante quádruplo [quadruple diamond] garante que a filosofia ideal seja aplicada em cada ponto do ciclo. Especialmente com declarações de problema complexas e de longo alcance, as respectivas equipes de design, turmas ou laboratórios otimizam seu trabalho e aplicam as diferentes habilidades de forma sequencial ou mista. Os respectivos especialistas originam-se dos módulos ou agremiações correspondentes e garantem que as habilidades necessárias estejam disponíveis em todas as fases. Ser facilitador ou líder de uma tribo também significa ter um nível mais elevado de conhecimento metodológico à sua disposição e certa sensibilidade em aplicar os métodos e ferramentas adequados em cada fase.

Nós nos beneficiamos do fato de que as três abordagens passam por etapas semelhantes. Assim, o quádruplo é propositalmente construído sobre o "diamante duplo" ["double diamond"] do design thinking, que é ampliado pela análise de dados e pelo pensamento sistêmico. Dependendo do projeto, as filosofias podem ser misturadas nas respectivas iterações.

Ao aplicá-las sequencialmente, uma única abordagem é executada; na reflexão, no final da iteração, são determinados o curso adicional e o método a ser usado na iteração seguinte.

Como descrito no Capítulo 3.1, deve-se usar o design thinking e o pensamento sistêmico em todos os projetos.

Em um projeto orientado pelo design thinking (Exemplo 1), o pensamento sistêmico deve ser aplicado ao menos uma vez para representar e classificar sistematicamente todas as impressões. Em um projeto conduzido pelo pensamento sistêmico, no qual o sistema já foi iterativamente aprimorado duas ou três vezes, os pressupostos críticos devem ser verificados em experimentos de design thinking, validando assim o sistema. (Exemplo 2).

No final das contas, o ponto é entender cada aspecto do problema de todas as perspectivas, trabalhando com equipes e métodos mistos. Na segunda parte do diamante duplo, a solução certa também é encontrada com abordagens combinadas. O Exemplo 3 mostra a combinação de design thinking e análise de dados.

Você também pode combinar as três abordagens, porém, somente com equipes experientes, guiadas por um facilitador. Combiná-las, naturalmente, exige um know-how em todas elas (veja o Exemplo 4). Como no modelo híbrido, é importante que filosofia, equipe e ferramentas se combinem, não apenas os processos.

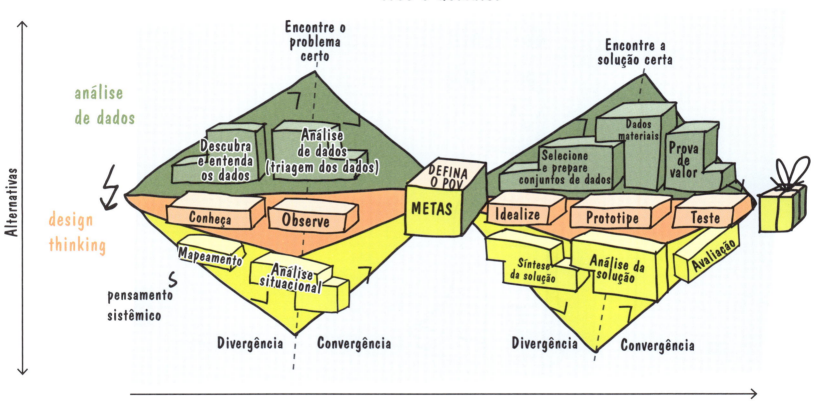

Como no modelo híbrido, é importante que filosofia, equipe e ferramentas se combinem, e que não apenas o processo seja considerado.

QUESTÕES-CHAVE
Ao combinar análise de dados e design thinking: modelos híbridos

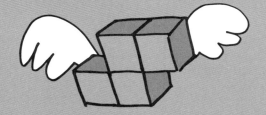

- Aproveite as oportunidades tecnológicas de análise de big data e aprendizado de máquina para inovar de maneira mais ágil;
- Defina uma declaração de problema em conjunto com o novo contingente de cientistas de dados;
- Observe pessoas e dados e tire conclusões em comum;
- Entenda que os aprendizados profundos também originam-se de dados;
- Estabeleça um processo de design comum e deixe claro o que deve ser feito em cada fase;
- Desenvolva uma filosofia comum para estabelecer um modelo híbrido com sucesso;
- Trabalhe em equipes mistas. Integre a elas especialistas em análise de dados;
- Aceite soluções e protótipos baseados em dados;
- Seja receptivo a inovações mais centradas em dados do que centradas em humanos;
- Domine a gestão máxima de um modelo híbrido ou comece de baixo para cima com um projeto-piloto;
- Use filosofias alternadas e combine design thinking, pensamento sistêmico e análise de dados como uma área suprema.

Consideração finais

O que aprendemos na jornada?

Aprendemos umas tantas coisas na jornada através deste livro e da interação com os usuários em potencial, nossos leitores. Chegou a hora de refletir sobre os fatores de sucesso antes de seguir em frente e dizer adeus a Lilly, Peter, Marc, Priya, Jonny e Linda.

Confirmamos nossa afirmação de que os paradigmas tradicionais de gestão devem ser desafiados, a fim de detectar futuras oportunidades de mercado e implementá-las com sucesso. As tradicionais abordagens automático-dedutivas dificultam a redefinição por parte das empresas das cadeias de criação de valor e a adaptação de seus modelos de negócios aos novos requisitos dos clientes. No entanto, infelizmente, a ideia de que a inovação segue um processo de etapas estanques, com uma sequência delimitada da busca de ideias através da implementação, ainda prevalece em muitas empresas e mentes de diretores, chefes de departamento e responsáveis pela inovação. Esses modelos estão desatualizados há pelo menos uma década.

É preciso haver uma mudança fundamental para uma abordagem sistêmico-evolutiva. Idealmente, equipes interdisciplinares altamente motivadas atuam em estruturas de rede auto-organizadas. Seu trabalho é baseado nas necessidades do cliente e se volta à implementação de novos serviços, produtos, modelos de negócios e ecossistemas corporativos de maneira focada. Ao procurar a próxima grande oportunidade de mercado, o design thinking promove uma filosofia substancial. Ela deve ser desenvolvida e combinada com outras abordagens. Não existe uma fórmula única — temos que encontrar o próprio caminho e a filosofia adequada à nossa organização.

314

Após interagir e observar inúmeros colaboradores em cargos de gerência em empresas que já iniciaram a transição, notamos no contexto de inovação, cocriação, equipes inspiradoras, facilitação e afins que o design thinking ainda não foi integrado de forma abrangente à maioria das empresas. Suas iniciativas geralmente são implementadas em unidades organizacionais específicas, e uma nova filosofia prevalece ora com mais força, ora mais fracamente nas empresas. Da mesma forma, identificamos até agora uma baixa atividade que vise à aplicação consistente de modelos híbridos, com a combinação de análise de big data e design thinking. A agilidade aumenta, e o número de soluções possíveis se amplifica com essa junção. A abordagem do ecossistema corporativo até agora tem sido dominada por apenas alguns agentes. A maioria dos gerentes de produto em grandes empresas até agora não aprendeu as habilidades necessárias nem recebeu instruções para monetizar novas soluções em redes descentralizadas. Além disso, falta uma visão clara para muitas empresas, e o mesmo vale para o uso de projeção estratégica ou pensamento sistêmico, por exemplo, em combinação com o design thinking para um melhor mapeamento de um possível futuro. A mudança precisa de tempo, bem como de personalidades fortes, no topo da empresa, com uma visão clara.

Não obstante, esperamos que uma filosofia também se espalhe de baixo para cima e de forma transversal nas empresas. Ao cuidarmos de nossas tarefas cotidianas, amanhã de manhã, devemos tentar viver a nova filosofia ou pensar em qual se adequaria a nossa organização. Então, fique atento e siga em frente!

Empresas sem uma visão forte do futuro sempre retornarão ao passado.

Empresas com uma visão clara do futuro dão significado e propósito a suas equipes e mostram qual é o papel no mercado que gostariam de assumir no futuro.

 VELHO MUNDO → NOVO MUNDO

MENTALIDADE CORPORATIVA: CABEÇA BAIXA

Foco em prazos

DESIGN THINKING: CABEÇA ERGUIDA

Foco em oportunidades

Notamos que o treinamento e a aplicação do design thinking nas universidades têm se espalhado muito rapidamente. O aprendizado baseado em problemas é uma experiência importante para muitos participantes e alunos, não apenas em um curso de design thinking — é uma maneira contemporânea de transmitir conteúdos em geral! Eles aprendem como as equipes trabalham e se relacionam com outros participantes no processamento ativo das declarações de problema de forma ágil e completa. Muitas vezes, isso origina conexões que ajudam a encontrar cofundadores adequados para a implementação das ideias corporativas. As empresas também devem se envolver mais e ter suas declarações de problemas preparadas pelos alunos.

Tschüss, Peter! Zàijiàn, Lilly! Tchau, Marc! Olá, Futuro!

Peter, Lilly e Marc nos acompanharam como personas ao longo d'*A Jornada do Design Thinking*. E esperamos que alguns de vocês tenham se reconhecido nos desafios cotidianos, declarações de problemas e traços de personalidade. Nós nos apaixonamos por esse trio!

Lilly desmembrou seus serviços de consultoria em design e se aventurou a fundar a empresa. O slogan de sua consultoria é: "O futuro não é o bastante." Jonny lhe enviou um projeto do banco para o qual trabalha. Esse cliente é uma excelente referência para a proposta de valor de Lilly. Para tal proposta, Lilly se baseia na abordagem leve do design thinking e na metodologia lean startup. Além disso, integra vários modelos do velho mundo à própria abordagem de design thinking — "Batido, não mexido", como diria James Bond —, algo que é bem recebido, pelo menos, pelos bancos globais. Afinal, alguns banqueiros dirigem um Aston Martin, igual ao agente 007 dos velhos tempos. Infelizmente, ainda falta uma proposta que incorpore melhor a forma asiática de gerir negócios. Além disso, Lilly está grávida de três meses e espera o pequeno James para, em breve, completar sua felicidade. A propósito, Lilly não nos disse no começo que ela é grande fã de Bond!

Peter está cada vez mais focado nos desafios de design, que integram a agenda como parte dos esforços de seu empregador e clientes em prol da transformação digital. Ele gosta especialmente dos novos tópicos inteligentes — da mobilidade inteligente à cidade inteligente. Ele sonha com uma plataforma de mobilidade multimodal para a Europa na qual todos os fornecedores de transporte público e privado ofereceriam seus serviços. Os clientes na União Europeia teriam uma experiência única para planejar suas viagens de maneira ideal, reservar voos e lugares em trem com tecnologia de ponta (por exemplo, blockchains), e realizar pagamentos. Além disso, dados exclusivos de mobilidade e comportamento seriam disponibilizados para países e cidades, a fim de tornar tudo mais inteligente. Assim, não apenas o tráfego seria organizado de forma otimizada, mas também o planejamento do espaço urbano. Esse seria o primeiro passo para uma "nação inteligente", que é inigualável! Peter está bem ciente do fato de que esse desafio de design é um problema ultra complexo, mas que talvez seja resolvido pela combinação de design thinking e pensamento sistêmico, o modelo híbrido, e, é claro, com a filosofia certa.

Marc e sua equipe da startup pensam grande. Eles querem revolucionar o sistema de saúde! A equipe percebeu as primeiras funcionalidades de sua ideia para um blockchain privado para pacientes. O atual MVP tem apenas funcionalidades limitadas, mas que são usadas no MVE e já disponibilizam aos pacientes informações sobre quais dados foram criados para o "registro de saúde", e quando e de onde surgiram. Enquanto isso, a startup também coopera com uma empresa de tecnologia estabelecida, que se interessou em assumir o desenvolvimento para a análise dos metadados de saúde. Os parceiros de cooperação usam o modelo híbrido para seus projetos de inovação. Assim, soluções substanciais surgem iterativamente com as perspectivas da equipe corporativa e das equipes de análise de dados.

No âmbito do Start-X, na Universidade de Stanford, Marc e sua equipe recentemente tiveram a oportunidade de lançar sua ideia de negócio e o primeiro MVP/MVE da solução. No final, várias empresas queriam um encontro pessoal com a equipe. Em particular, o modelo de negócios multidimensional do ecossistema corporativo, no qual os benefícios foram claramente elaborados para todos os principais envolvidos, conquistou os participantes e potenciais investidores. O blockchain também foi reconhecido e apreciado como uma tecnologia adequada. Marc convidou Linda para a apresentação da ideia de negócio e apresentou-a como especialista em saúde. A startup conseguiu realizar outra rodada de financiamento e criar muita atenção na comunidade. O assunto é claro para Marc e sua equipe. Eles continuam a vivenciar sua filosofia, a repetir o próximo conjunto de funcionalidades em seu MVP com rapidez e agilidade, e a testar as funções no MVE. O objetivo é gerar mais capital para o empreendimento, em alguns meses, com uma oferta inicial de moedas (ICO).

OBRIGADO!

a Jana, Elena, Mario, Daniel, Isabelle...

Nossos agradecimentos vão para os muitos especialistas que destacaram inúmeras facetas, ferramentas e extensões do design thinking, para que *A Jornada Design Thinking* fosse feita para você.

RESUMO DAS QUESTÕES-CHAVE:

- Combine o design thinking com o pensamento sistêmico e o modelo híbrido — até **mesmo problemas complexos podem ser resolvidos; a agilidade, aumentada; e a gama de soluções, ampliada por meio da integração de várias abordagens!**
- Use o lean canvas para resumir as descobertas — **ele é o elo entre o protótipo final do design thinking e a fase lean startup!**
- O design dos ecossistemas corporativos é um recurso fundamental nas estruturas em rede — **pense em fluxos de valor e situações em que todos saem ganhando para criar um ecossistema viável mínimo (MVE)!**
- Novos critérios de design são essenciais para a transformação digital. A inteligência artificial e a interação homem-robô acarretam uma troca de informações, conhecimento e emoções — **projete essa interação e aceite que sistemas complexos exigem soluções mais complexas!**

- Projete não apenas o espaço, mas também o ambiente de trabalho. Certifique-se de que os espaços criativos não fiquem sobrecarregados — **menos é mais!**
- Junte equipes interdisciplinares com membros T e Pi — **a clareza nos alinhamentos de mentalidade forma equipes vencedoras!**
- Crie uma estrutura organizacional sem silos e uma filosofia que combine com a organização — **essa é a única maneira de disseminar o design thinking transversalmente na empresa.**
- Implemente a projeção estratégica como a capacidade de planejar e projetar o futuro desejado — **empresas de sucesso têm uma estratégia clara e líderes que a promovem!**

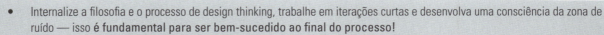

- Internalize a filosofia e o processo de design thinking, trabalhe em iterações curtas e desenvolva uma consciência da zona de ruído — **isso é fundamental para ser bem-sucedido ao final do processo!**
- Desenvolva empatia, compreendendo as necessidades reais e o histórico de usuários em potencial — **essa é a única maneira de implementar inovações legítimas!**
- Crie protótipos sob pressão de prazos e teste-os o mais cedo possível no mundo real. Integre todos o diferentes envolvidos na testagem — **o princípio é: ame, transforme ou esqueça!**

APRESENTAÇÃO DOS ESPECIALISTAS

MICHAEL LEWRICK

#Transformação digital #Combinação de abordagens #Design thinking

PATRICK LINK

#Desenvolvimento ágil #Ideias para aumento de escala #Design thinking

CURRÍCULO	Michael atuou em diferentes papéis nos últimos anos. Foi responsável pelo crescimento estratégico, atuou como diretor de inovação e lançou as bases para inúmeras iniciativas de crescimento em setores em transição. Ele ensina design thinking como professor visitante em várias universidades. Com sua ajuda, inúmeras empresas internacionais desenvolveram e comercializaram inovações completas. Postulou uma nova filosofia de abordagens convergentes de design thinking na transformação digital.	Patrick é catedrático de inovação de produto do curso de engenharia industrial/inovação da Universidade de Lucerna de Tecnologia Aplicada e Arquitetura, desde 2009. Estudou engenharia mecânica na ETH, em Zurique, depois trabalhou como engenheiro de projetos antes de concluir o doutorado em gestão da inovação, também na ETH. Após oito anos na Siemens, agora leciona gerenciamento de produtos e lida intensivamente com o avanço dos métodos ágeis em gerenciamento de produtos, design thinking e lean startup.
POR QUE VOCÊ É ESPECIALISTA EM DESIGN THINKING?	Entrei em contato com o design thinking pela primeira vez em Munique, em 2005. Na época, era uma questão de apoiar startups no desenvolvimento e definição de novos produtos. Nos últimos anos, participei de vários projetos de empresas, através da Universidade de Stanford. No contexto de minhas várias funções em diferentes setores, promovi uma infinidade de workshops de cocriação com grandes clientes, startups e outros agentes do ecossistema, aprimorando, assim, vários métodos e ferramentas.	Quando me familiarizei com o design thinking, percebi rapidamente seu potencial para a colaboração interdisciplinar. Daí em diante, usamos a abordagem em muitos módulos de treinamento até o nível avançado. Em particular, a combinação de abordagens intuitivas e circulares e métodos analíticos é muito instrutiva. Com colegas do setor, aprimoramos o design thinking e outros métodos ágeis, e oferecemos workshops e cursos.
SUA MELHOR DICA DE DESIGN THINKING	Conheço muitos especialistas que praticam a abordagem predominante do design thinking de coração e alma com grande comprometimento. Por isso, devemos refletir constantemente e aprimorá-la. Novas tecnologias e o progresso da transformação digital oferecem novas oportunidades para o desenvolvimento de ideias e o design de experiências de clientes. Tenho duas dicas: Use big data/analítica e sistemas pensando mais extensivamente nas fases isoladas de design, e integre seus novos critérios à transformação digital hoje no desenvolvimento de inovações para o futuro.	Existe um perigo — especialmente nas ciências que não são exatas — de os especialistas fazerem proselitismo e quererem convencer os outros de suas abordagens. A filosofia e sua adaptação ao respectivo contexto são mais importantes do que o processo ou método. Como todas as abordagens ágeis e enxutas compartilham basicamente a mesma filosofia, você pode aprender muito com as outras abordagens e especialistas. Experimente a combinação de design thinking com outras abordagens (modelo híbrido).

LARRY LEIFER

#Design thinking

NADIA LANGENSAND

#Demonstração

CURRÍCULO

Larry é professor de engenharia mecânica e diretor fundador do Centro de Pesquisa em Design da Universidade de Stanford (CDR) e do Programa de Pesquisa de Design Thinking da Hasso Plattner, em Stanford. É uma das personalidades mais influentes e pioneiras do design thinking, que levou o design thinking para o mundo, concentrando-se em trabalhar com equipes interdisciplinares.

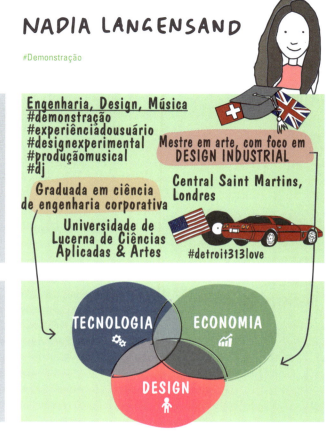

POR QUE VOCÊ É ESPECIALISTA EM DESIGN THINKING?

Lido com o design thinking e pesquisas na área há décadas. Isso inclui dinâmica de equipe global, design de interação e sistemas mecatrônicos adaptativos.
No programa ME310, observei as diferenças culturais em uma variedade de projetos e casos de uso, e fiz conclusões significativas para o ensino e a pesquisa em Stanford.

SUA MELHOR DICA DE DESIGN THINKING

Steve Jobs resumiu em poucas palavras: "Pense diferente!" A frase correta, é claro, seria: "Projete diferente!" Com isso, ele expressou a essência do design thinking: não faça necessariamente o que é esperado e entendido como ideal. O design das interações homem-robô ganhará importância no futuro; o fator emocional deve ser mais enfatizado ao se definirem os critérios de design.

ARMIN LEDERGERBER

#3.7 Novas tecnologias & melhor experiência do cliente

BEAT KNÜSEL

Inovação empresarial

CURRÍCULO	Desde 2015, Armin Ledergerber é designer de serviços com foco em mídia social e computação cognitiva na Customer Interaction Experience, da Swisscom, a empresa líder em telecomunicações da Suíça. Antes disso, ele foi gerente de projetos e pesquisador associado no Instituto de Gestão de Marketing da Universidade de Ciências Aplicadas de Zurique.	Beat é inventor, fundador e palestrante interdisciplinar de várias universidades. Suas áreas de pesquisa são excelência em serviços e inovação empresarial. Como engenheiro elétrico, pós-graduado em microeletrônica, design de software e administração de empresas, passou por toda a cadeia de valor, da P&D à alta administração. Com sua consultoria ErfolgPlus, acompanha empresas na transformação digital. Na startup TRIHOW, pesquisa o uso de auxílios inteligentes e tangíveis no contexto do design thinking.
POR QUE VOCÊ É ESPECIALISTA EM DESIGN THINKING?	Entrei em contato com o design thinking ao fazer meu mestrado, especialmente com a área de mapeamento de jornadas de clientes e de desenvolvimento de personas. Desde então, tive muitas oportunidades de aplicar outros métodos de design thinking em vários projetos, a fim de planejar, testar e, finalmente, realizar iterativamente soluções centradas no usuário.	Sempre fui fascinado por seres humanos e tecnologia. Vejo um abismo profundo entre pessoas e tecnologia em muitas empresas. Fala-se muito e entende-se pouco. Protótipos tangíveis no design thinking nos permitem entender melhor, liberar a criatividade e criar momentos mágicos na equipe. Uma grande preocupação para mim é integrar novamente a experiência tátil aos processos de trabalho. É provavelmente o ingrediente mais importante na transformação digital e combina pessoas, negócios e cultura.
SUA MELHOR DICA DE DESIGN THINKING	Vá para a rua e busque o usuário ou cliente em potencial o mais cedo possível. Idealmente, você confronta o usuário já com a primeira ideia ou esboço conceitual, para que as entradas sejam integradas na próxima iteração. Simplificando: não espere muito tempo para se aventurar no mundo real.	O design thinking demanda todos os sentidos. Pense de novo, e de novo, em como você pode incorporá-lo da melhor forma possível. Seja corajoso e supere rapidamente o obstáculo de pensar em agir. Use o espaço e seja habilidoso com todas as expressões que tornam seus pensamentos palpáveis. Essa maneira de trabalhar é a ideal para sair do ego e se voltar para o nós.

DANIEL OSTERWALDER

#2.5 Facilitação & demonstração

DOMINIC HURNI

#1.5 Empatia com os usuários

CURRÍCULO	Como facilitador, adepto do design thinking e transcritor, está à vontade com a própria empresa, a Osterwalder & Stadler GmbH. Junto a organizações, desenvolveu vários laboratórios de raciocínio, nos quais os participantes também aprendem a perseverar caso surjam emergências inusitadas. Também é conhecido por suas impressionantes transcrições em tiras de papel de um metro de comprimento.	Dominic leciona na Universidade de Ciências Aplicadas, Inovação e Gestão de Mudanças de Berna, e fundou a INNOLA GmbH, que aborda inovações para a vida na velhice. Sua jornada o conduziu por uma grande variedade de ocupações e locais: jardineiro na Irlanda; profissional de saúde em Antígua, no Caribe; instrutor da Federação da AIDS em Berna; e gerente de processos no setor financeiro suíço. No design thinking, Dominic viu uma oportunidade de aplicar sua personalidade T para gerar impacto.
POR QUE VOCÊ É ESPECIALISTA EM DESIGN THINKING?	Como facilitador e coach voluntário em esportes profissionais, estou interessado principalmente na forma como o coaching e o suporte para processos e projetos inovadores são realizados, bem como na questão de como os desempenhos de ponta podem ser alcançados repetidas vezes. Além disso, ensino design thinking no contexto da transformação da facilitação, para que o quadro geral de uma mudança não se perca na confusão.	Conheci o design thinking durante meu mestrado, em 2010. Desde então, o venho praticando em uma ampla gama de projetos e áreas, incluindo os setores de saúde, seguros e educação. O desafio no contexto do design thinking mudou do foco em métodos para transmitir a filosofia de uma cultura sem erros, especialmente em grandes empresas.
SUA MELHOR DICA DE DESIGN THINKING	O diálogo começa com a escuta. Como William Isaac disse tão maravilhosamente bem, é a arte de pensar e — eu gostaria de acrescentar — agir de maneira coletiva. Quando você gerencia projetos de design thinking, deve estar presente, mas sem imposições; esteja presente, acompanhe os processos com cada fibra de sua mente e corpo, e dedique a maior atenção possível a como você pode promover e encorajar esse modo de pensar compartilhado.	Os seres humanos têm dois ouvidos e uma boca. Assim, define-se a razão: ouça duas vezes mais do que você fala. Um grande erro é pensar: "Sei o que meu cliente quer. Não tenho que perguntar a ele." Não tenha medo dos olhos das pessoas se revirando e da sensação de que você é um pollo (frango, em espanhol). Somente aqueles que perguntam conseguem respostas e a oportunidade de aprender. Outro erro: "Meu cliente pode me dizer o que quer." Os clientes geralmente expressam o que gostariam ou o que os deixa irritados. Apenas raramente sugerem uma solução inovadora. Empatia é o segredo.

ELENA BONANOMI

#1.6 Foco adequado & visão geral

EMMANUEL SAUVONNET

#3.2 Modelos de negócios & inovação

CURRÍCULO	Como parceira da Innoveto, Elena apoia seus clientes em seus projetos de inovação. Inúmeras vezes, ela surge com novas ideias para tornar a jornada instrutiva e inspiradora. Design thinking e inovação ágil formam os aspectos centrais e são enriquecidos com as próprias inspirações. Anteriormente, Elena gerou novas ideias com a BrainStore e aprendeu a acionar a máquina de ideias para os desafios dos clientes.	Emmanuel é fundador e sócio-gerente da neueBerating GmbH, uma empresa de consultoria líder no desenvolvimento e expansão de novos setores e modelos de negócios. Desde a graduação, ele se envolveu com paixão no desenvolvimento e implementação de novos modelos de negócios.
POR QUE VOCÊ É ESPECIALISTA EM DESIGN THINKING?	Desde 2013, o design thinking define minha vida profissional. Apoio clientes em seus processos de inovação usando abordagens de várias áreas. Além disso, planejei novos projetos, nos quais materializo conhecimento teórico em habilidades práticas. Descobri o design thinking ao fazer o mestrado e rapidamente me senti totalmente atraída por ele. Desenvolvi meu conhecimento analisando vários artigos científicos.	Experimentei o design thinking em 2011. Fiquei entusiasmado com o fato de muitos de seus componentes, com os quais eu já estava familiarizado, integrarem um conceito abrangente e, assim, desenvolverem um momento inteiramente novo. Basicamente, o design thinking combina muitos elementos existentes com sucesso. É por isso que ele não é apenas uma ferramenta de inovação pura.
SUA MELHOR DICA DE DESIGN THINKING	Muitas vezes me perguntam se não é um pouco arriscado lidar com as ideias de maneira tão aberta e transparente. Uma ideia ainda não é um produto, nem um modelo de negócios. Para chegar lá, é necessário realizar um processo em que fases de desenvolvimento se alternam com fases de teste, e em que tanto os usuários quanto os envolvidos no projeto estejam diretamente engajados. O feedback e as contribuições ativas são importantes. Essa é a única maneira de a ideia se tornar um produto que atende às necessidades reais e oferece um valor claro para o usuário.	Suspender a hierarquia no processo de design thinking é vital para um bom resultado. Nem sempre é fácil de alcançá-lo. A dificuldade não está apenas em fazer com que os executivos concordem, mas também com que os colaboradores aprendam a desenvolver e comunicar as próprias ideias. Eles devem parar de procurar sinais de seus supervisores. Ambos os lados devem estar equilibrados durante os workshops.

ISABELLE HAUSER   JAN-ERIK BAARS

1.7 Geração de ideias

#2.6 Organização e gestão de mudanças & nova filosofia

CURRÍCULO

Isabelle é professora da HSLU, Engenharia & Arquitetura, e leciona na interface entre tecnologia, viabilidade econômica e design. Como designer industrial com a própria agência, aconselha e apoia clientes e PMEs em áreas técnicas com soluções de design industrial, bem como com workshops internos de design thinking e desenvolvimento de produtos.

Jan-Erik atualmente ministra o curso de gestão de design na Universidade de Lucerne de Ciências Aplicadas. Ele também atua como consultor e apoia empresas com o uso efetivo e abrangente do design. Ele escreve e fala sobre sua experiência no mundo do design e promove o design centrado no ser humano e sua aceitação como um componente-chave da excelência corporativa.

POR QUE VOCÊ É ESPECIALISTA EM DESIGN THINKING?

Como designer industrial, o salto para o design thinking não é tão grande. Vários cursos para treinamento adicional, conferências e extensões em Stanford, assim como meu trabalho na d.school, ajudaram-me a formar um conhecimento profundo sobre o assunto. Desde então, tenho sido responsável por equipes internacionais de estudo interdisciplinar com parceiros do setor. Em vários workshops que promovo, deixo que os empreendedores experimentem e compreendam o design thinking.

Aprendi o design thinking desde o início, depois de ter trabalhado durante muito tempo como designer da Philips. Uma das minhas tarefas era voltar o desenvolvimento de produtos para as necessidades das pessoas. Algo que aprendi com eles é que uma empresa somente é bem recebida pelo cliente se a colaboração de todos os envolvidos na organização for de primeira linha, nos moldes de: "Tudo o que vai, volta!"

SUA MELHOR DICA DE DESIGN THINKING

A filosofia do "fazer acontecer" não é apenas uma recomendação, mas uma obrigação. Se você não experimentar o design pensando em si mesmo, não conseguirá estimar seus benefícios. Incontáveis vezes tive o prazer de receber feedback positivo mesmo dos mais estoicos dos céticos, depois de terem participado de meus workshops. O motivo pelo qual funciona tão bem é que o design thinking tem algo a oferecer para todos.

Como consultor, vivencio a apresentação do design thinking em primeira mão. Ele é frequentemente adotado por tomadores de decisão comprometidos e apresentado à empresa, não raro, pelo próprio chefe. Infelizmente, a implementação subsequente é muitas vezes frustrada pela inexperiência da maior parte da organização. Por isso, minha dica é sempre esclarecer a situação atual da organização ao aplicar o design thinking. Isso pode ser feito examinando o grau de foco no cliente.

JANA LÉV

#2.2 Equipes interdisciplinares

MARIO GURSCHLER

#1.10 Testagem eficiente & ferramentas digitais

CURRÍCULO

Jana trabalha como gerente de inovação e consultora de gestão sênior da Die Mobiliar, uma seguradora de propriedades; junto a uma equipe interdisciplinar, desenvolve novos produtos e serviços. Além disso, ela palestra em diversas universidades sobre design thinking e inovação, e fala em conferências sobre como a transformação em uma empresa orientada para o cliente pode ser feita com sucesso.

Mario trabalha como gerente de marketing de produto e desenvolvimento de negócios desde 2000. Ele projetou ativamente os portfólios de startups e corporações multinacionais no setor de tecnologia para colocá-los em perfeitas condições para atender aos requisitos de comércio eletrônico e transformação digital. Como engenheiro industrial, é versado na mediação entre negócios e tecnologia, o que se provou crucial no design thinking.

POR QUE VOCÊ É ESPECIALISTA EM DESIGN THINKING?

Aprendi design thinking como um método estruturado na d.school, em Potsdam. Mesmo antes disso, fornecia aos clientes papelão, tesoura e cola para desenvolverem seu ambiente cotidiano de forma solidária. Aprofundei meu conhecimento em minhas funções como agente de mudança em uma agência da web e como consultora de várias corporações, que queriam tornar-se mais orientadas para o cliente e inovadoras.

Como gerente de produto, vivenciei como as soluções focadas em tecnologia se tornaram menos atraentes e como as decisões de investimento não são mais tomadas pelos responsáveis pela tecnologia. Para mim, o design thinking como método resolveu esse paradoxo, porque coloca as pessoas e o problema que você quer resolver para eles no centro do palco. O design thinking deve fazer parte do arcabouço de habilidades de todos.

SUA MELHOR DICA DE DESIGN THINKING

O design thinking ganha os funcionários porque pode ser experimentado na prática. O valor agregado de empatia, colaboração interdisciplinar e prototipagem rápida e iterativa, baseado em "falhar logo e com frequência", ficará rapidamente claro. Qualquer pessoa interessada em aplicar o design thinking à própria empresa/projeto deve tentar experimentá-lo da forma mais rápida e simples possível (por exemplo, em cursos/workshops).

De muitas maneiras, o design thinking rompe com abordagens supostamente testadas. É por isso que muitas vezes encontra resistência. Rabiscar ideias com lápis de cor e papel, em vez de apresentar slides do PowerPoint, é rapidamente visto como pouco profissional ou mesmo esquisito. Não desista! O resultado convencerá até os mais céticos.

MARKUS BLATT

#3.2 Modelos lean & modelos de negócios

MIKE JOHNSON

3.1 Pensamento sistêmico

CURRÍCULO	Markus é fundador e sócio-gerente da neueBerating GmbH, e é consultor de negócios há 15 anos. Enquanto estudante, fundou uma startup e ganhou uma experiência inestimável em comércio eletrônico. Tópicos online e modelos de negócios inovadores ainda integram seu trabalho como consultor: ele projetou a transformação digital de muitas empresas no setor de imagem e mídia. Formado em administração de empresas, ainda se sente em casa entre os designers.	Mike mora na Suíça desde 2011 e trabalha como gerente de engenharia de sistemas no setor de saúde, além de ter experiência na indústria aeroespacial e de defesa. É cofundador da Sociedade Suíça de Engenharia de Sistemas (SSSE) e do Conselho de Engenharia de Sistemas (INCOSE). Sua grande paixão é o desenvolvimento de produtos, e seu histórico na implementação de projetos complexos é realmente impressionante.
POR QUE VOCÊ É ESPECIALISTA EM DESIGN THINKING? 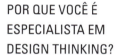	Em meus projetos, asseguro-me de seguir o design thinking, porque só podem surgir inovações legítimas quando tecnologia, viabilidade econômica e alinhamento se unem no público-alvo. Implemento isso como uma estrutura de trabalho projetado, composta de workshops e elementos de inovação aberta, e teste dos resultados planejados no projeto com o grupo-alvo desde o início.	Não sou especialista em design thinking! Meu ponto forte é a engenharia de sistemas. Há algum tempo, porém, percebi que há sobreposições significativas entre o design thinking e a engenharia de sistemas. Ao longo da minha carreira, realizei muitos projetos complexos, uma experiência me ajuda a educar e treinar os outros, e a aprimorar a abordagem por meio de organizações profissionais como o SSSE.
SUA MELHOR DICA DE DESIGN THINKING	Falhar logo! Uma excelente maneira é construir 80% de um protótipo com o mínimo de esforço e depois testá-lo com o grupo-alvo. Sou perfeccionista, então essa parte é sempre um pouco difícil para mim, mas ajuda a manter a velocidade e evita um beco sem saída no início.	Em projetos complexos de desenvolvimento de produtos, a importância da equipe de engenharia não deve ser subestimada. As pessoas são os sistemas mais complexos que conhecemos no universo. Por isso, sistemas compostos por pessoas (exemplo: equipes) são ainda mais complexos. Para orientar essas equipes de maneira focada, é necessário ter um líder ou facilitador de equipe com excelentes habilidades de comunicação e sociais.

331

NATALIE BREITSCHMID

#1.9 Prototipagem #2.1 Espaços & ambientes

NATALIE JÄGGI

#3.7 Melhor experiência do cliente & novas tecnologias

CURRÍCULO

Natalie gosta de explorar campos de aplicação desconhecidos com design thinking e, por vários anos, foi responsável por equipes de serviços centrados no ser humano e design de produtos da Swisscom. Ela certamente não está a salvo de eventuais feedbacks desastrosos a respeito de protótipos precipitados. Ela inspira os outros, com quem gosta de experimentar pensamentos indomáveis e livres. Desde a virada do milênio, aplica e ensina o método FlowTeam®.

Natalie é chefe de experiência de serviço da Swisscom. Foi assistente de pesquisa no Instituto de Informática Empresarial da Universidade de Berna e tem doutorado em marketing online.

POR QUE VOCÊ É ESPECIALISTA EM DESIGN THINKING?

Desde 2010, tenho me envolvido profundamente com o design thinking. Comecei a treinar e testar meus próprios projetos com uma atitude curiosa, abordagem criativa/analítica equilibrada e ferramentas inspiradoras. Consegui avanços no design de serviços que ainda hoje me inspiram e a muitas outras pessoas. O que mais me interessa são novas áreas de aplicação, ainda inexploradas.

Ao começar a escrever minha tese, lidei com a retenção e o comportamento dos clientes. Quando entrei na Swisscom, conheci o design thinking em um workshop de design centrado no ser humano. Ele é uma prioridade na Swisscom, e, como colaboradora, você consegue um grande apoio ao usar seus métodos. Todos deveriam ter a oportunidade de usar o design thinking em seu cotidiano de trabalho.

SUA MELHOR DICA DE DESIGN THINKING

O design thinking me fascina porque as habilidades intuitivas e analíticas podem ser combinadas. Às vezes, isso resulta em participantes completamente perdidos durante o processo. É por isso que acho a ideia de liberar o mais rápido possível bastante interessante — ao testar um protótipo, por exemplo. Se conseguir superar o sentimento de fracasso o mais rápido possível e transformá-lo em algo positivo, alcançará um objetivo satisfatório muito mais rapidamente.

Não importa a ideia que tenha, e não importa o quanto você e seus colegas estejam entusiasmados, a ideia só é valiosa depois de testada com o cliente. Comece envolvendo-o nas fases iniciais de suas ideias. Seu feedback precisa ser norteador. Normalmente, o primeiro protótipo é suficiente para obter opiniões empolgantes.

SOPHIE BÜRGIN

#1.4 Descoberta de necessidades

STIJN OSSEVOORT

#2.4 Storytelling

CURRÍCULO	Sophie trabalha como especialista em insights de usuários para a consultoria de inovação INNOArchitects, sediada em Berna, e também como consultora autônoma. Tem experiência em projetos internacionais de design thinking — design de serviços e projetos lean — com o qual atendeu a muitos setores, bem como o encontrou também no ambiente social. Ela é professora de design thinking e defende a grande importância de tornar sua filosofia tangível.	Stijn é professor da Universidade de Lucerna de Ciências Aplicadas. É pesquisador de design centrado no usuário, sustentabilidade e interação com o produto. Ele participa das Narrativas Visuais do Centro de Competência, onde é considerado um especialista na interface entre usuários e produtos. Como designer apaixonado, está ocupado enfrentando o mundo com protótipos exclusivos e funcionais.
POR QUE VOCÊ É ESPECIALISTA EM DESIGN THINKING?	Durante meu tempo no Deutsche Bank, fui treinada com os métodos de design thinking e pensamento projetivo de Stanford. A perspectiva como adepta do design thinking, de fora para dentro, me ensinou a atender e acompanhar a dinâmica de equipes multidisciplinares de inovação. Como etnógrafa de design, especializei-me em lidar com pessoas e em métodos de pesquisa de necessidades e insights de usuários.	O design tem um caráter social. Inovações verdadeiras não surgem por trás de uma tela de computador — mas da interação social fora de nossa zona de conforto. Minha experiência em design thinking é criar protótipos simples ou ideias visuais, com os quais o usuário possa interagir e inferir conclusões corretas.
SUA MELHOR DICA DE DESIGN THINKING	Frequentemente as decisões de trabalho cotidianas são tomadas com base em suposições. O design thinking nos conscientiza para lidar com suposições. Muitas vezes parece difícil se aventurar no mundo do usuário. Seja corajoso — as pessoas têm histórias interessantes para contar, que podem ampliar suas ideias com novos mundos. A única maneira de se aprimorar em descobrir necessidades é fazendo por si mesmo — o melhor lugar para aprender é fora de seu contexto, no dia a dia das pessoas.	Obtenha feedback em seu projeto com a maior frequência possível e participe de um diálogo com os usuários e clientes em potencial. Feedback é mais do que uma coleção de opiniões. É uma ferramenta com a qual você aprende a entender melhor as próprias ideias e objetivos. Sempre dou a meus alunos a dica de apresentar seus protótipos para familiares próximos. Na minha opinião, esse é o mote do design thinking: envolva e colabore!

TAMARA CARLETON

#2.7 Projeção estratégica

THOMAS EPPLER

Métodos do design thinking

CURRÍCULO	Tamara é CEO e fundadora do Innovation Leadership Board. Ela desenvolve ferramentas e processos que promovem inovações completas. Foi pesquisadora do Consórcio de Ciência e Inovação da Bay Area e trabalhou anteriormente como consultora na Deloitte Consulting. É especializada em experiência do cliente, estratégia de marketing e inovação, além de ser doutora e frequentemente convidada para palestrar sobre seu trabalho e pesquisa.	Thomas trabalha como gerente sênior de inovação na SIX Payment Services e ensina métodos de inovação. Ele estudou filosofia e antropologia cultural e é mestre em estudos avançados em engenharia de inovação. Hoje, seu foco está na criação de valor agregado significativo e sólido para os clientes. Ele desenvolve e programa soluções digitais nas áreas de medicina, finanças, setor industrial e RH. Recentemente, ganhou um hackathon internacional.
POR QUE VOCÊ É ESPECIALISTA EM DESIGN THINKING?	Sempre me interessei profundamente na questão de como as ideias são desenvolvidas para satisfazer as necessidades humanas. Comecei minha carreira no Centro de Pesquisa em Design da Universidade de Stanford, onde fazia parte de uma comunidade global de pesquisa. Nos últimos dois anos, ampliei a rede SUGAR e a transformei em uma rede global de inovação para instituições acadêmicas que cooperam com empresas para resolver problemas do mundo real.	Tenho um profundo entendimento dos usuários finais. Desde a década de 1990, minha maneira de trabalhar tem sido caracterizada pelo pensamento criativo e pelo rápido desenvolvimento de protótipos. Não imaginei que surgiria um nome para isso. Várias vezes, orientei equipes inteiras para o trabalho ágil, o foco no cliente e o design thinking. Ensino a estratégia do blue ocean, o método do usuário ideal e o design thinking em várias faculdades técnicas.
SUA MELHOR DICA DE DESIGN THINKING	Soluções interessantes começam com problemas interessantes. Continue reformulando o problema. As ferramentas de projeção de que falamos ajudam a compreender melhor o problema, capturando o espaço dele, encontrando soluções inesperadas e apoiando o pensamento em equipe.	Leva muito tempo para lidar com usuários finais. Os insights realmente intrigantes e relevantes para a inovação muitas vezes só são obtidos quando a confiança é construída depois de algum tempo e a outra pessoa é receptiva. Não reduza uma conexão pessoal e detalhada a uma entrevista de 10 minutos. Não transforme uma conversa em um interrogatório. E nunca substitua o contato pessoal por uma ligação.

WILLIAM COCKAYNE

#2.7 Projeção estratégica

CURRÍCULO

Bill é CEO e fundador da Lead|X, uma plataforma de aprendizado que transmite conhecimento sobre negócios em pequenas palestras via mídias sociais. Como empresário e gerente interino, administrou várias equipes e concluiu com sucesso 20 projetos. Na Universidade de Stanford, ensina projeção e inovação tecnológica. Ele é doutor, registrou várias patentes e escreveu *Playbook for Strategic Foresight and Innovation*.

POR QUE VOCÊ É ESPECIALISTA EM DESIGN THINKING?

Se quiser olhar ativamente para o futuro, apesar de todas as incertezas, a regra de ouro é procurar efetivamente as mudanças.
Nos últimos 25 anos, inventei, projetei, produzi e entreguei vários produtos. Com essa experiência, percebi que o design é elementar para todo o processo de inovação e que uma abordagem centrada no usuário é vital para o sucesso.

SUA MELHOR DICA DE DESIGN THINKING

Toda mudança gera oportunidades. Aqueles que a reconhecem desde o início podem implementar resultados, soluções e ideias, ou pelo menos criar o ambiente receptivo necessário para tal. Ver o mundo em constante mudança nos permite ter uma melhor compreensão do futuro. Se você mirar no futuro próximo, poderá defini-lo e, assim, obter uma vantagem competitiva.

FONTES

Fontes

Blank, S. G. (2013): Why the Lean Start-Up Changes Everything. Harvard Business Review, 91(5), pp. 63–72.

Blank, S. G., & Dorf, B. (2012): The Start-Up Owner's Manual: The Step-by-Step Guide for Building a Great Company. Pescadero: K&S Ranch.

Brown T. (2016): Change by Design. Wiley Verlag.

Buchanan, R. (1992): Wicked Problems in Design Thinking. Design Issues, 8(2), pp. 5–21.

Carleton, T., & Cockayne, W. (2013): Playbook for Strategic Foresight and Innovation. Download em: http://www.innovation.io.

Christensen, C., et al. (2011): The Innovator's Dilemma. Vahlen Verlag.

Cowan, A. (2015): Making Your Product a Habit: The Hook Framework. Acesso 2, nov., 2016, http://www.alexandercowan.com/the-hook-framework/.

Davenport, T. (2014): Big Data @ Work: Chancen erkennen, Risiken verstehen. Vahlen Verlag.

Davenport, T. H., & Patil, D. J. (2012): Data Scientist: The Sexiest Job of the 21st Century. Harvard Business Review, out., 2012 https://hbr.org/2012/10/data-scientist-the-sexiest-job-of-the-21st-century/.

Gerstbach, I. (2016): Design Thinking in Unternehmen. Gabal Verlag.

Herrmann, N. (1996): The Whole Brain Business Book: Harnessing the Power of the Whole Brain Organization and the Whole Brain Individual. McGraw-Hill Professional.

Hsinchun, C., Chiang, R. H. L., & Storey, V. C. (2012): Business Intelligence and Analytics: From Big Data to Big Impact. MIS Quarterly, 36(4), pp. 1165–1188.

Kim, W., & Mauborgne, R. (2005): Blue Ocean Strategy. Hanser Verlag.

Leifer, L. (2012a): Interview with Larry Leifer (Stanford) at Swisscom, Design Thinking Final Summer Presentation, Zurique.

Leifer, L. (2012b): Rede nicht, zeig's mir. Organisations Entwicklung, 2, pp. 8–13.

Lewrick, M., & Link, P. (2015): Hybride Management Modelle: Konvergenz von Design Thinking und Big Data. IM+io Fachzeitschrift für Innovation, Organisation und Management (4), pp. 68–71.

Lewrick, M., Skribanowitz, P., & Huber, F. (2012): Nutzen von Design Thinking Programmen, 16. Interdisziplinäre Jahreskonferenz zur Gründungsforschung (G-Forum), University of Potsdam.

Lewrick, M. (2014): Design Thinking–Ausbildung an Universitäten. In: Sauvonnet and Blatt (eds.), Wo ist das Problem? pp. 87–101. Neue Beratung.

Link, P., & Lewrick, M. (2014): Agile Methods in a New Area of Innovation Management, Science-to-Business Marketing Conference, 3-4, jun., 2014,

Zurique, Suíça.

Maurya, A. (2010): Running Lean: Iterate from Plan A to a Plan That Works. The Lean Series (2nd ed.). O'Reilly.

Moore, J.F. (1993): Predators and Prey: A New Ecology of Competition. Harvard Business Review, 71, pp. 75–86.

Moore, J.F. (1996): The Death of Competition: Leadership & Strategy in the Age of Business Ecosystems. HarperBusiness.

Ngamvirojcharoen, J. (2015). Data Science + Design Thinking. Thinking Beyond Data – When Design Thinking Meets Data Science. Acesso 12, dez., 2015, http://ilovedatabangkokmeetup.pitchxo.com/decks/when-design-thinking-meets-data-science.

Norman, D. (2016): The Design of Everyday Things: Psychologie und Design der alltäglichen Dingen. Vahlen Verlag.

Oesterreich, B. (2016): Das kollegial geführte Unternehmen: Ideen und Praktiken für die agile Organisation von morgen. Vahlen Verlag.

Osterwalder, A., et al. (2015): Value Proposition Design. Campus Verlag.

Osterwalder, A., & Pigneur, Y. (2011): Business Model Generation. Campus Verlag.

Porter, M. E., and Heppelmann, J. E. (2014): How Smart, Connected Products Are Transforming Competition. Harvard Business Review 92(11), pp. 11–64.

Ries, E. (2014): Lean Startup: Schnell, risikolos und erfolgreich Unternehmen gründen. Redline Verlag.

Sauvonnet, E., & Blatt, M. (2014): Wo ist das Problem? Mit Design Thinking Innovationen entwickeln und umsetzen, 2ª ed., 2017. Vahlen.

Savoia, A. (2011): Pretotype it. Acesso jan., 2018, http://www.pretotyping.org.

Schneider, J., & Stickdorn, M. (2011): This Is Service Design Thinking. Basics – Tools – Cases. BIS Publishers.

Siemens (2016): Pictures of the Future, acesso 1º, nov., 2016, http://www.siemens.com/innovation/de/home/pictures-of-the-future.html.

Szymusiak, T. (2015): Prosumer – Prosumption – Prosumerism. OmniScriptum GmbH & Co. KG, pp. 38–41.

Uebernickel, F., & Brenner, W. (2015): Design Thinking Handbuch. Frankfurter Alllgemeine Buch.

Ulwick, A. (2005): What Customers Want: Using Outcome-Driven Innovation to Create Breakthrough Products and Services. McGraw-Hill Higher Education.

Vandermerwe, S., & Rada, J. (1988): Servitization of Business: Adding Value by Visionaries, Game Changers, and Challengers. Wiley.

von Hippel, E. (1986): Lead Users. A Source of Novel Product Concepts. Management Science, 32, pp. 791–805.

ÍNDICE

ÍNDICE

Símbolo

6 perguntas 44–49, 69–71, 113–117, 164

A

Adapte 96
Add-on 243–253
AEIOU 32, 44–49
AEIOU, método 29
Agremiação 259–265, 310–313
Agricultura de precisão 207
Alex 24
Alex Osborn 96
Amazon 241
Análise de dados 302, 310–313
Análise preditiva 308–313
App 271–277
Aprendizado de máquina 207, 246–253, 294–301, 313
Aprendizado profundo 305–313
Arco de suspense 171
Arcos geracionais 206
Arte de anfitriar 187

B

B2B 99–107
B2B2C 99–107
B2C 99–107
Beatrice 24
Bertrand de Jouvenel 200

Big data 208, 302–313, 315–352
Bike2Go 208
Bill Gates 266–277
Bioeletrônicos 207
Biologia sintética 207
Black ocean 240, 241
Blockchain 23, 86–89, 207, 241, 244–253, 260–277, 318–352
Blue ocean 241, 334
Blueprint 205
Brainstorming 15, 44–49, 91–97, 104–107
Branding 179, 254–265
Buda 275–277
Buddy checks 206
Buy-in 100–107, 193

C

Cadeia de experiência do cliente 247–253
Caixas & prateleiras 44–49, 113–117, 117
Caminhos de mudança 206
Canvas 250–253
Canvas de equipe humano-robô 274–277
Canvas de modelo de negócios 112
Canvas de perfil do usuário 27, 32
Canvas em gancho 30
Car2go 208
Caso de uso 17–35, 21–35, 25–35, 27, 248, 272–277
CCScore ™ 195, 196
Challenger 212
Ciclo de vida 293–301
Ciência de dados 308–313

Circle way 187

Cliente 105–107, 191, 242–253, 258–277, 293–301, 304–352

Coach 21

Coaching 327

Cobô 272–277

Cocriação 14–35, 66–71, 243, 302–313

Combine 96

Como podemos 32–35, 44–49, 54–57, 60–71, 74–79, 87–89, 94–97, 106, 113–117, 172–179, 193–197, 203–210, 219–223, 247–253, 304, 308–313

Computação cognitiva 267–277

Comunidade DTP 7

Confiança 275–277

Conheça 13, 66–71, 80–89, 90, 108, 118, 220–223, 303–313

Connect 2 Value 155

Contador de histórias 168

Contras 17–35, 21–35, 25–35

Convergência 106–107, 311–313

Core business 241

Criatup 257–265

Criptomoeda 243, 245–253

Crowd clovers 206

Cultura 200

Curvas de progressão 206

Customer Centricity Score™ 195

D

Dados 302–313

Declaração 247–253

Declaração de visão 206

Defina o ponto de vista 66–71, 80–89, 222–223, 303–313

Demonstração 16, 20, 24, 158, 325

Desafio 244–253

Desafio de design 265, 318–352

Desenvolvimento ágil 249

Design 329

Design conceitual 205

Design de modelos de negócios 241

Design empático 171

Design industrial 329

Design sistêmico 252–253

Design Space 136

Design thinking 12, 14–35, 32, 72–79, 146, 158, 162, 165, 180, 187, 190, 201, 205, 209, 212, 218–223, 247–265, 268–277, 294–352

Digital 12, 178–179, 242, 243

Direção autônoma 212

Divergência 106–107, 311–313

Dorothy Leonard-Barton 145

Double diamond 205, 222–223, 310, 310–313

Drone 271–277

E

E-business 267–277

Ecossistema corporativo 104–107, 240–265, 314–352

Ecossistema viável mínimo 102–107, 321–352

Ecossistemas corporativos 14

EFQM 195

Ego 326

Elimine 96

Emoções 276–277

Emoji 77–79

Epatia 28, 72–79, 75–79, 76–79, 77–79, 79, 178–179, 179

Engenharia genética 207

Equipe 204

Equipe interdisciplinar 330

Equipe U 150

Equipes de equipes 259–265

Espaço aberto 187

Estrutura da lista de tarefas 32

Estrutura em gancho 30–35, 32

Explorador 206

F

Faça 304–313

Facebook 23, 198

Facilitador 300–301, 310–313

Feedback 103–107, 115–117, 125, 215, 332, 333

Ferramenta digital 330

Filosofia 8–12, 166, 190–197, 200, 314–352

Foco 80–89

Foco no cliente 195

Foresight Framework 202, 203, 204

Fotossíntese artificial 207

Futuro usuário 34, 206

Futurólogo 201

G

Gaetano Pesce 168

Gerenciamento ágil 259–265

Gerente de inovação 299–301

Gerente de marketing 298–301

Gerente digital 300–301

H

Hidroponia 207

Humanitários 152

Hyperloop 207

I

IA 246–253, 294–301

ICO 319–352

Ideação 96

Idealize 66–71, 80–90, 108, 118, 220–223, 303–313

Ideia 90–107, 314–352

Imagens do Futuro 176–179

Impressão 3D 207

Impressão 4D 207

Infraestrutura TIC 244–253

Inovação 334

Inovadores 152

Inteligência artificial 246–253, 266–277, 292–301, 321–352

Interdisciplinar 145

Internet 207

Internet das Coisas 207, 267–277

J

James Bond 318–352

James Moore 240

Janus Cones 206

John Arnold 200

Jonny 180, 198, 256–265, 314–352

K

Karl Lagerfeld 10

L

La Mamma 168

Landing page 124

Lean 259–265, 331–333

Lean canvas 112, 250–265

Lean management 194

Lean startup 245, 249, 318–352

Lego 258–265

Lewrick & Link 155, 302–313

Lilly 18, 20–35, 55–57, 67–71, 80–89, 98–107, 146, 149, 150–158, 169, 180, 198, 256–265, 270–277, 314–352

Linda 198, 244, 314–352, 319–352

Lista de tarefas 17–35

Loop de validação 249

Ludwig Wittgenstein 166

M

Mala de Minsky 173, 179

Manufatura industrial 191

Mapa da margarida 44–49, 85–89

Mapa de empatia 28–35

Mapeamento da realidade 214

Marc 22–24, 80–89, 153–155, 180, 198, 244–253, 257–265, 314–352

Mark Zuckerberg 198

Marketing digital 267–277

Marketplace 243–253

Matriz de "velocidade de disseminação e implementação" 100–107

Matriz de Churchill 100–107

Messenger 243–253

Mídia social 207

Mindphone 12

Modelo de negócios 263–265, 319–352, 328, 331

Modelo do Círculo Douorado 172

Modelo híbrido 302–313, 321–352

Modelo metafórico 152

Modelos de negócios 314–352

Modelos híbridos 313

Modifique 96

Módulo 260–265, 264–265, 310–313

Mudança 192, 314–352, 315–352

Multidisciplinar 145

Música par todos os momentos 260–265
MVE 102–107, 243–253, 263–265, 319–352
MVP 102–107, 263–265, 319–352

N

Nanotecnologia 207
Necessidade 58–71, 106–107, 179, 191, 208, 245–253, 258–265, 304–352
Negócio digital 267–277
Nuvem 207, 266–277

O

Observe 66–71, 80–89, 90, 108, 118–223, 303–313
Oferta 242, 248
Oferta inicial de moedas 319–352
On the fly 259–265
Oportunidade 204
Organizadores 152
Ozzy Osbourne 26

P

Pensadores 152
Pensamento sistêmico 104–107, 212–223, 241, 252–253, 309–313, 315–352
Pepper 276–277
Perfil do cliente 247–253, 258–265
Perfil do usuário 250–253
Perfil I 146
Perfil T 146, 155
Perguntas abertas 64–71

Persona 14, 26, 29–35, 44–49, 106–107, 178–179, 208, 247–253, 274–277, 314–352
Perspectiva 204
Pessoas Pi 149
Pessoas T 145, 149
PESTEL 248
Peter 14, 16–35, 80–89, 98–107, 145, 161, 168, 182, 190, 198, 202, 212, 222–223, 266–277, 292–313, 318–352
Peter Drucker 200
Peter Schwartz 200
Playbook for Strategic Foresight and Innovation 202, 209, 335
PONTO DE VISTA 220–223
Ponto ideal 294–301, 301
Pop Art 168
Possibilite outros usos 96
Post-it 98–107, 258–265
POV 80–89, 206, 222–223, 305–313
PowerPoint 330
Príncipe Charles 26
Princípio das caixas 113–117
Princípio das prateleiras 114–117
Priya 72–79, 168, 198, 314–352
Problema 50–57, 98–107, 247–253, 255–265, 302–352
Produto 191, 240, 248, 264–265, 314–352, 330
Produto viável mínimo 102–107
Projeção estratégica 192–198, 200, 201–210, 264–265, 309–313, 315–352
Proposta de valor 243–253, 257–265, 318–352
Propriedade intelectual 255–265
Prós 17–35
Prototipe 66–71, 80–90, 100–108, 118–223, 247–253, 263–265, 303–313, 321–352

Q

Quadruple diamond 310–313

Questões-chave 35, 57, 71, 79, 89, 97, 107, 117, 179, 197, 209–210, 223, 321–352

R

Rádio 260–265

Realidade aumentada 207

Realidade virtual 207

Rearranje 96

Red ocean 241

Retropolação 176–179

Roadmapping 205

Robô 266–277, 321–352

Robona 274–277

Robótica 266–277

S

SCAMPER 96, 97

SCRM 297–301

Serviço 240, 248, 264–265, 314–352, 332

Servitização 191

Sidney Parnes 96

Simon Sinek 172

Smartphone 12

Social CRM 297–301, 301

Software-as-a-Service 125

Solução 105–107, 204, 254–265, 302–352, 334, 335

Spotify 260–265

Stakeholder 206, 254–265, 321–352

Stanford 202

Stanford d.school 136

Stephan 24

Storytelling 178–179, 206, 333

Strategic Foresight Framework 200

Substitua 96

Superdica 26–35, 52–57, 64–71, 75–79, 85–89, 91–97, 101–105, 171–179, 195–197, 202–210, 250–253, 257–265, 274–277, 297–301, 306–310

SWOT 216–223, 246–253

T

Tableau 308–313

Tamara 24

Teatro real 206

Técnica das 9 janelas 44–49, 85–89

Tecnologia da informação 299–301

Tendência 175–179

Teoria U 180

Teste 66–71, 80–89, 90, 108, 118, 220–223, 303–313

Transformação 149, 192, 200

Transformação digital 248, 249, 302–313, 321–352, 326, 330, 331

Tribo 259–265, 260–265, 264–265, 265, 310–313

Turma 260–265, 264–265, 265

U

Um ponto de vista 90, 108, 118
Usuário 72–79, 105–107, 243–253, 258–277, 333–335
Usuário ideal 44–49, 66–71
UX 77–79, 79

V

Vadim 24
Vale do Silício 202
Valor 240, 305–313, 321–352
Veículos autônomos 207
Visão 204, 245
Visão digital 209

X Y Z

WhatsApp 23
White spot 206
Whole Brain 152
William Isaac 327
Wireless 207
World café 187
WYFIWYG 201
WYSIWYG 201
Zona de ruído 321–352

Notas

Notas

Notas

Notas

Notas

Notas